W9-AOS-771

¡Pillados!

Volumen 6

por JERRY SCOTT y JIM BORGMAN y

NORMA
Editorial

ZITS VOL.6: ¡PILLADOS!, de Scott y Borgman
Primera edición: junio de 2006.
©2003 ZITS Partnership. Distributed by King Features Syndicate.
©2006 NORMA Editorial por la edición en castellano.
Passeig de Sant Joan, 7. Pral. 08010 Barcelona.
Tel.: 93 303 68 20 – Fax: 93 303 68 31.
E-mail: norma@normaeditorial.com
Traducción: Ángel-Manuel Ybáñez – TraduccionesImposibles.com.
Rotulación: Quim Miró
Depósito legal: B-3896-2006.
ISBN 10: 84-9814-594-5. ISBN 13: 978-84-9814-594-6.
Printed in the EU.

www.NormaEditorial.com

A mis ahijadas Alix, Nancy y Clandy Lane.
¡Os esperan grandes aventuras!
J.B

A Heavy C. con cariño para mi hermano de Malibú.
J.S.

Zits
by JERRY SCOTT and JIM BORGMAN

¿QUÉ HACES LEVANTADO HASTA TAN TARDE? ¿TIENES ALGÚN PROBLEMA?
TENGO QUE ENTREGAR ESTA REDACCIÓN MAÑANA Y ME HE QUEDADO ATASCADO.
HUMM...
BUENO, ESTO NO PEGA AQUÍ.
SE TIENE QUE REESCRIBIR.
Y ESTE PUNTO TENDRÍA QUE ESTAR AL PRINCIPIO.
AQUÍ, ESTO VA ARRIBA...
Y ESTO LO MEJORAMOS.
CLICK CLICK
¿PODRÍAMOS AÑADIR ALGUNA COSA?
¿QUÉ TAL SI...?
TODAVÍA HAY QUE DESBROZAR MUCHO POR AQUÍ.
¿TE ESTÁS FIJANDO EN LO QUE HAGO?
TECLEA TECLEA
FÍJATE BIEN.
TECLEA TECLEA TECLEA TECLEA TECLEA
SCOTT and BORGMAN
NO TIENE NINGÚN SENTIDO QUE NOS PASEMOS LA NOCHE EN VELA LOS DOS.

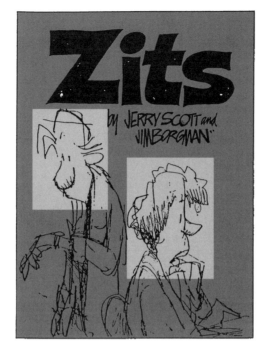

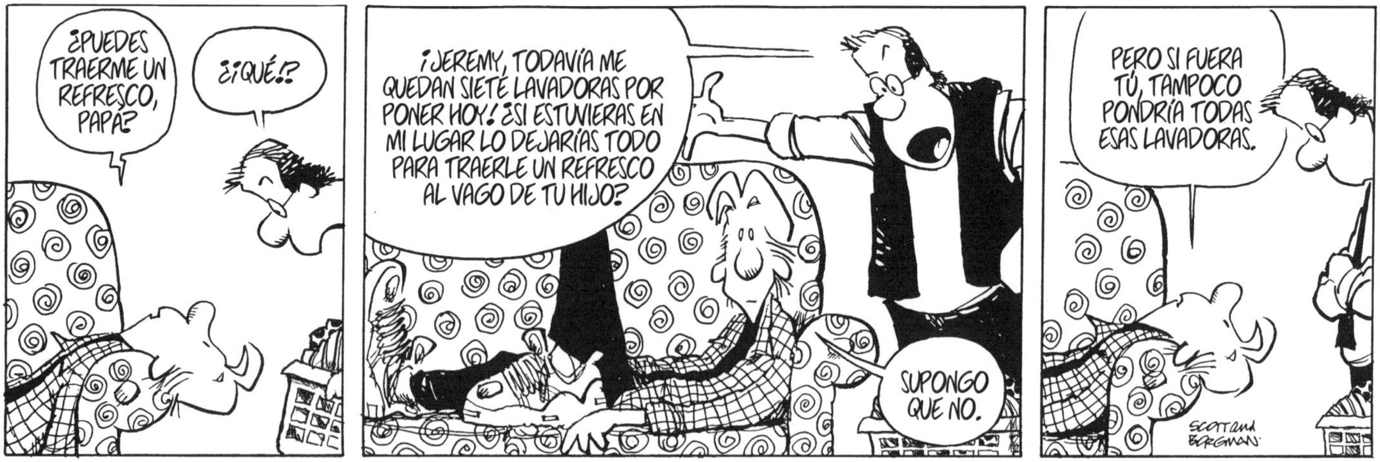
¿PUEDES TRAERME UN REFRESCO, PAPÁ?
¿¡QUÉ!?
¡JEREMY, TODAVÍA ME QUEDAN SIETE LAVADORAS POR PONER HOY! ¿SI ESTUVIERAS EN MI LUGAR LO DEJARÍAS TODO PARA TRAERLE UN REFRESCO AL VAGO DE TU HIJO?
SUPONGO QUE NO.
PERO SI FUERA TÚ, TAMPOCO PONDRÍA TODAS ESAS LAVADORAS.

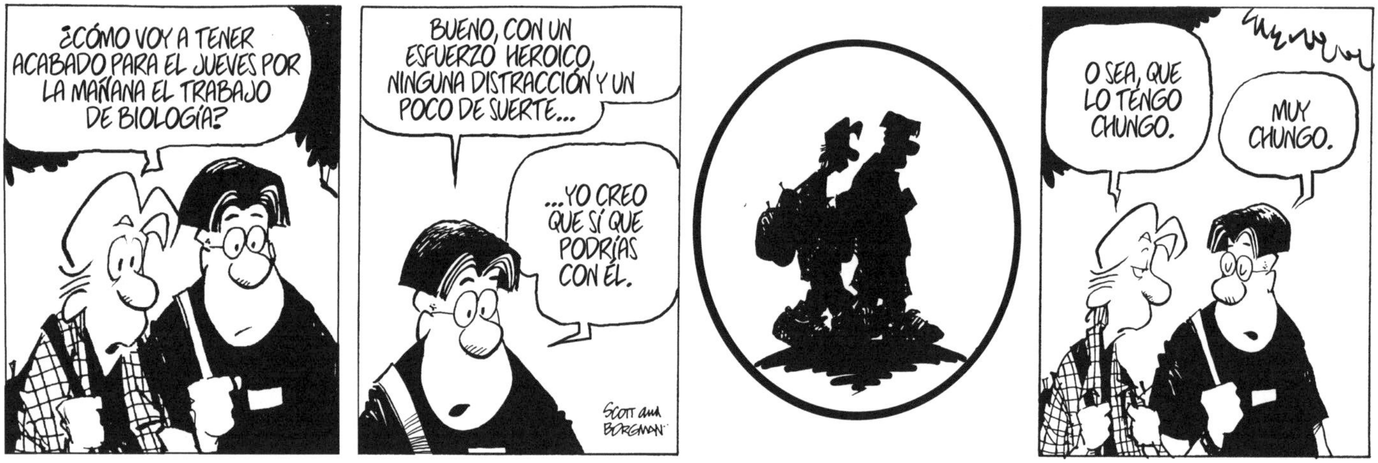
¿CÓMO VOY A TENER ACABADO PARA EL JUEVES POR LA MAÑANA EL TRABAJO DE BIOLOGÍA?
BUENO, CON UN ESFUERZO HEROICO, NINGUNA DISTRACCIÓN Y UN POCO DE SUERTE...
...YO CREO QUE SÍ QUE PODRÍAS CON ÉL.
O SEA, QUE LO TENGO CHUNGO.
MUY CHUNGO.

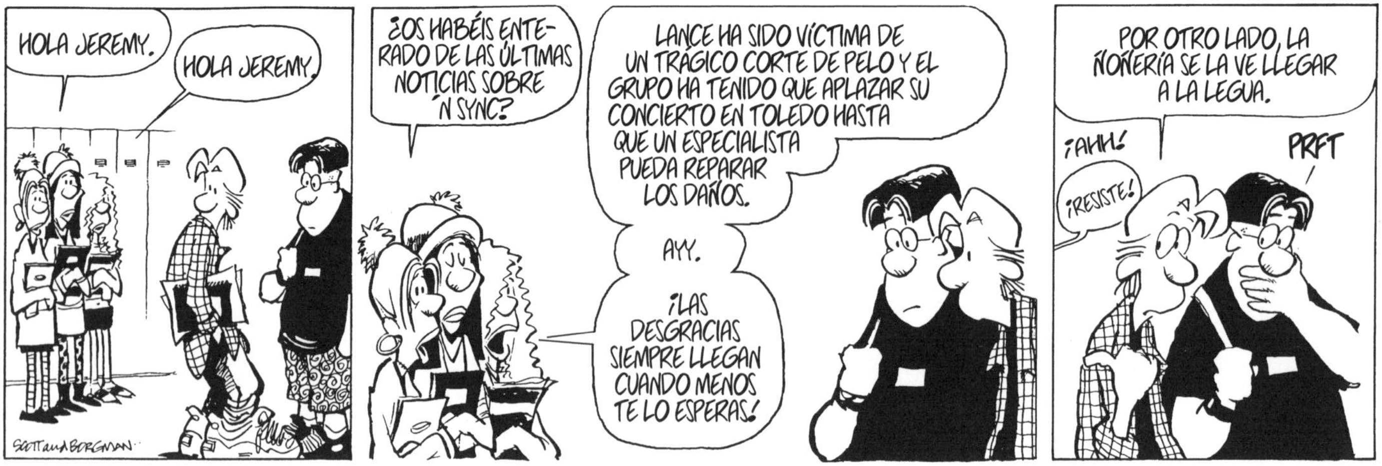
HOLA JEREMY.
HOLA JEREMY.
¿OS HABÉIS ENTERADO DE LAS ÚLTIMAS NOTICIAS SOBRE 'N SYNC?
LANCE HA SIDO VÍCTIMA DE UN TRÁGICO CORTE DE PELO Y EL GRUPO HA TENIDO QUE APLAZAR SU CONCIERTO EN TOLEDO HASTA QUE UN ESPECIALISTA PUEDA REPARAR LOS DAÑOS.
AYY.
¡LAS DESGRACIAS SIEMPRE LLEGAN CUANDO MENOS TE LO ESPERAS!
POR OTRO LADO, LA ÑOÑERÍA SE LA VE LLEGAR A LA LEGUA.
¡AHH!
¡RESISTE!
PRFT

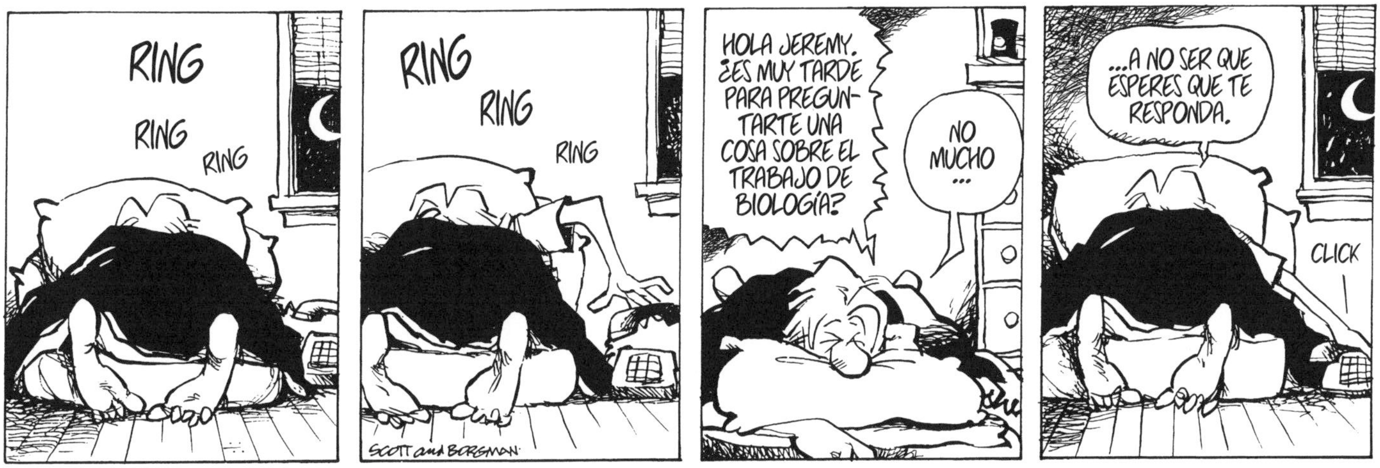
RING
RING
RING
RING
RING
RING
SCOTT and BORGMAN
HOLA JEREMY. ¿ES MUY TARDE PARA PREGUNTARTE UNA COSA SOBRE EL TRABAJO DE BIOLOGÍA?
NO MUCHO ...
...A NO SER QUE ESPERES QUE TE RESPONDA.
CLICK

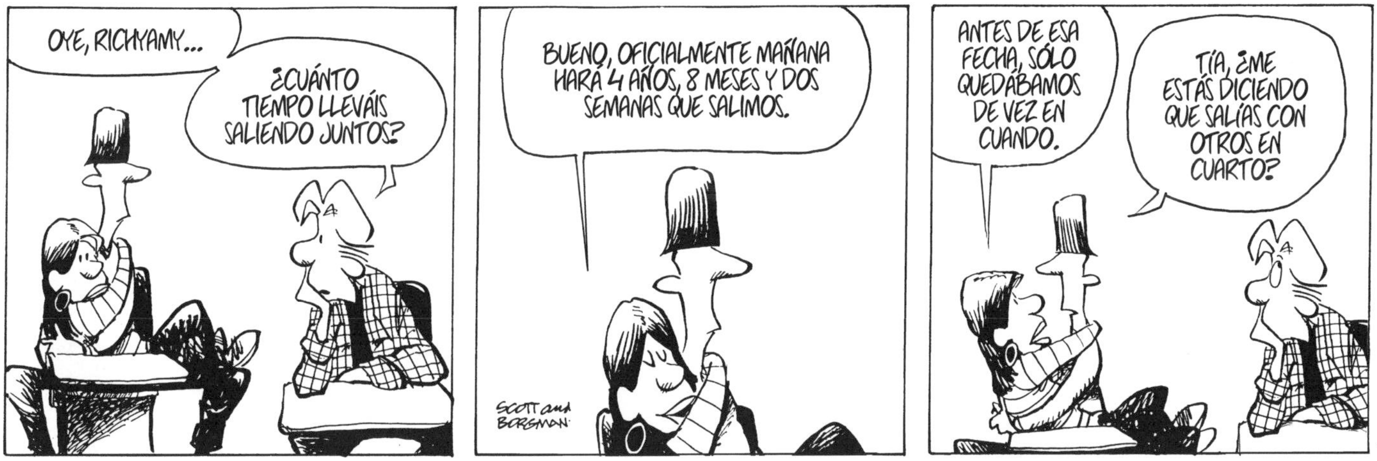
OYE, RICHYAMY...
¿CUÁNTO TIEMPO LLEVÁIS SALIENDO JUNTOS?
BUENO, OFICIALMENTE MAÑANA HARÁ 4 AÑOS, 8 MESES Y DOS SEMANAS QUE SALIMOS.
SCOTT and BORGMAN
ANTES DE ESA FECHA, SÓLO QUEDÁBAMOS DE VEZ EN CUANDO.
TÍA, ¿ME ESTÁS DICIENDO QUE SALÍAS CON OTROS EN CUARTO?

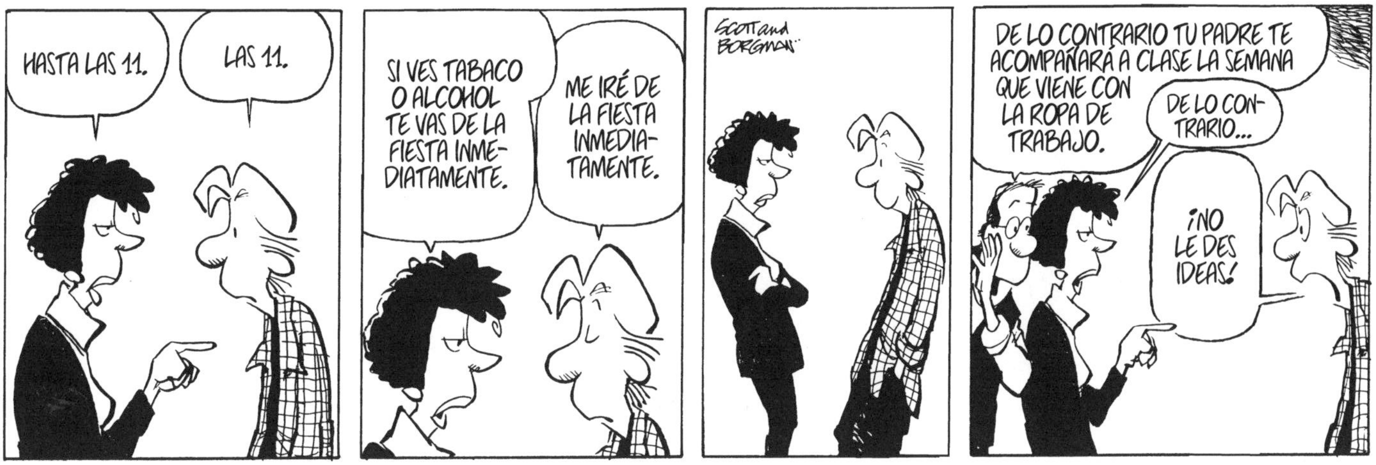
HASTA LAS 11.
LAS 11.
SI VES TABACO O ALCOHOL TE VAS DE LA FIESTA INMEDIATAMENTE.
ME IRÉ DE LA FIESTA INMEDIATAMENTE.
SCOTT and BORGMAN
DE LO CONTRARIO TU PADRE TE ACOMPAÑARÁ A CLASE LA SEMANA QUE VIENE CON LA ROPA DE TRABAJO.
DE LO CONTRARIO...
¡NO LE DES IDEAS!

Zits
by JERRY SCOTT and JIM BORGMAN

¿QUIÉN HA ARMADO SEMEJANTE DESASTRE?
PLAM
UN MOMENTO ...
¿QUÉ ESTOY HACIENDO?
¿MI MADRE PEGA UN ALARIDO Y YO SALGO POR PATAS?
¡SOY UN INMADURO!
¿POR QUÉ TENGO QUE DAR POR SUPUESTO QUE LA BRONCA ES PARA MÍ?
Y AUNQUE LO FUERA, ¿NO DEBERÍA TENER VALOR PARA AFRONTAR LAS CONSECUENCIAS DE MIS ACTOS?
NO SEAS TAN DURO CONTIGO MISMO.
SCOTT and BORGMAN

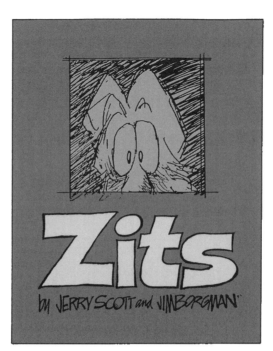

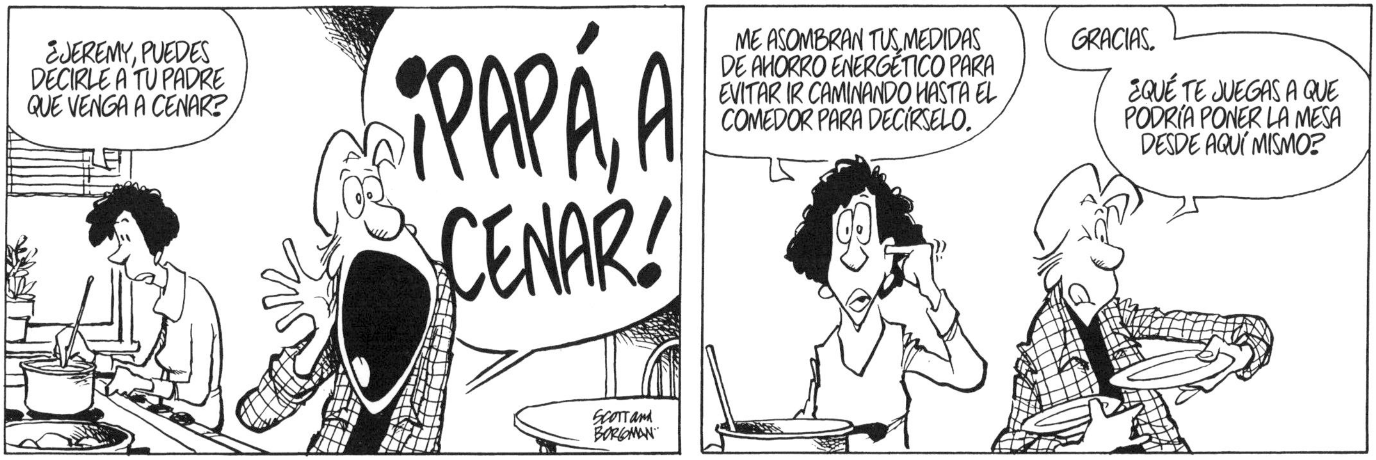
¿JEREMY, PUEDES DECIRLE A TU PADRE QUE VENGA A CENAR?
¡PAPÁ, A CENAR!
SCOTT and BORGMAN
ME ASOMBRAN TUS MEDIDAS DE AHORRO ENERGÉTICO PARA EVITAR IR CAMINANDO HASTA EL COMEDOR PARA DECÍRSELO.
GRACIAS.
¿QUÉ TE JUEGAS A QUE PODRÍA PONER LA MESA DESDE AQUÍ MISMO?

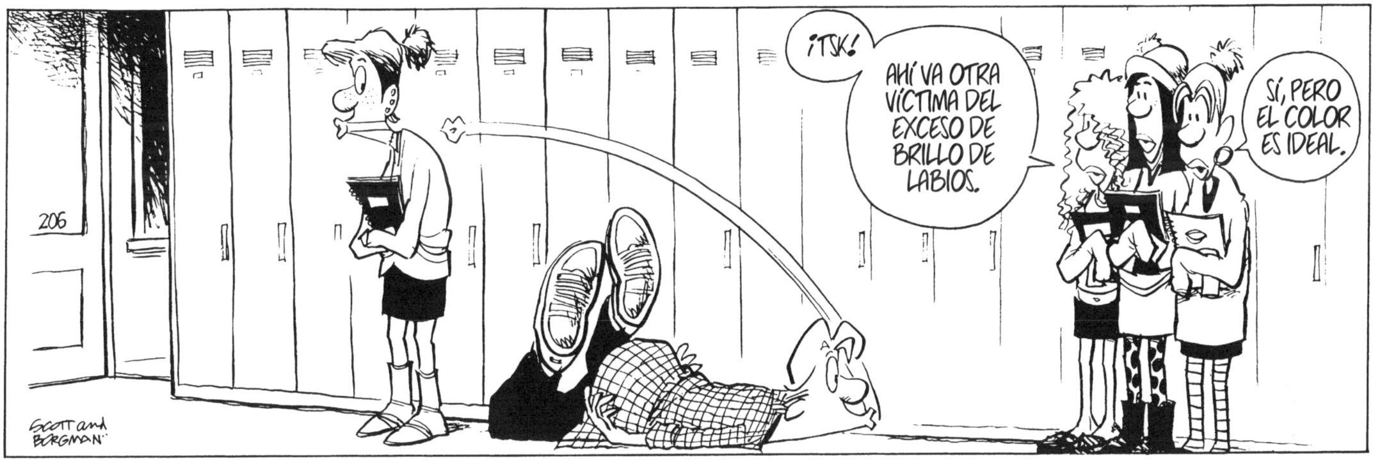
206
¡TSK!
AHÍ VA OTRA VÍCTIMA DEL EXCESO DE BRILLO DE LABIOS.
SÍ, PERO EL COLOR ES IDEAL.
SCOTT and BORGMAN

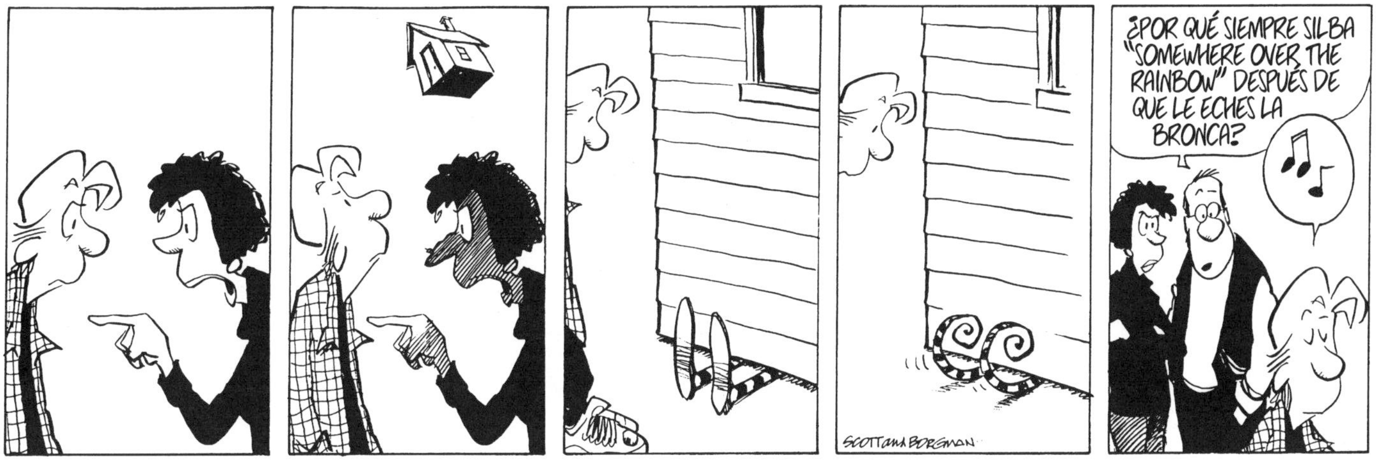
SCOTT and BORGMAN
¿POR QUÉ SIEMPRE SILBA "SOMEWHERE OVER THE RAINBOW" DESPUÉS DE QUE LE ECHES LA BRONCA?

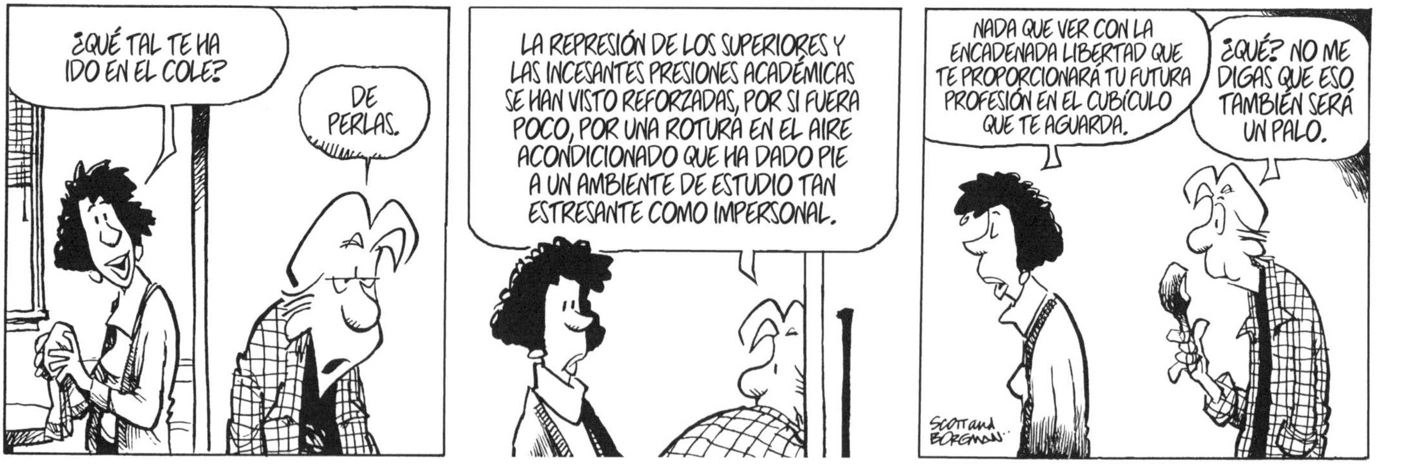
¿QUÉ TAL TE HA IDO EN EL COLE?
DE PERLAS.
LA REPRESIÓN DE LOS SUPERIORES Y LAS INCESANTES PRESIONES ACADÉMICAS SE HAN VISTO REFORZADAS, POR SI FUERA POCO, POR UNA ROTURA EN EL AIRE ACONDICIONADO QUE HA DADO PIE A UN AMBIENTE DE ESTUDIO TAN ESTRESANTE COMO IMPERSONAL.
NADA QUE VER CON LA ENCADENADA LIBERTAD QUE TE PROPORCIONARÁ TU FUTURA PROFESIÓN EN EL CUBÍCULO QUE TE AGUARDA.
¿QUÉ? NO ME DIGAS QUE ESO TAMBIÉN SERÁ UN PALO.
SCOTT AND BORGMAN

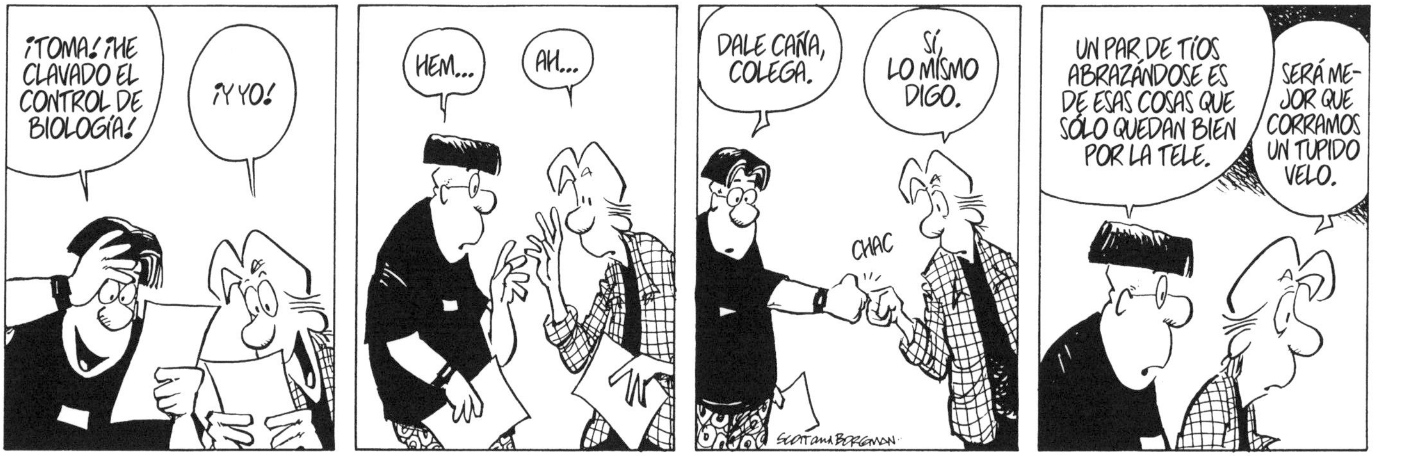
¡TOMA! ¡HE CLAVADO EL CONTROL DE BIOLOGÍA!
¡Y YO!
HEM...
AH...
DALE CAÑA, COLEGA.
SÍ, LO MISMO DIGO.
CHAC
SCOTT AND BORGMAN
UN PAR DE TÍOS ABRAZÁNDOSE ES DE ESAS COSAS QUE SÓLO QUEDAN BIEN POR LA TELE.
SERÁ MEJOR QUE CORRAMOS UN TUPIDO VELO.

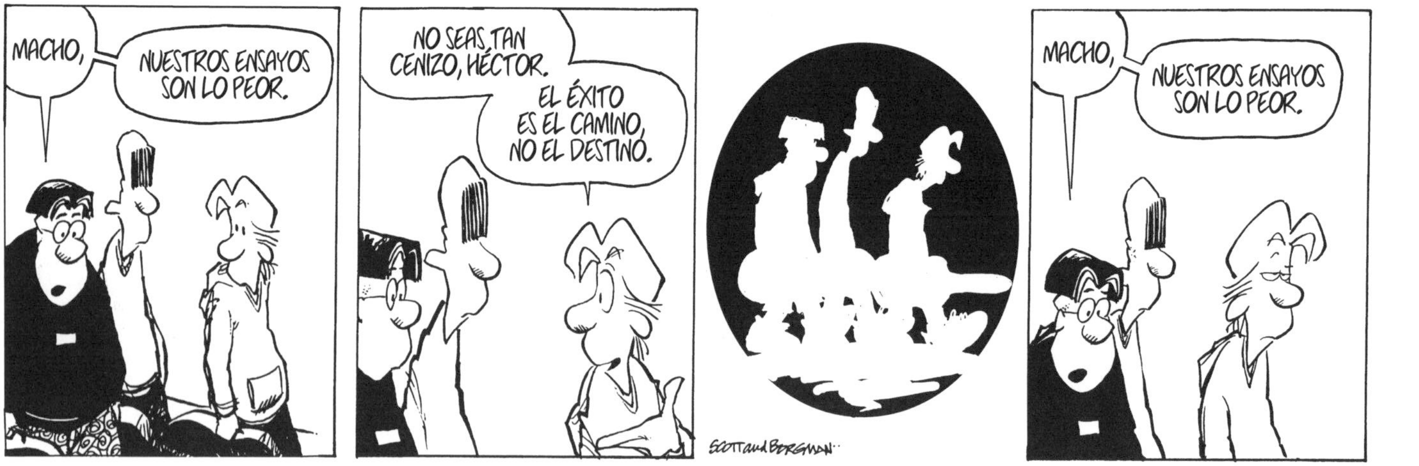
MACHO,
NUESTROS ENSAYOS SON LO PEOR.
NO SEAS TAN CENIZO, HÉCTOR.
EL ÉXITO ES EL CAMINO, NO EL DESTINO.
SCOTT AND BORGMAN
MACHO,
NUESTROS ENSAYOS SON LO PEOR.

Zits
by JERRY SCOTT and JIM BORGMAN

Feliz Día de la MADRE
SCOTT and BORGMAN
¡QUÉ GUSTO!
¡AHHH!
ESPÉRANOS AQUÍ UN MOMENTÍN... VAMOS A POR UNA RONDA DE POSTRES.
¡MIRAD! ¡SI HAY REGALIZ DE PALO Y DONUTS!
¡¡AAAY!!
EL DÍA DE LA MADRE, ESE DÍA EN EL QUE TENEMOS QUE SONREÍR EDUCADAMENTE MIENTRAS NOS INTENTAN METER BUENAS INTENCIONES CON EMBUDO.
¿AGUA DE VALENCIA?
XXX

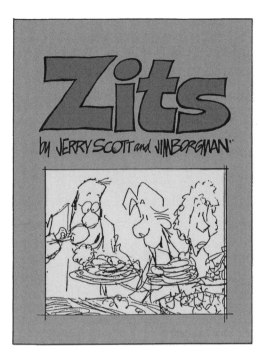

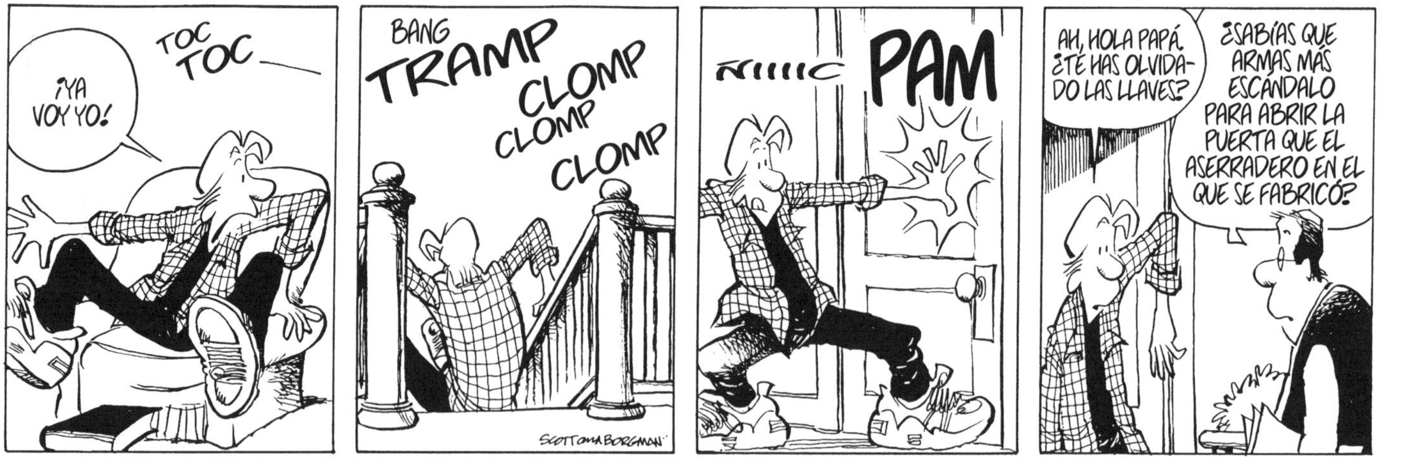
¡YA VOY YO!
TOC TOC
BANG
TRAMP
CLOMP
CLOMP
CLOMP
SCOTT and BORGMAN
ÑIIIIC
PAM
AH, HOLA PAPÁ. ¿TE HAS OLVIDADO LAS LLAVES?
¿SABÍAS QUE ARMAS MÁS ESCÁNDALO PARA ABRIR LA PUERTA QUE EL ASERRADERO EN EL QUE SE FABRICÓ?

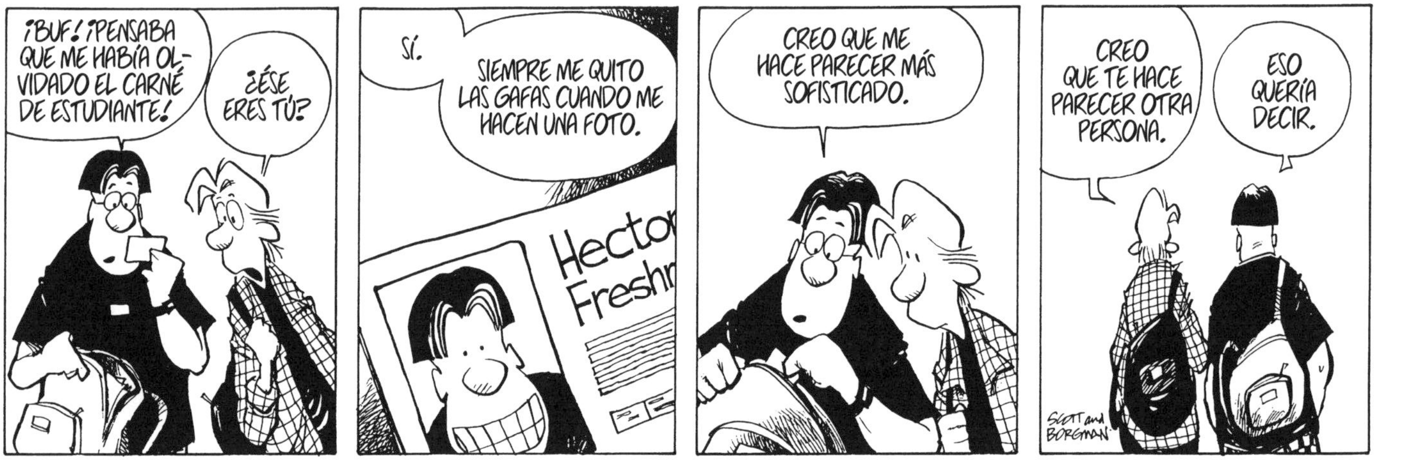
¡BUF! ¡PENSABA QUE ME HABÍA OLVIDADO EL CARNÉ DE ESTUDIANTE!
¿ÉSE ERES TÚ?
SÍ.
SIEMPRE ME QUITO LAS GAFAS CUANDO ME HACEN UNA FOTO.
CREO QUE ME HACE PARECER MÁS SOFISTICADO.
CREO QUE TE HACE PARECER OTRA PERSONA.
ESO QUERÍA DECIR.
SCOTT and BORGMAN

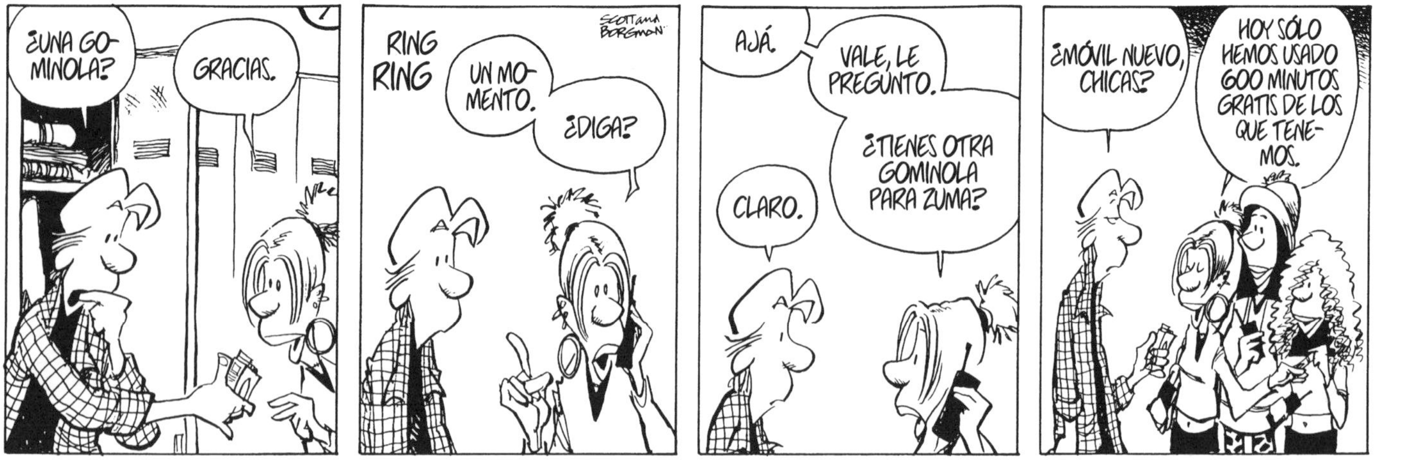
¿UNA GOMINOLA?
GRACIAS.
RING RING
SCOTT and BORGMAN
UN MOMENTO.
¿DIGA?
AJÁ.
VALE, LE PREGUNTO.
¿TIENES OTRA GOMINOLA PARA ZUMA?
CLARO.
¿MÓVIL NUEVO, CHICAS?
HOY SÓLO HEMOS USADO 600 MINUTOS GRATIS DE LOS QUE TENEMOS.

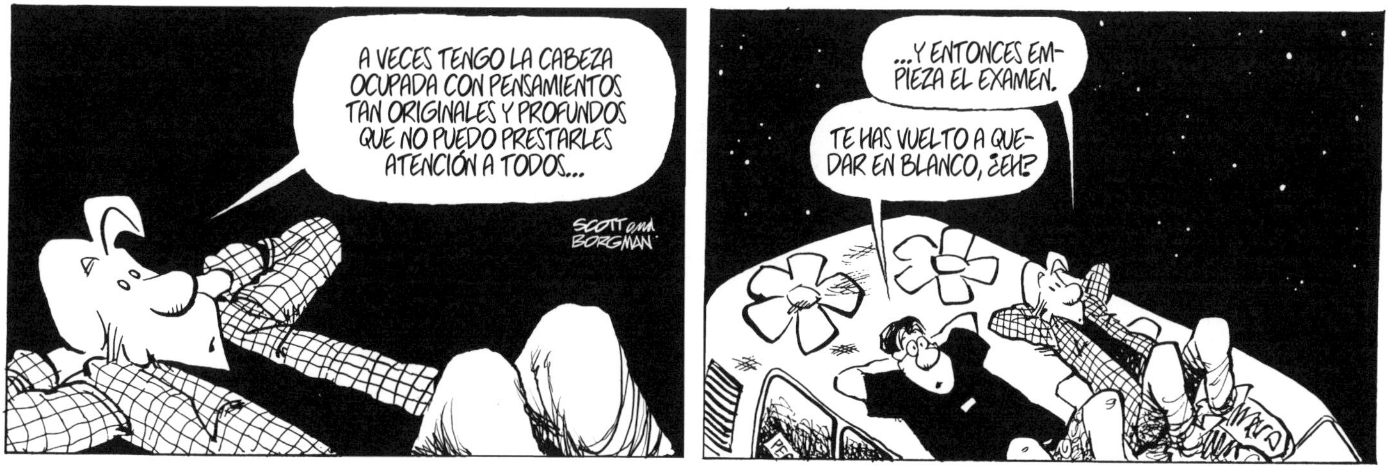
A VECES TENGO LA CABEZA OCUPADA CON PENSAMIENTOS TAN ORIGINALES Y PROFUNDOS QUE NO PUEDO PRESTARLES ATENCIÓN A TODOS...
TE HAS VUELTO A QUEDAR EN BLANCO, ¿EH?
...Y ENTONCES EMPIEZA EL EXAMEN.

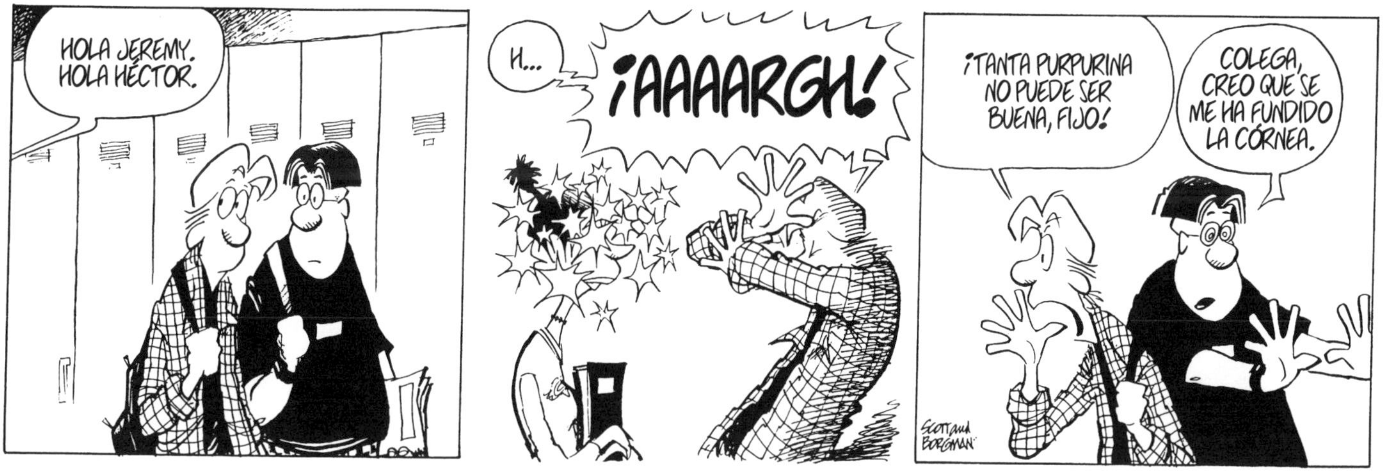
HOLA JEREMY. HOLA HÉCTOR.
H...
¡AAAARGH!
¡TANTA PURPURINA NO PUEDE SER BUENA, FIJO!
COLEGA, CREO QUE SE ME HA FUNDIDO LA CÓRNEA.

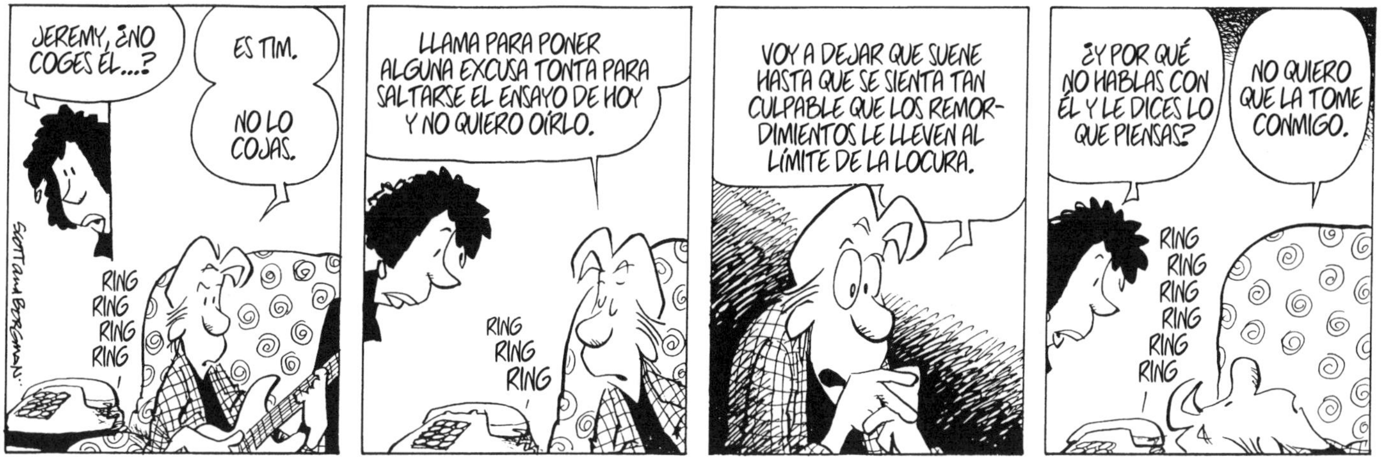
JEREMY, ¿NO COGES EL...?
ES TIM.
NO LO COJAS.
RING RING RING RING
LLAMA PARA PONER ALGUNA EXCUSA TONTA PARA SALTARSE EL ENSAYO DE HOY Y NO QUIERO OÍRLO.
RING RING RING
VOY A DEJAR QUE SUENE HASTA QUE SE SIENTA TAN CULPABLE QUE LOS REMORDIMIENTOS LE LLEVEN AL LÍMITE DE LA LOCURA.
¿Y POR QUÉ NO HABLAS CON ÉL Y LE DICES LO QUE PIENSAS?
NO QUIERO QUE LA TOME CONMIGO.
RING RING RING RING RING RING

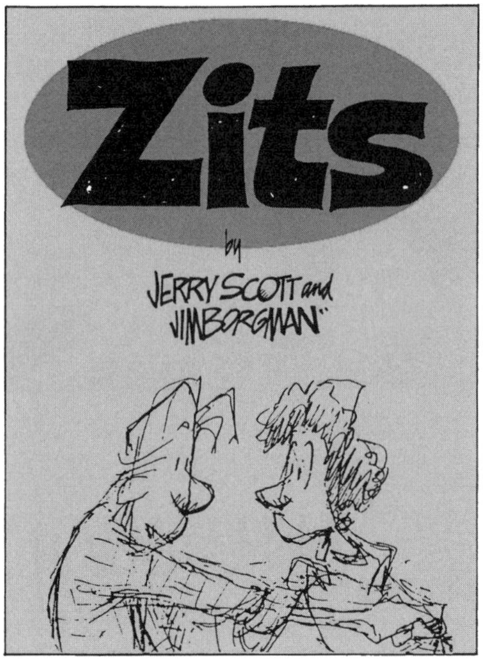
Zits
by
JERRY SCOTT and JIM BORGMAN

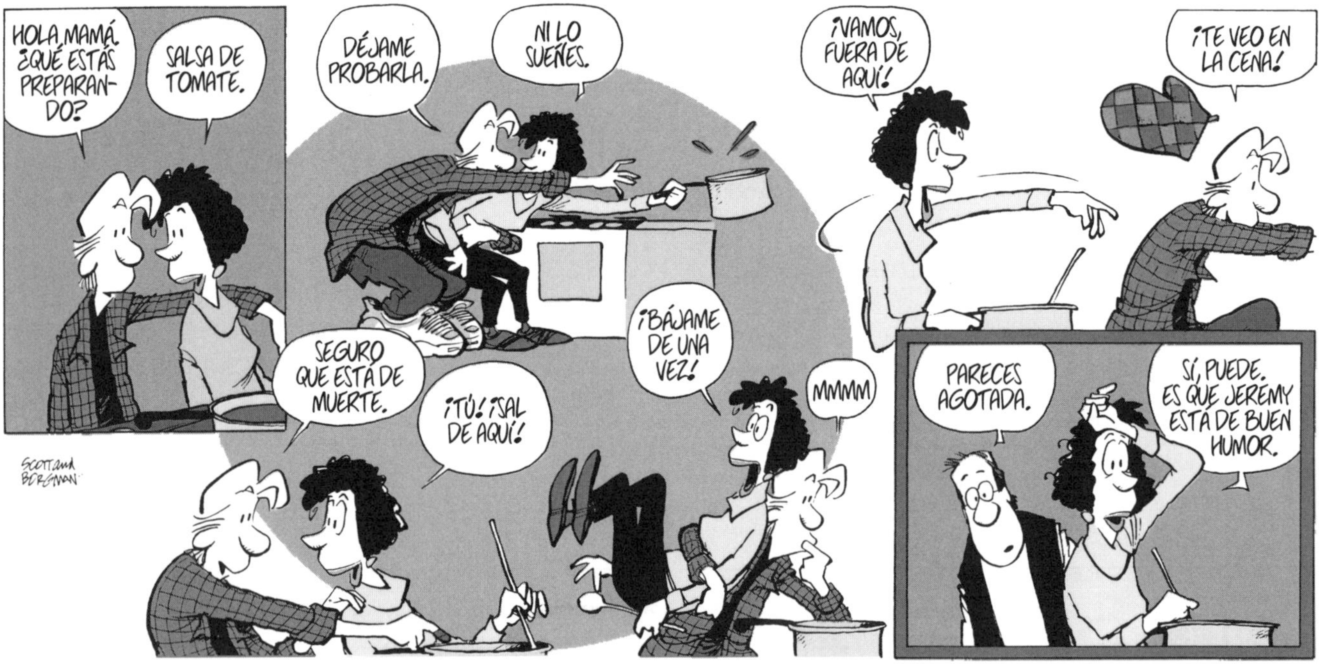
HOLA, MAMÁ. ¿QUÉ ESTÁS PREPARANDO?
SALSA DE TOMATE.
DÉJAME PROBARLA.
NI LO SUEÑES.
¡VAMOS, FUERA DE AQUÍ!
¡TE VEO EN LA CENA!
SEGURO QUE ESTÁ DE MUERTE.
¡TÚ! ¡SAL DE AQUÍ!
¡BÁJAME DE UNA VEZ!
MMMM
PARECES AGOTADA.
SÍ, PUEDE. ES QUE JEREMY ESTÁ DE BUEN HUMOR.
SCOTT and BORGMAN

ARRIBA: Acicalarse mutuamente favorece las relaciones entre las primates hembras.

...Y LAS COMPAÑERAS DE CLASE.

SCOTT and BORGMAN

¡HOLA JEREMY! ¿TE HAS FIJADO EN MI NUEVO PIERCING EN EL OMBLIGO?

AH... PU... JA... HEM...

PUES VALE. ¡ADIÓS!

GLURG.

¿SABÍAS QUE EN ALGUNAS CULTURAS LOS SONIDOS GUTURALES SE CONSIDERAN AFRODISÍACOS?

CIERRA EL PICO.

SCOTT and BORGMAN

ME LLAMO MANDY Y SERÉ TU FANTASÍA ESTA TARDE...

¿HUMMM?

HE DICHO QUE ME LLAMO MANDY Y SERÉ TU CAMARERA ESTA TARDE.

NO HABÍA VISTO QUE SE LE CAYERA TANTO LA BABA AL CHICO DESDE QUE LO SENTÁBAMOS EN LA TRONA.

SCOTT and BORGMAN

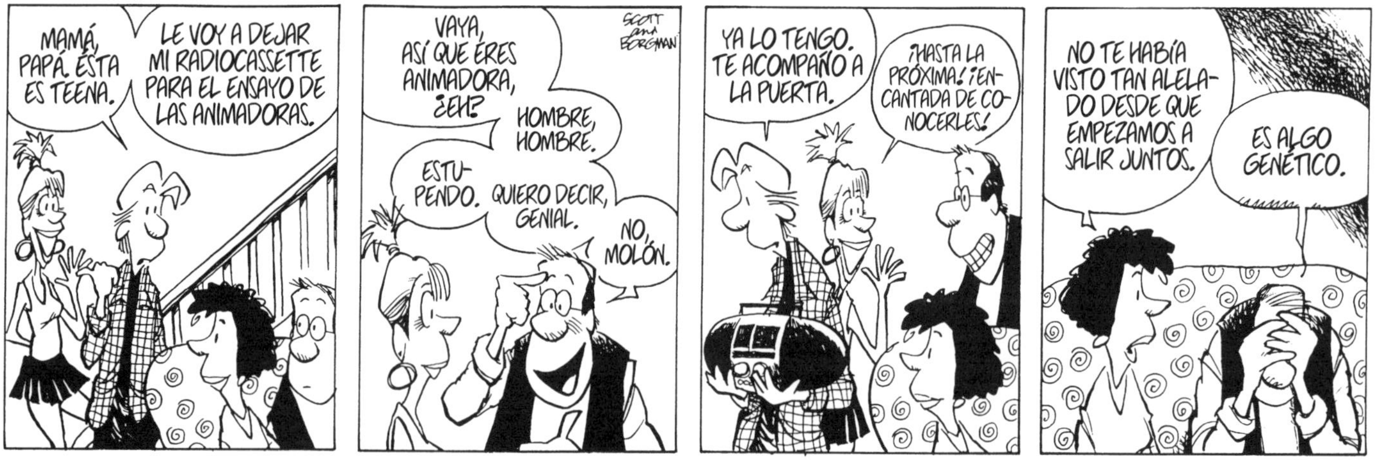
MAMÁ, PAPÁ. ÉSTA ES TEENA.
LE VOY A DEJAR MI RADIOCASSETTE PARA EL ENSAYO DE LAS ANIMADORAS.
SCOTT and BORGMAN
VAYA, ASÍ QUE ERES ANIMADORA, ¿EH?
HOMBRE, HOMBRE.
ESTUPENDO.
QUIERO DECIR, GENIAL.
NO, MOLÓN.
YA LO TENGO. TE ACOMPAÑO A LA PUERTA.
¡HASTA LA PRÓXIMA! ¡ENCANTADA DE CONOCERLES!
NO TE HABÍA VISTO TAN ALELADO DESDE QUE EMPEZAMOS A SALIR JUNTOS.
ES ALGO GENÉTICO.

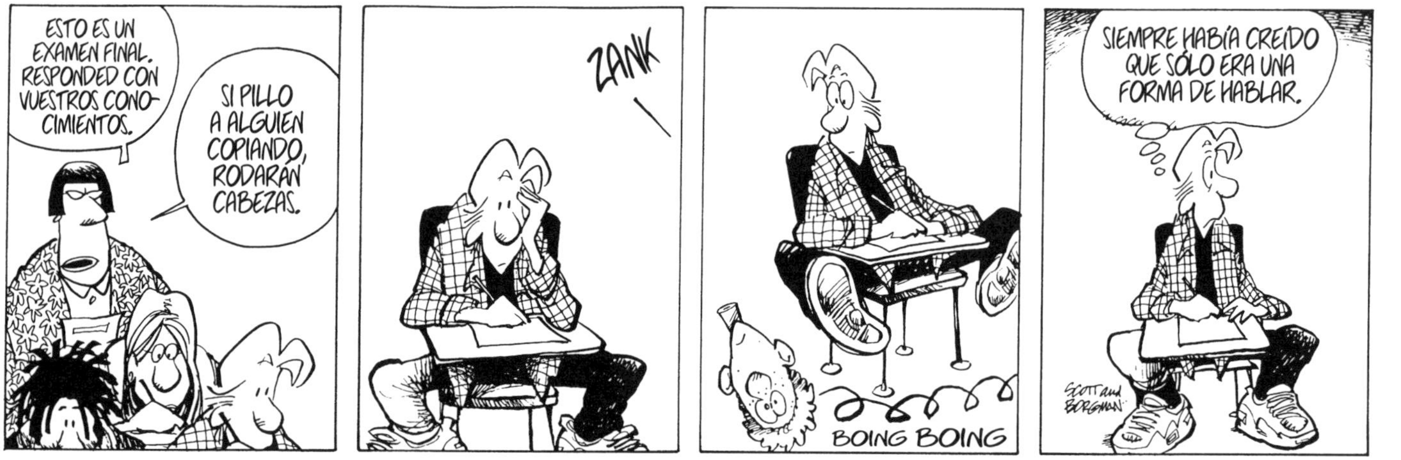
ESTO ES UN EXAMEN FINAL. RESPONDED CON VUESTROS CONOCIMIENTOS.
SI PILLO A ALGUIEN COPIANDO, RODARÁN CABEZAS.
ZANK
BOING BOING
SIEMPRE HABÍA CREÍDO QUE SÓLO ERA UNA FORMA DE HABLAR.
SCOTT and BORGMAN

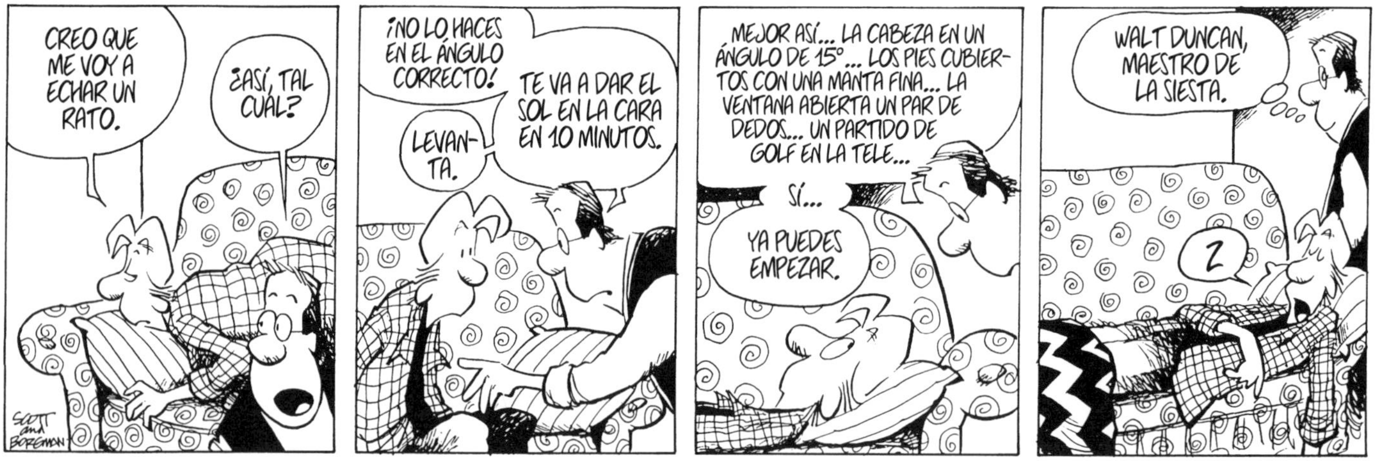
CREO QUE ME VOY A ECHAR UN RATO.
¿ASÍ, TAL CUAL?
SCOTT and BORGMAN
¡NO LO HACES EN EL ÁNGULO CORRECTO!
LEVANTA.
TE VA A DAR EL SOL EN LA CARA EN 10 MINUTOS.
MEJOR ASÍ... LA CABEZA EN UN ÁNGULO DE 15°... LOS PIES CUBIERTOS CON UNA MANTA FINA... LA VENTANA ABIERTA UN PAR DE DEDOS... UN PARTIDO DE GOLF EN LA TELE...
SÍ...
YA PUEDES EMPEZAR.
WALT DUNCAN, MAESTRO DE LA SIESTA.
Z

Zits
by
JERRY SCOTT and
JIM BORGMAN

¿QUÉ TE APETECE HACER HOY?
PODRÍAMOS PONERNOS CON LA FURGO.
NO LA HEMOS TOCADO DESDE EL OTOÑO.
YA VES.
DESPUÉS DE UN INVIERNO COMO EL QUE HEMOS PASADO PROBABLEMENTE TENGAMOS QUE HACER UN PAR DE ARREGLILLOS.
SCOTT AND BORGMAN
TÚ TE ENCARGAS DE SACAR LA FAMILIA DE ARDILLAS DEL MOTOR Y YO DE PODAR EL INTERIOR.

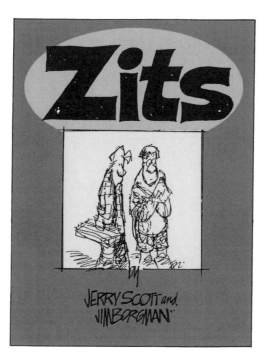

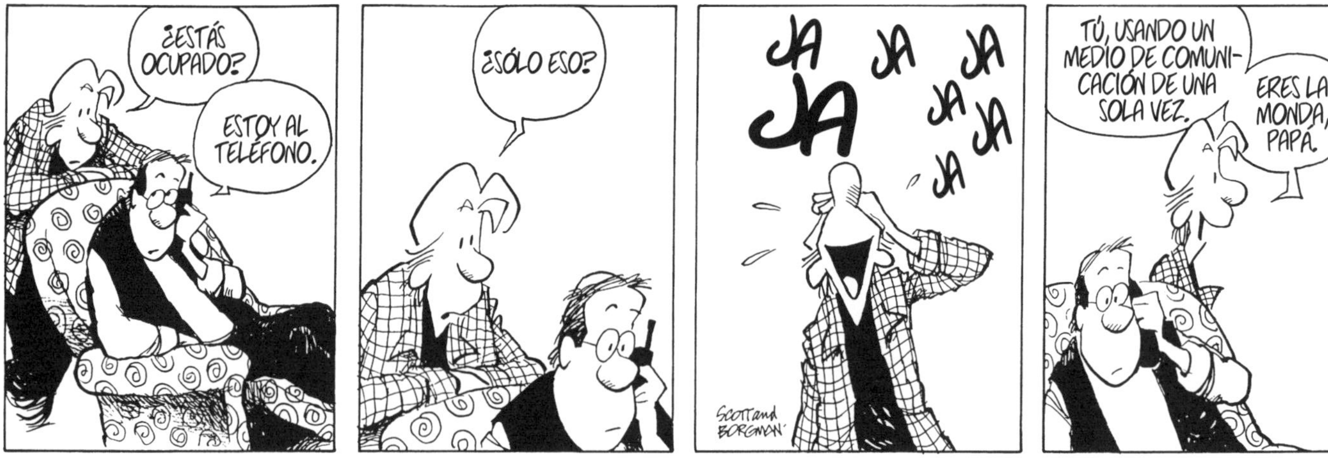
¿ESTÁS OCUPADO?
ESTOY AL TELÉFONO.
¿SÓLO ESO?
JA JA JA JA JA JA JA
TÚ, USANDO UN MEDIO DE COMUNICACIÓN DE UNA SOLA VEZ.
ERES LA MONDA, PAPÁ.

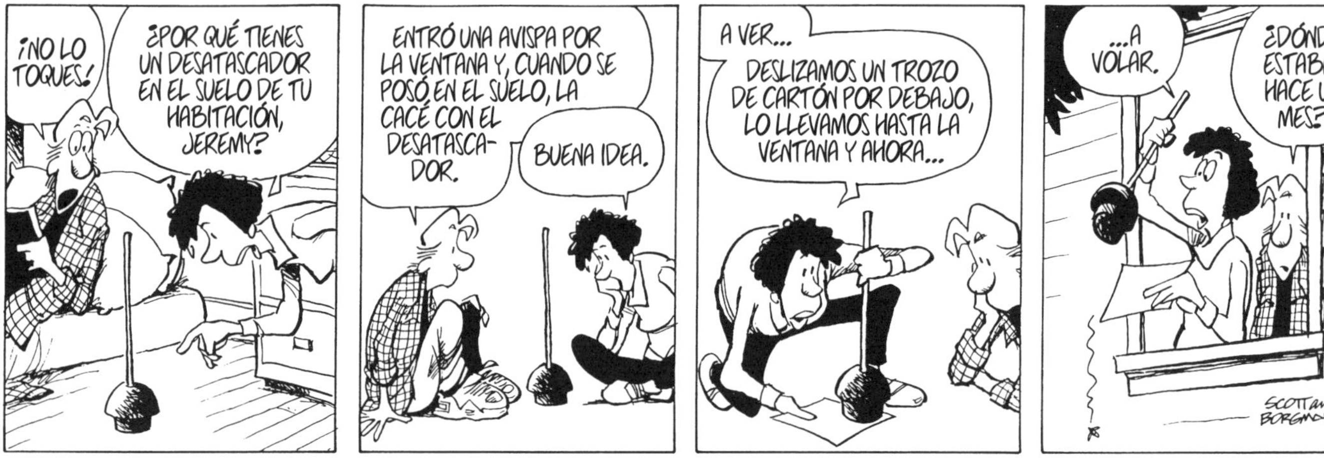
¡NO LO TOQUES!
¿POR QUÉ TIENES UN DESATASCADOR EN EL SUELO DE TU HABITACIÓN, JEREMY?
ENTRÓ UNA AVISPA POR LA VENTANA Y, CUANDO SE POSÓ EN EL SUELO, LA CACÉ CON EL DESATASCADOR.
BUENA IDEA.
A VER...
DESLIZAMOS UN TROZO DE CARTÓN POR DEBAJO, LO LLEVAMOS HASTA LA VENTANA Y AHORA...
...A VOLAR.
¿DÓNDE ESTABAS HACE UN MES?

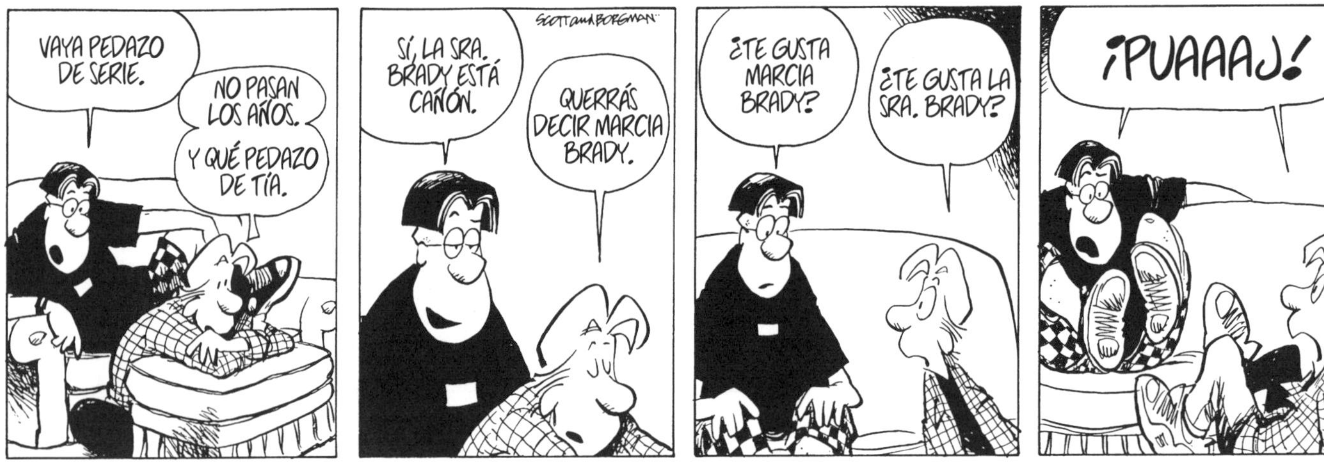
VAYA PEDAZO DE SERIE.
NO PASAN LOS AÑOS.
Y QUÉ PEDAZO DE TÍA.
SÍ, LA SRA. BRADY ESTÁ CAÑÓN.
QUERRÁS DECIR MARCIA BRADY.
¿TE GUSTA MARCIA BRADY?
¿TE GUSTA LA SRA. BRADY?
¡PUAAAJ!

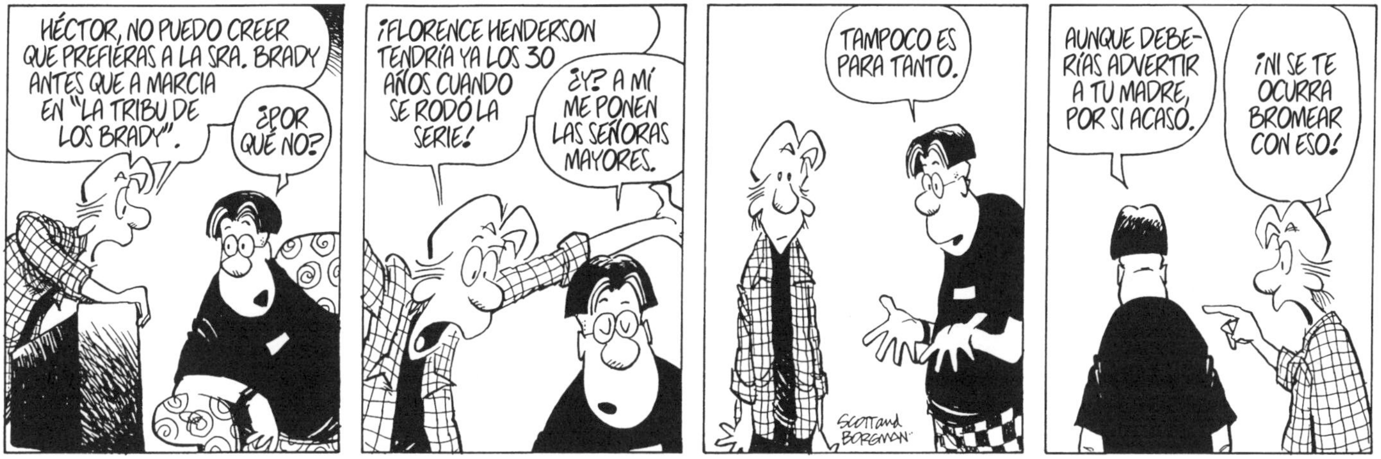
HÉCTOR, NO PUEDO CREER QUE PREFIERAS A LA SRA. BRADY ANTES QUE A MARCIA EN "LA TRIBU DE LOS BRADY".
¿POR QUÉ NO?
¡FLORENCE HENDERSON TENDRÍA YA LOS 30 AÑOS CUANDO SE RODÓ LA SERIE!
¿Y? A MÍ ME PONEN LAS SEÑORAS MAYORES.
TAMPOCO ES PARA TANTO.
SCOTT and BORGMAN
AUNQUE DEBERÍAS ADVERTIR A TU MADRE, POR SI ACASO.
¡NI SE TE OCURRA BROMEAR CON ESO!

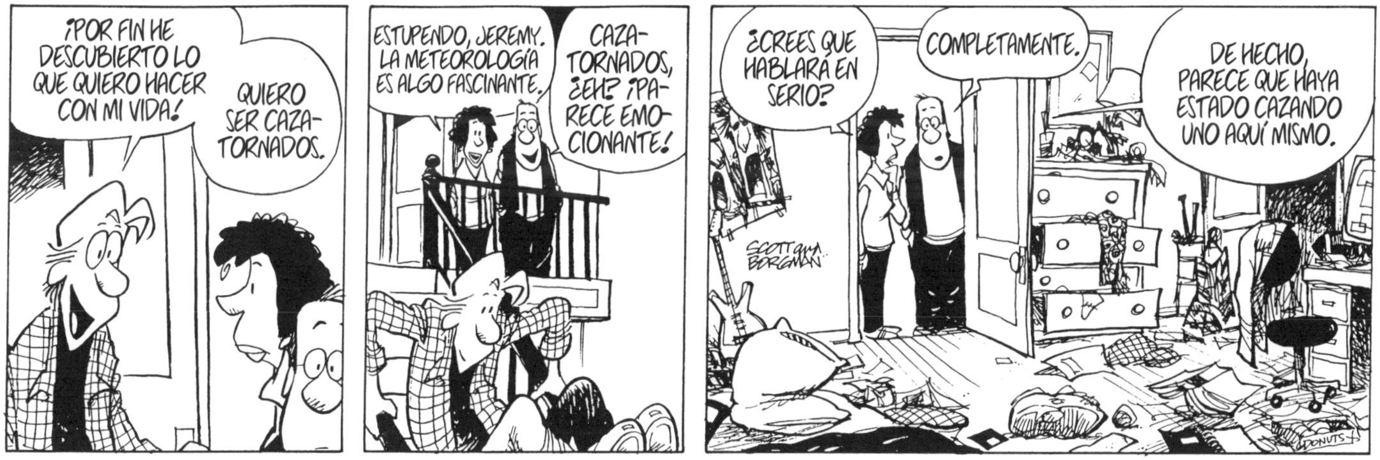
¡POR FIN HE DESCUBIERTO LO QUE QUIERO HACER CON MI VIDA!
QUIERO SER CAZATORNADOS.
ESTUPENDO, JEREMY. LA METEOROLOGÍA ES ALGO FASCINANTE.
CAZATORNADOS, ¿EH? ¡PARECE EMOCIONANTE!
¿CREES QUE HABLARA EN SERIO?
COMPLETAMENTE.
DE HECHO, PARECE QUE HAYA ESTADO CAZANDO UNO AQUÍ MISMO.
SCOTT and BORGMAN
DONUTS

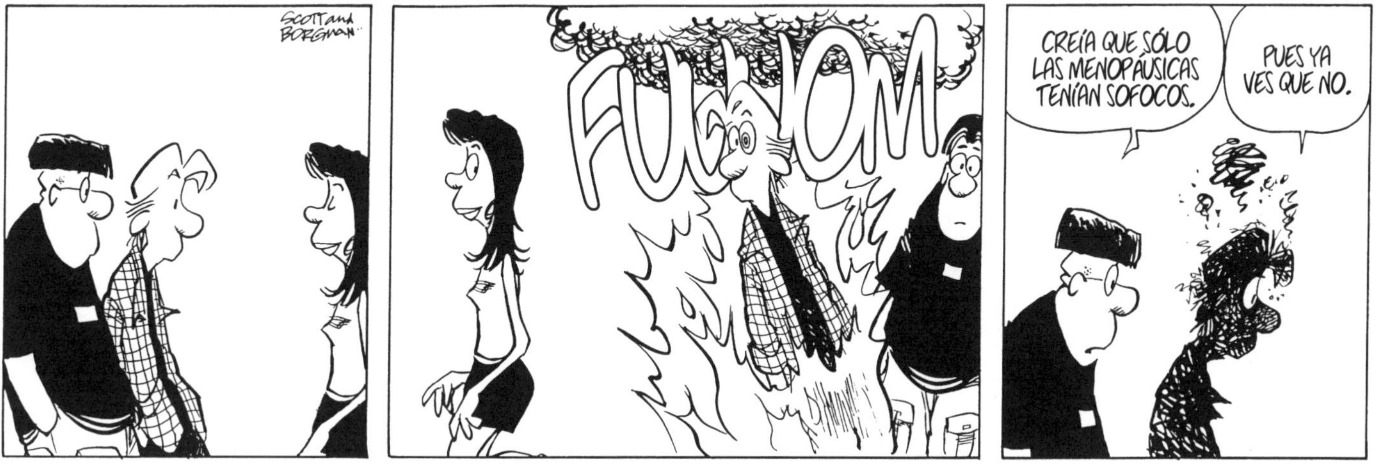
SCOTT and BORGMAN
FUUUOM
CREÍA QUE SÓLO LAS MENOPÁUSICAS TENÍAN SOFOCOS.
PUES YA VES QUE NO.

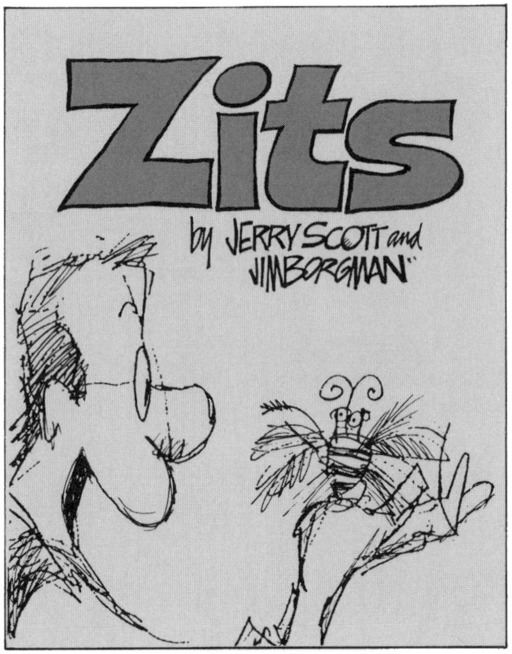
Zits
by JERRY SCOTT and JIM BORGMAN

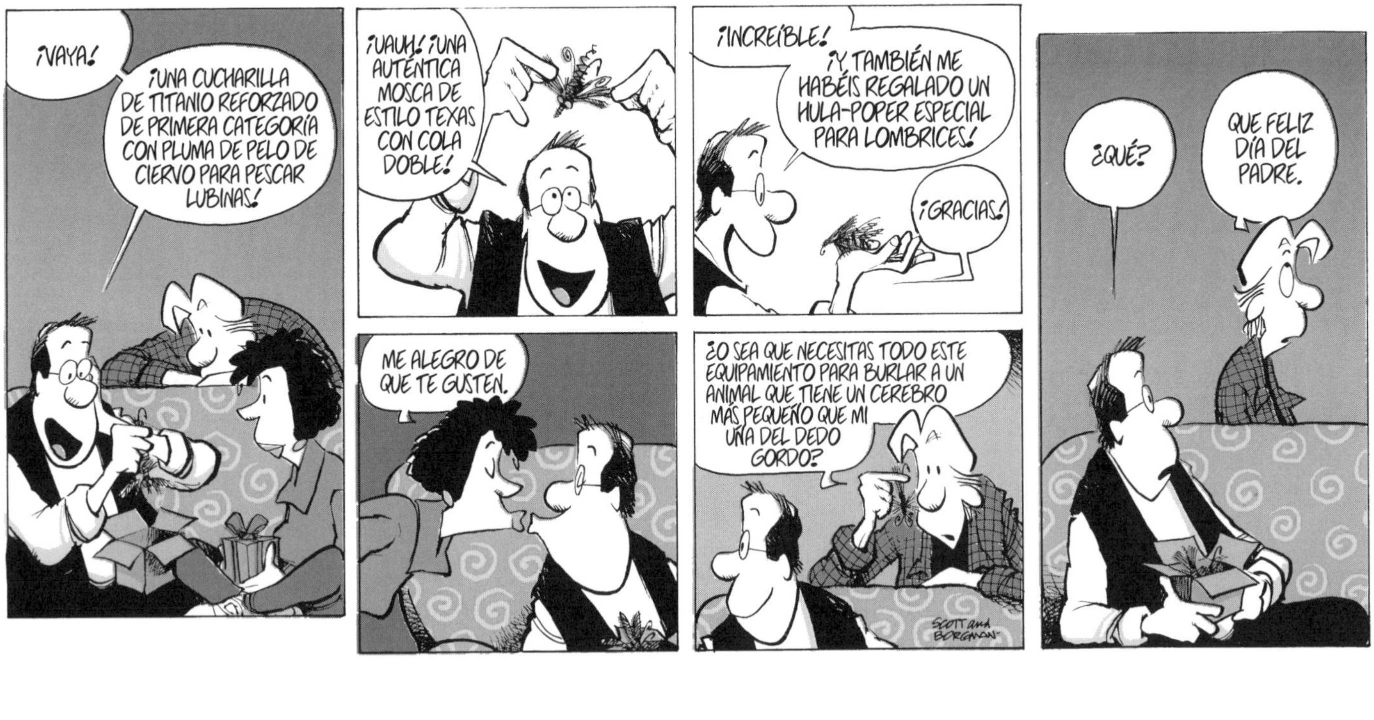
¡VAYA!
¡UNA CUCHARILLA DE TITANIO REFORZADO DE PRIMERA CATEGORÍA CON PLUMA DE PELO DE CIERVO PARA PESCAR LUBINAS!
¡UAUH! ¡UNA AUTÉNTICA MOSCA DE ESTILO TEXAS CON COLA DOBLE!
ME ALEGRO DE QUE TE GUSTEN.
¡INCREÍBLE!
¡Y TAMBIÉN ME HABÉIS REGALADO UN HULA-POPER ESPECIAL PARA LOMBRICES!
¡GRACIAS!
¿O SEA QUE NECESITAS TODO ESTE EQUIPAMIENTO PARA BURLAR A UN ANIMAL QUE TIENE UN CEREBRO MÁS PEQUEÑO QUE MI UÑA DEL DEDO GORDO?
SCOTT and BORGMAN
¿QUÉ?
QUE FELIZ DÍA DEL PADRE.

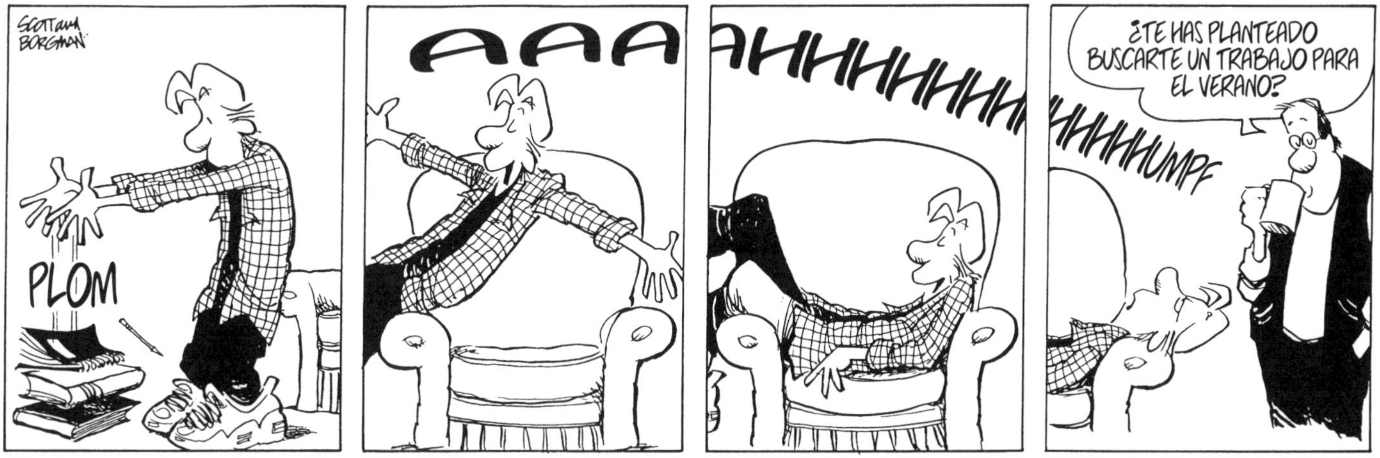
PLOM
AAAAHHHHHHHHHHHHHUMPF
¿TE HAS PLANTEADO BUSCARTE UN TRABAJO PARA EL VERANO?

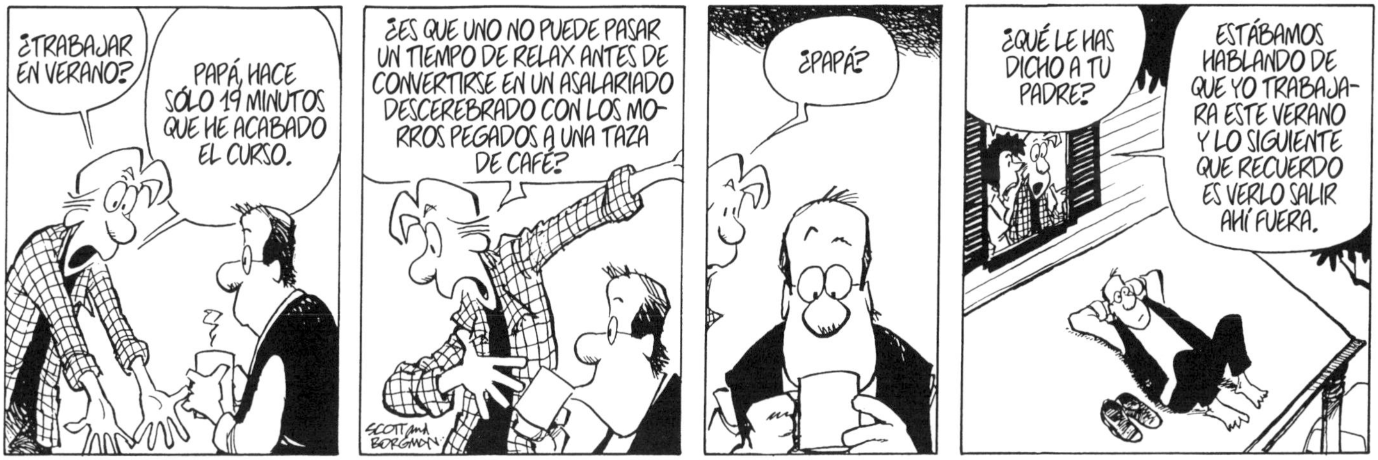
¿TRABAJAR EN VERANO?
PAPÁ, HACE SÓLO 19 MINUTOS QUE HE ACABADO EL CURSO.
¿ES QUE UNO NO PUEDE PASAR UN TIEMPO DE RELAX ANTES DE CONVERTIRSE EN UN ASALARIADO DESCEREBRADO CON LOS MORROS PEGADOS A UNA TAZA DE CAFÉ?
¿PAPÁ?
¿QUÉ LE HAS DICHO A TU PADRE?
ESTÁBAMOS HABLANDO DE QUE YO TRABAJARA ESTE VERANO Y LO SIGUIENTE QUE RECUERDO ES VERLO SALIR AHÍ FUERA.

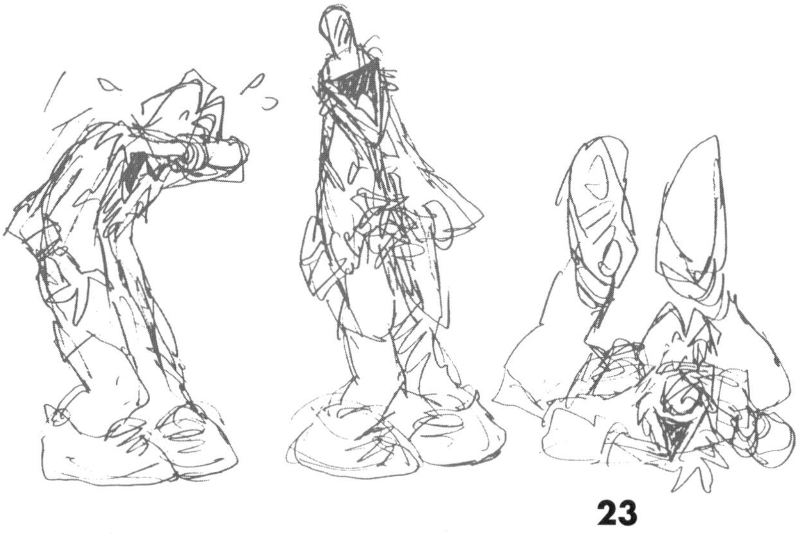

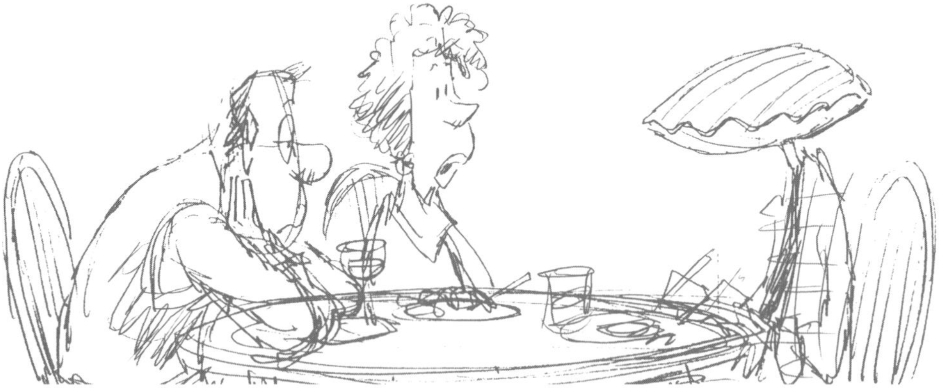

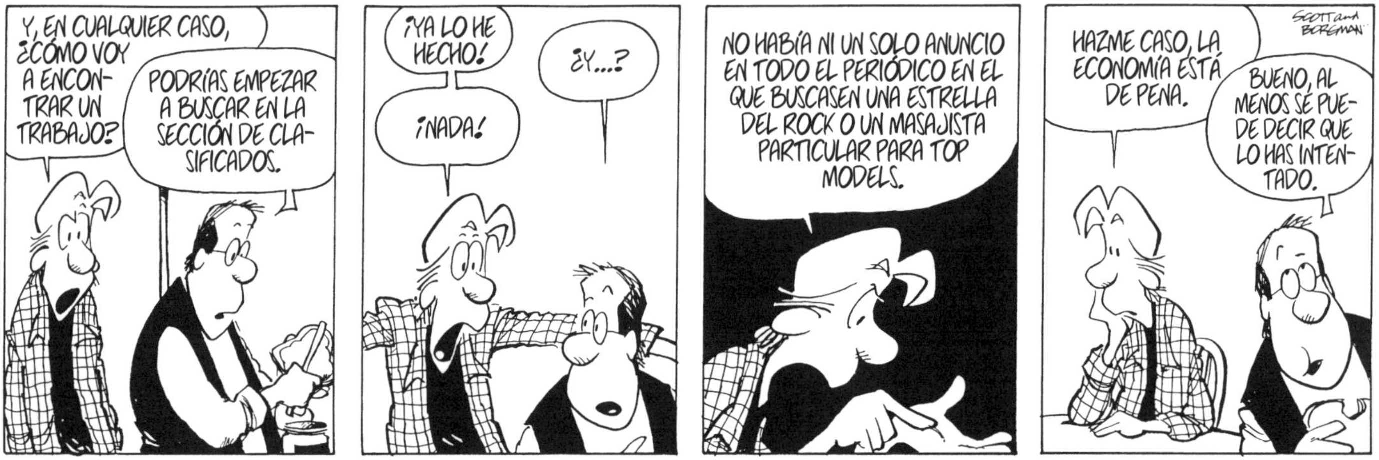
Y, EN CUALQUIER CASO, ¿CÓMO VOY A ENCONTRAR UN TRABAJO?
PODRÍAS EMPEZAR A BUSCAR EN LA SECCIÓN DE CLASIFICADOS.
¡YA LO HE HECHO!
¿Y...?
¡NADA!
NO HABÍA NI UN SOLO ANUNCIO EN TODO EL PERIÓDICO EN EL QUE BUSCASEN UNA ESTRELLA DEL ROCK O UN MASAJISTA PARTICULAR PARA TOP MODELS.
SCOTT and BORGMAN
HAZME CASO, LA ECONOMÍA ESTÁ DE PENA.
BUENO, AL MENOS SE PUEDE DECIR QUE LO HAS INTENTADO.

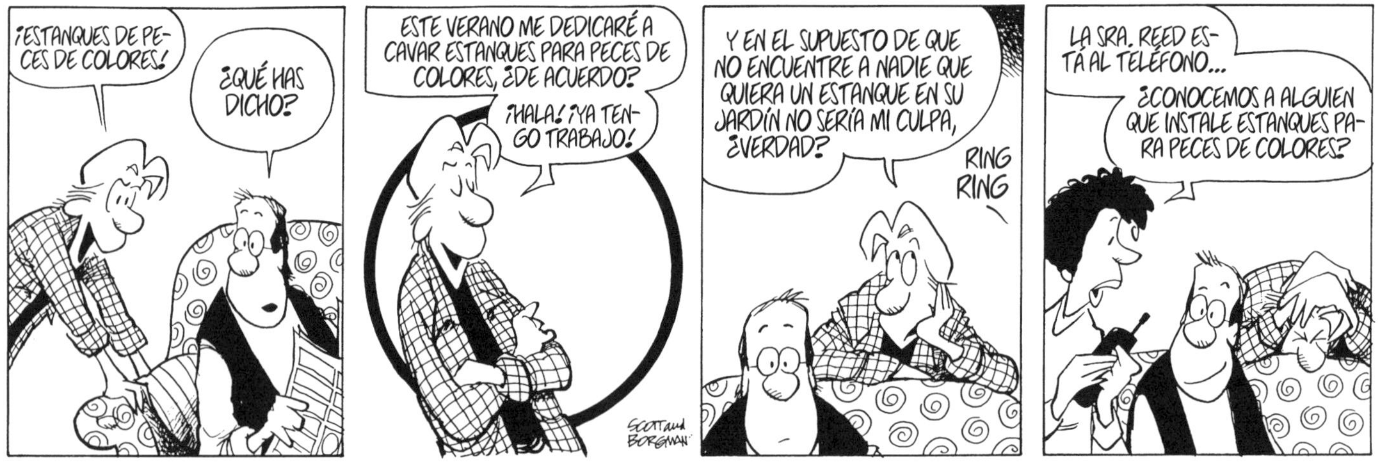
¡ESTANQUES DE PECES DE COLORES!
¿QUÉ HAS DICHO?
ESTE VERANO ME DEDICARÉ A CAVAR ESTANQUES PARA PECES DE COLORES, ¿DE ACUERDO?
¡HALA! ¡YA TENGO TRABAJO!
SCOTT and BORGMAN
Y EN EL SUPUESTO DE QUE NO ENCUENTRE A NADIE QUE QUIERA UN ESTANQUE EN SU JARDÍN NO SERÍA MI CULPA, ¿VERDAD?
RING RING
LA SRA. REED ESTÁ AL TELÉFONO...
¿CONOCEMOS A ALGUIEN QUE INSTALE ESTANQUES PARA PECES DE COLORES?

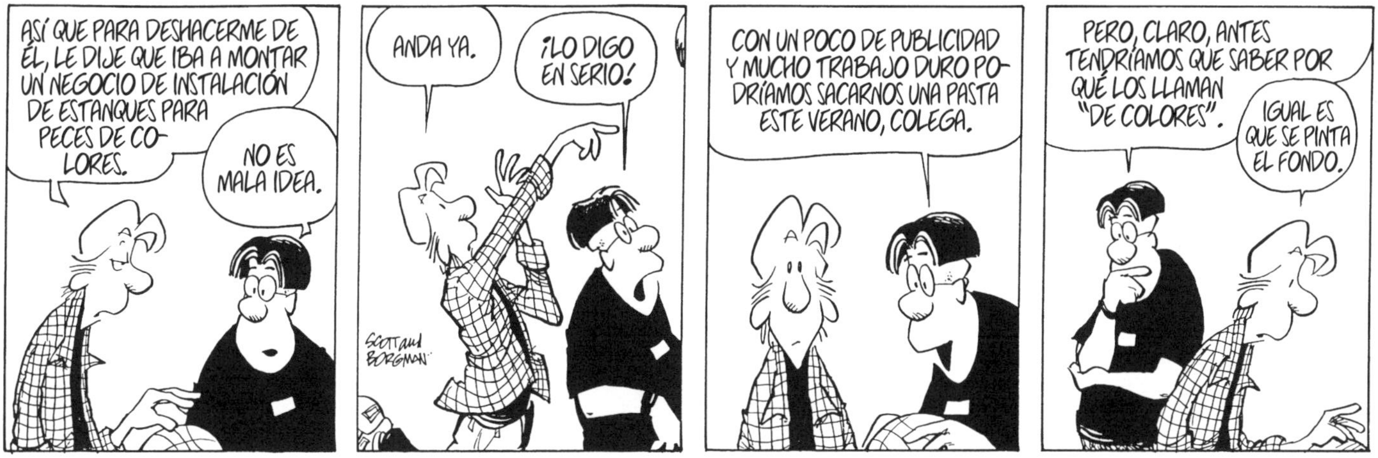
ASÍ QUE PARA DESHACERME DE ÉL, LE DIJE QUE IBA A MONTAR UN NEGOCIO DE INSTALACIÓN DE ESTANQUES PARA PECES DE COLORES.
NO ES MALA IDEA.
ANDA YA.
¡LO DIGO EN SERIO!
SCOTT and BORGMAN
CON UN POCO DE PUBLICIDAD Y MUCHO TRABAJO DURO PODRÍAMOS SACARNOS UNA PASTA ESTE VERANO, COLEGA.
PERO, CLARO, ANTES TENDRÍAMOS QUE SABER POR QUÉ LOS LLAMAN "DE COLORES".
IGUAL ES QUE SE PINTA EL FONDO.

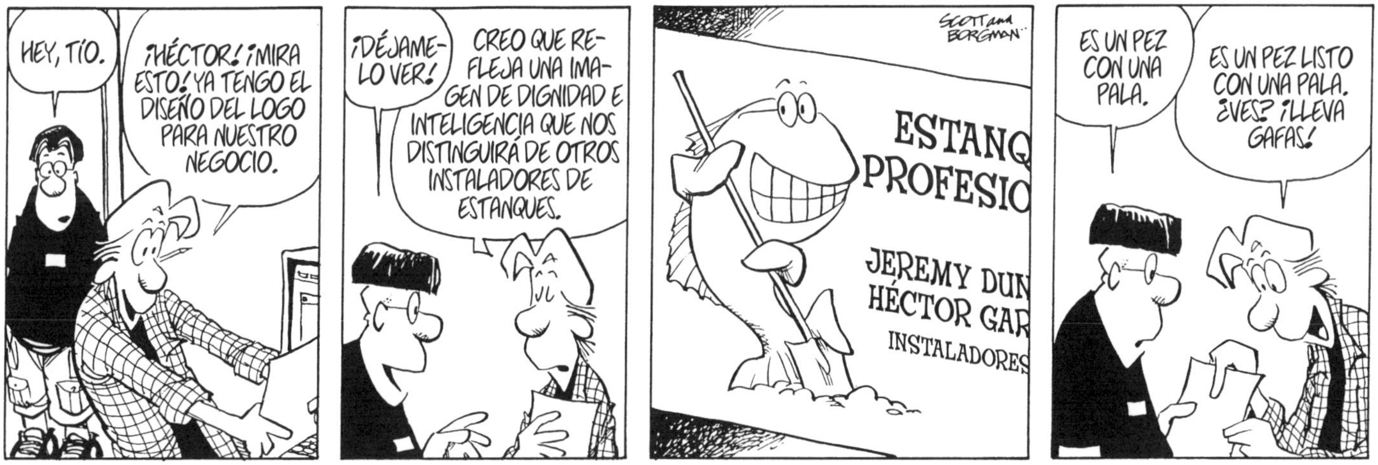
HEY, TÍO.
¡HÉCTOR! ¡MIRA ESTO! YA TENGO EL DISEÑO DEL LOGO PARA NUESTRO NEGOCIO.
¡DÉJAMELO VER!
CREO QUE REFLEJA UNA IMAGEN DE DIGNIDAD E INTELIGENCIA QUE NOS DISTINGUIRÁ DE OTROS INSTALADORES DE ESTANQUES.
SCOTT and BORGMAN
ESTANQ
PROFESIO
JEREMY DUN
HÉCTOR GAR
INSTALADORES
ES UN PEZ CON UNA PALA.
ES UN PEZ LISTO CON UNA PALA. ¿VES? ¡LLEVA GAFAS!

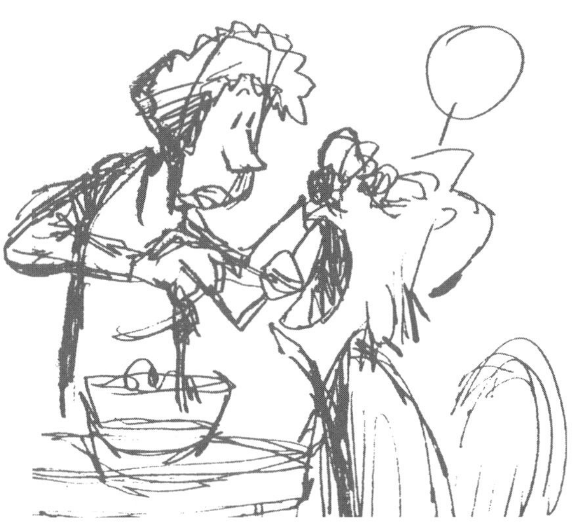

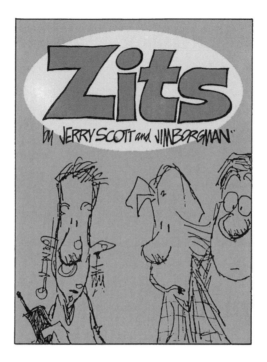

Zits

by JERRY SCOTT and JIM BORGMAN

¡GENIAL! ¡SE ME HA MUERTO LA BATERÍA DEL MÓVIL!

COLEGA.

¿QUIERES LLAMAR DESDE MI CASA, PIERCE?

BUENO, VALE.

NO MOLA NADA QUE LA TECNOLOGÍA TENGA TODAVÍA ESTE TIPO DE LIMITACIONES.

YA TE DIGO.

TENDRÍA QUE HABER ALGÚN LUGAR QUE LE PERMITIERA A LA GENTE NO TENER QUE IR CARGADOS CON EL MÓVIL SIEMPRE ARRIBA Y ABAJO.

¡ESO!

CENTROS DE COMUNICACIÓN SITUADOS ESTRATÉGICAMENTE A LOS QUE TODO EL MUNDO TUVIERA ACCESO.

Y ASÍ COMO CERRADOS POR CRISTALES PARA QUE LA GENTE PUDIERA LLAMAR EN PRIVADO.

¿COMO UNA CABINA DE TELÉFONOS?

SCOTT and BORGMAN

ME GUSTA COMO SUENA.

NO PUEDO CREER QUE NO SE LE HAYA OCURRIDO A NADIE ANTES.

EL PROGRESO AVANZA MUY POCO A POCO.

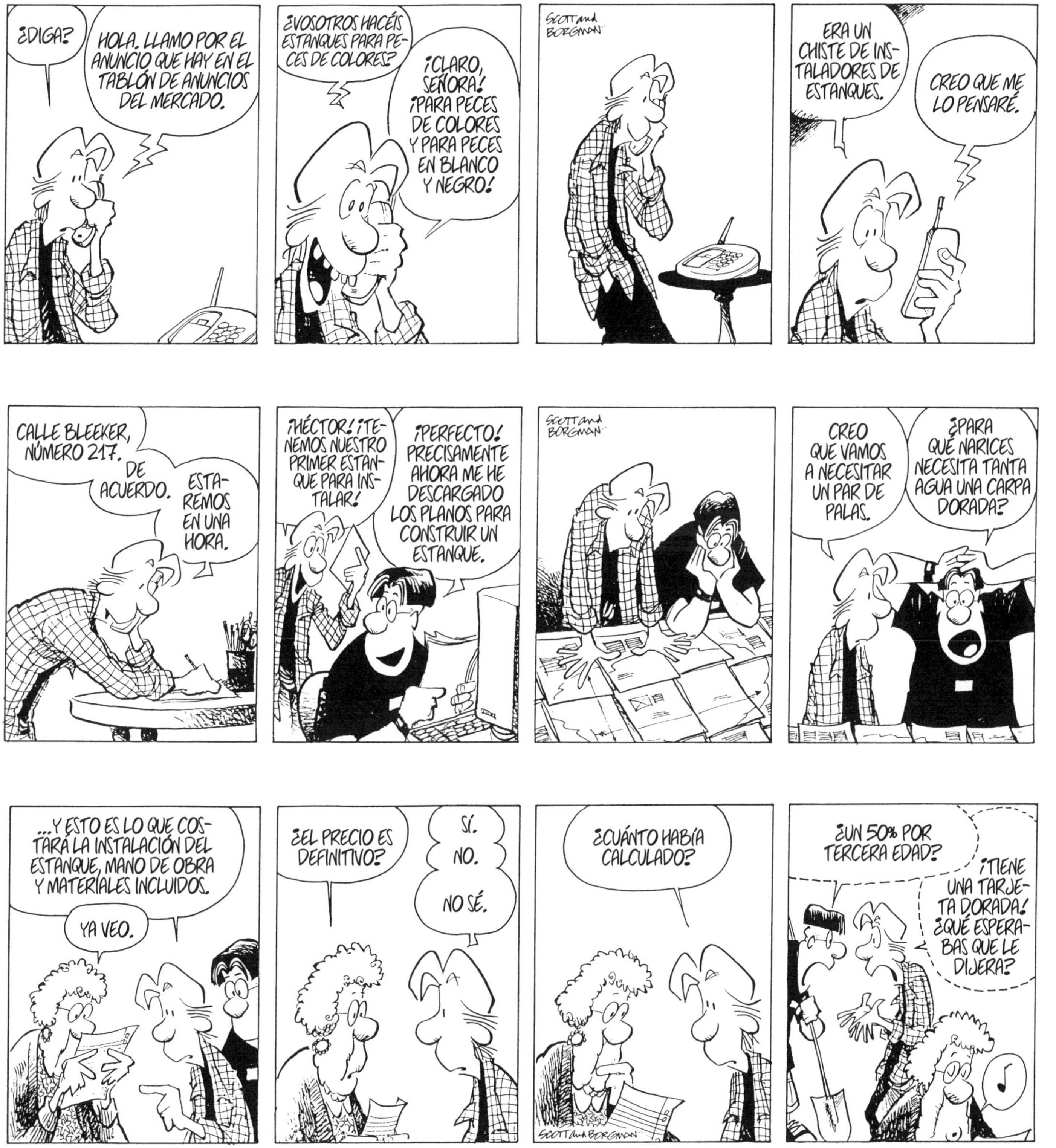
¿DIGA?
HOLA. LLAMO POR EL ANUNCIO QUE HAY EN EL TABLÓN DE ANUNCIOS DEL MERCADO.
¿VOSOTROS HACÉIS ESTANQUES PARA PECES DE COLORES?
¡CLARO, SEÑORA! ¡PARA PECES DE COLORES Y PARA PECES EN BLANCO Y NEGRO!
SCOTT and BORGMAN
ERA UN CHISTE DE INSTALADORES DE ESTANQUES.
CREO QUE ME LO PENSARÉ.
CALLE BLEEKER, NÚMERO 217.
DE ACUERDO.
ESTAREMOS EN UNA HORA.
¡HÉCTOR! ¡TENEMOS NUESTRO PRIMER ESTANQUE PARA INSTALAR!
¡PERFECTO! PRECISAMENTE AHORA ME HE DESCARGADO LOS PLANOS PARA CONSTRUIR UN ESTANQUE.
SCOTT and BORGMAN
CREO QUE VAMOS A NECESITAR UN PAR DE PALAS.
¿PARA QUÉ NARICES NECESITA TANTA AGUA UNA CARPA DORADA?
...Y ESTO ES LO QUE COSTARÁ LA INSTALACIÓN DEL ESTANQUE, MANO DE OBRA Y MATERIALES INCLUIDOS.
YA VEO.
¿EL PRECIO ES DEFINITIVO?
SÍ.
NO.
NO SÉ.
¿CUÁNTO HABÍA CALCULADO?
SCOTT and BORGMAN
¿UN 50% POR TERCERA EDAD?
¡TIENE UNA TARJETA DORADA! ¿QUÉ ESPERABAS QUE LE DIJERA?

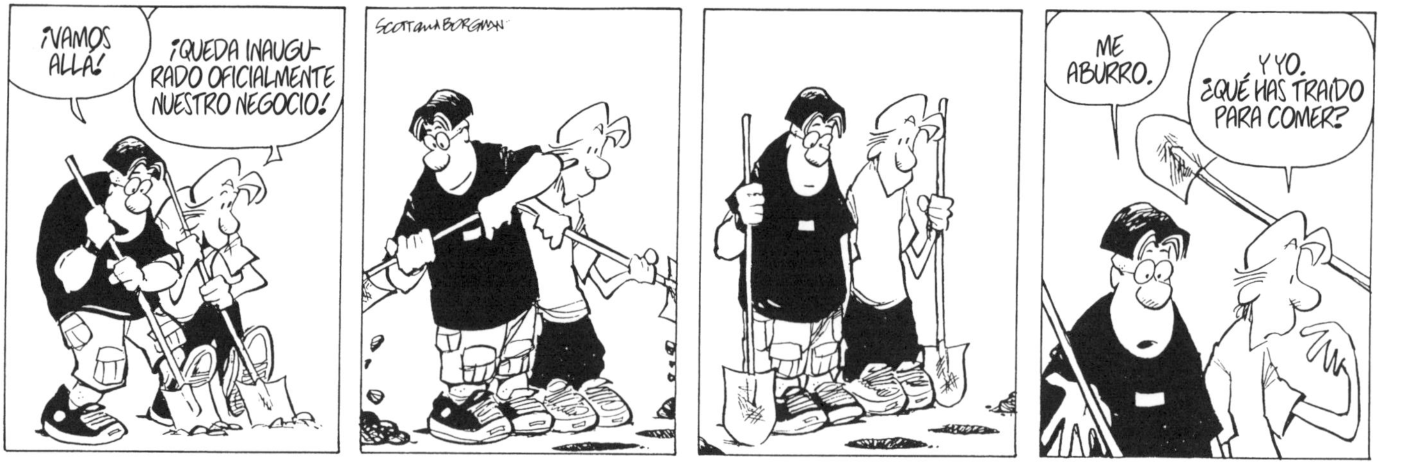
¡VAMOS ALLÁ!
¡QUEDA INAUGURADO OFICIALMENTE NUESTRO NEGOCIO!
SCOTT and BORGMAN
ME ABURRO.
Y YO. ¿QUÉ HAS TRAÍDO PARA COMER?

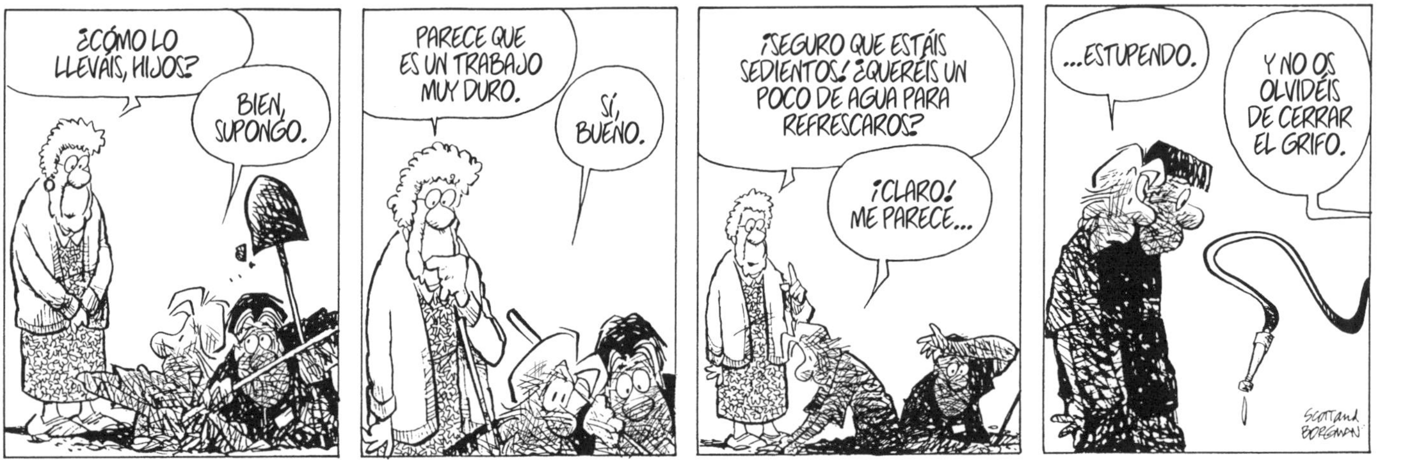
¿CÓMO LO LLEVÁIS, HIJOS?
BIEN, SUPONGO.
SCOTT and BORGMAN
PARECE QUE ES UN TRABAJO MUY DURO.
SÍ, BUENO.
¡SEGURO QUE ESTÁIS SEDIENTOS! ¿QUERÉIS UN POCO DE AGUA PARA REFRESCAROS?
¡CLARO! ME PARECE...
...ESTUPENDO.
Y NO OS OLVIDÉIS DE CERRAR EL GRIFO.
SCOTT and BORGMAN

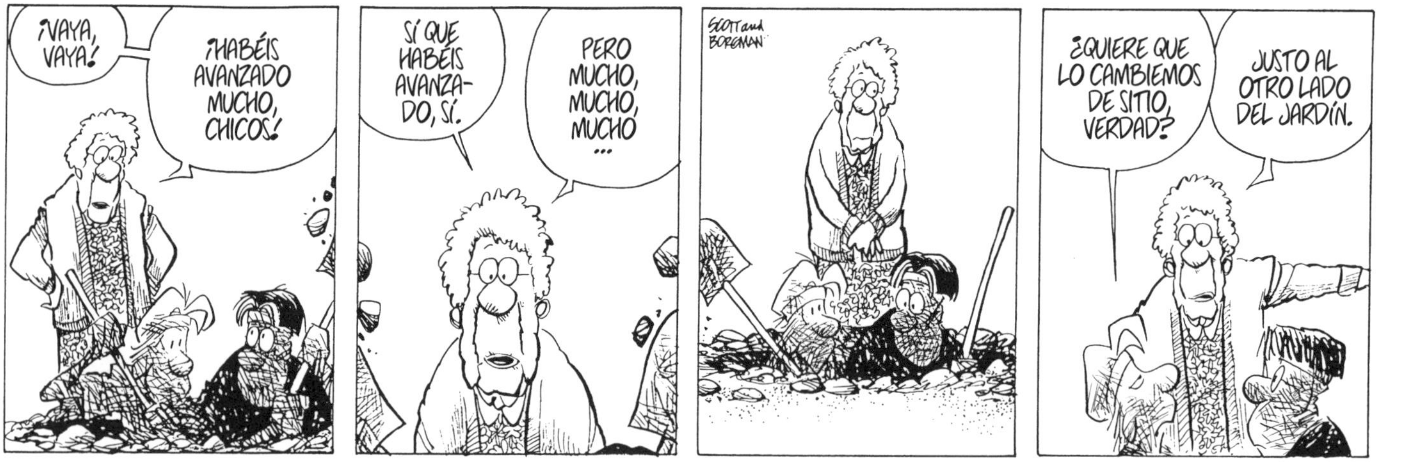
¡VAYA, VAYA!
¡HABÉIS AVANZADO MUCHO, CHICOS!
SÍ QUE HABÉIS AVANZADO, SÍ.
PERO MUCHO, MUCHO, MUCHO ...
SCOTT and BORGMAN
¿QUIERE QUE LO CAMBIEMOS DE SITIO, VERDAD?
JUSTO AL OTRO LADO DEL JARDÍN.

Zits
by JERRY SCOTT and JIM BORGMAN

CREO QUE ME HE DEJADO ARRIBA LAS LLAVES DEL COCHE.
¡LO MEJOR SERÁ QUE SUBA A COMPROBARLO!
CLOMP CLOMP CLOMP
¡TSK! EL CUADRO QUE ESTÁ AL FINAL DE LA ESCALERA ESTÁ TORCIDO.
¡HUM! ¡A LO MEJOR SE CAYERON DE LA MESA Y FUERON A PARAR A LA HABITACIÓN DE JEREMY DE UNA PATADA!
SERÁ MEJOR QUE ECHE UN...
...VISTAZO.
TRANQUI, MAMÁ. SÓLO ESTAMOS HABLANDO.
¿POR QUÉ NO PODRÁN HABLAR EN ALGÚN LUGAR DONDE LES PUEDA VER LAS MANOS?
ESO SÍ, BUENA INTERPRETACIÓN.
JERRY SCOTT and JIM BORGMAN

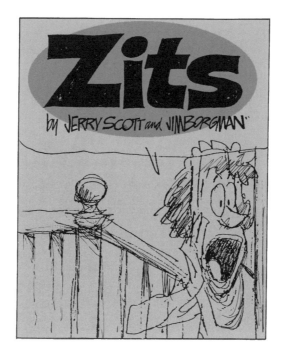

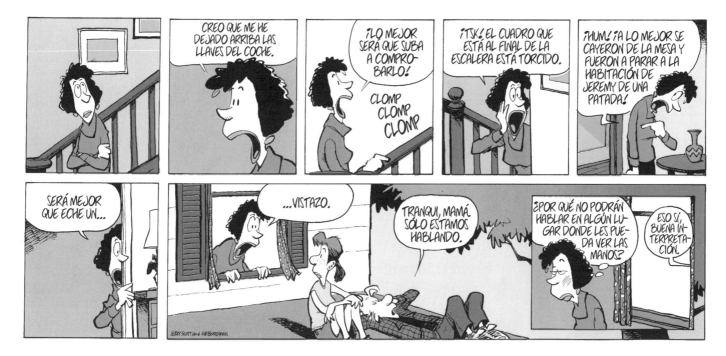

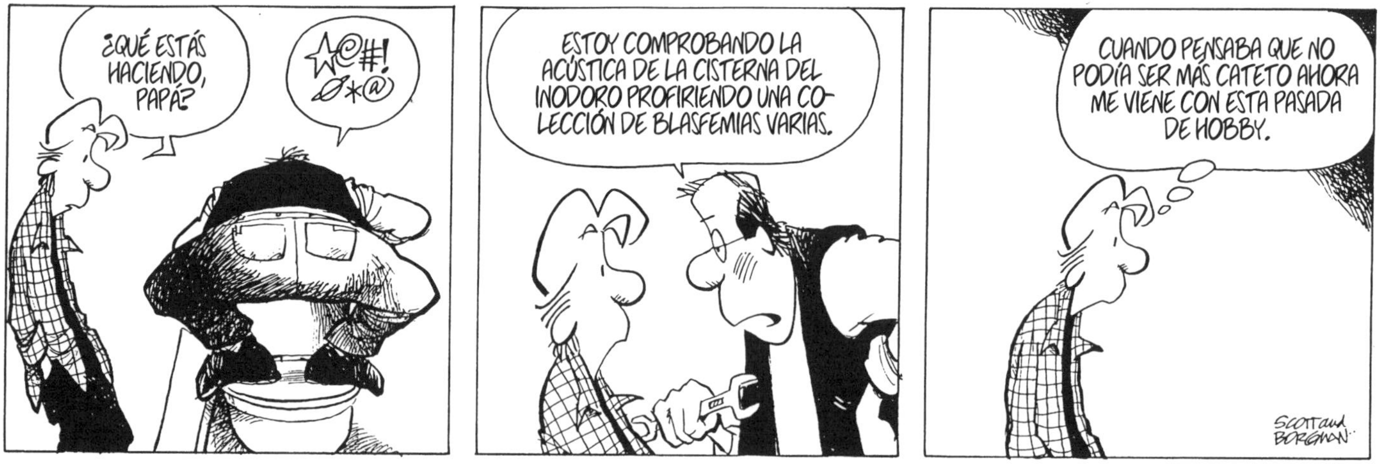
¿QUÉ ESTÁS HACIENDO, PAPÁ?
ESTOY COMPROBANDO LA ACÚSTICA DE LA CISTERNA DEL INODORO PROFIRIENDO UNA COLECCIÓN DE BLASFEMIAS VARIAS.
CUANDO PENSABA QUE NO PODÍA SER MÁS CATETO AHORA ME VIENE CON ESTA PASADA DE HOBBY.

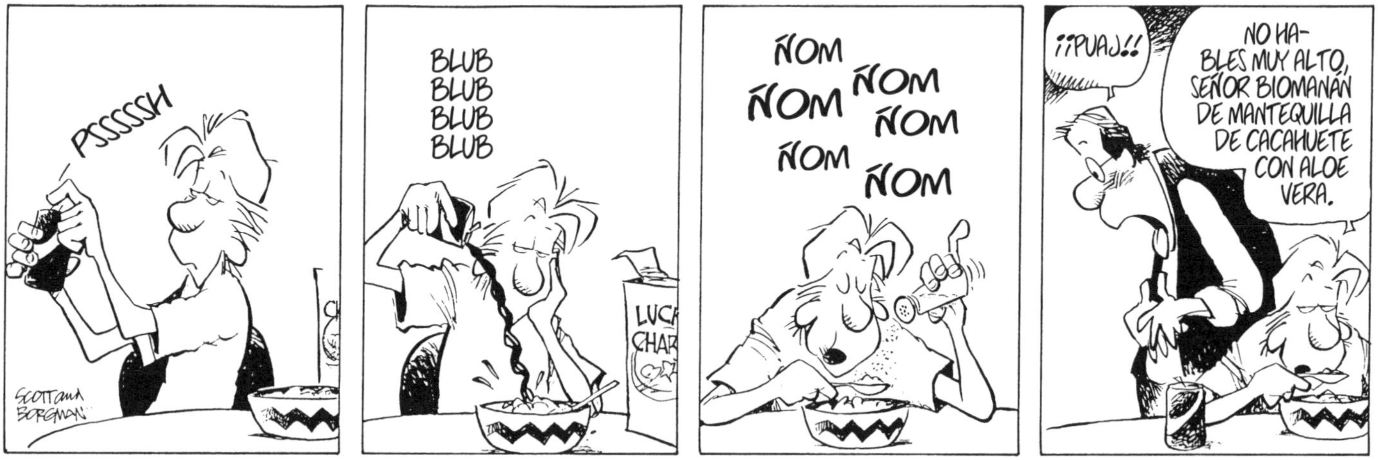
PSSSSSH
BLUB BLUB BLUB BLUB
ÑOM ÑOM ÑOM ÑOM ÑOM ÑOM
¡¡PUAJ!!
NO HABLES MUY ALTO, SEÑOR BIOMANÁN DE MANTEQUILLA DE CACAHUETE CON ALOE VERA.

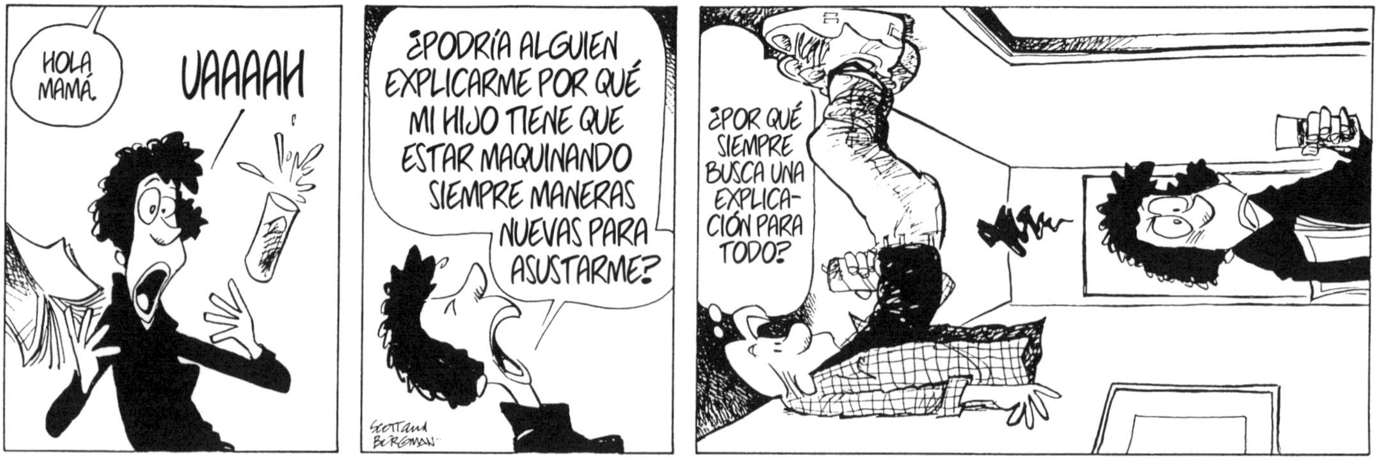
HOLA MAMÁ.
UAAAAH
¿PODRÍA ALGUIEN EXPLICARME POR QUÉ MI HIJO TIENE QUE ESTAR MAQUINANDO SIEMPRE MANERAS NUEVAS PARA ASUSTARME?
¿POR QUÉ SIEMPRE BUSCA UNA EXPLICACIÓN PARA TODO?

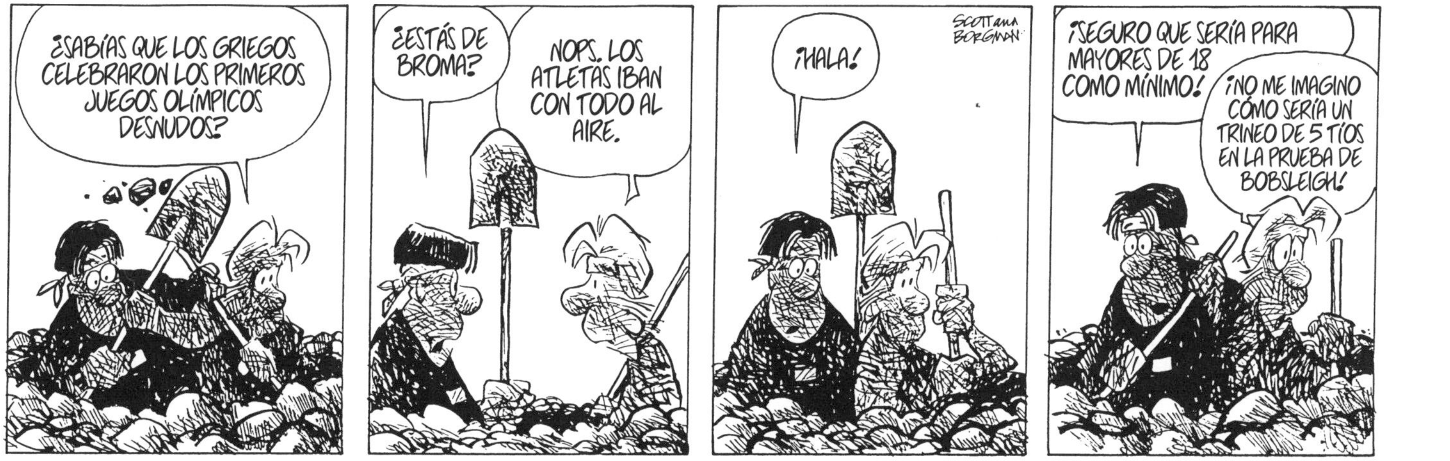
¿SABÍAS QUE LOS GRIEGOS CELEBRARON LOS PRIMEROS JUEGOS OLÍMPICOS DESNUDOS?
¿ESTÁS DE BROMA?
NOPS. LOS ATLETAS IBAN CON TODO AL AIRE.
¡HALA!
SCOTT and BORGMAN
¡SEGURO QUE SERÍA PARA MAYORES DE 18 COMO MÍNIMO!
¡NO ME IMAGINO CÓMO SERÍA UN TRINEO DE 5 TÍOS EN LA PRUEBA DE BOBSLEIGH!

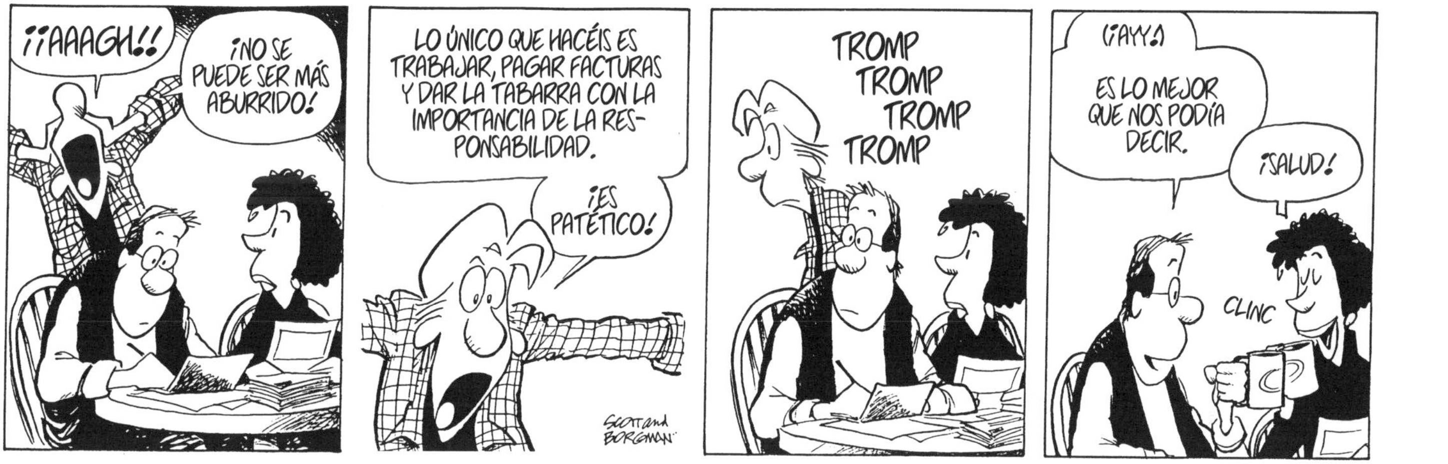
¡¡AAAGH!!
¡NO SE PUEDE SER MÁS ABURRIDO!
LO ÚNICO QUE HACÉIS ES TRABAJAR, PAGAR FACTURAS Y DAR LA TABARRA CON LA IMPORTANCIA DE LA RESPONSABILIDAD.
¡ES PATÉTICO!
SCOTT and BORGMAN
TROMP
TROMP
TROMP
TROMP
¡AYY!
ES LO MEJOR QUE NOS PODÍA DECIR.
¡SALUD!
CLINC

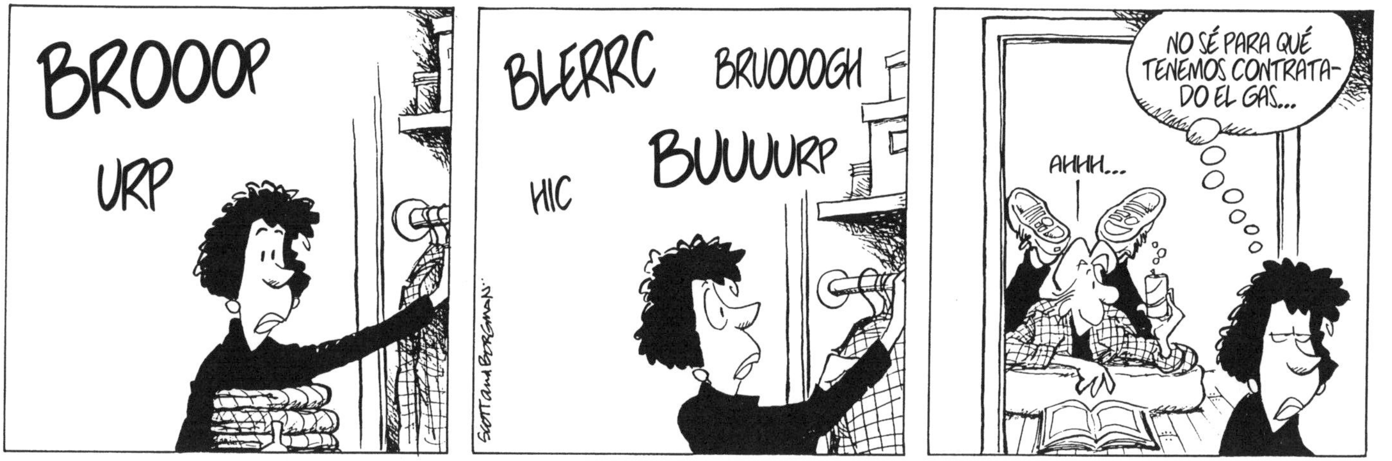
BROOOP
URP
SCOTT and BORGMAN
BLERRC
BRUOOOGH
BUUUURP
HIC
NO SÉ PARA QUÉ TENEMOS CONTRATADO EL GAS...
AHHH...

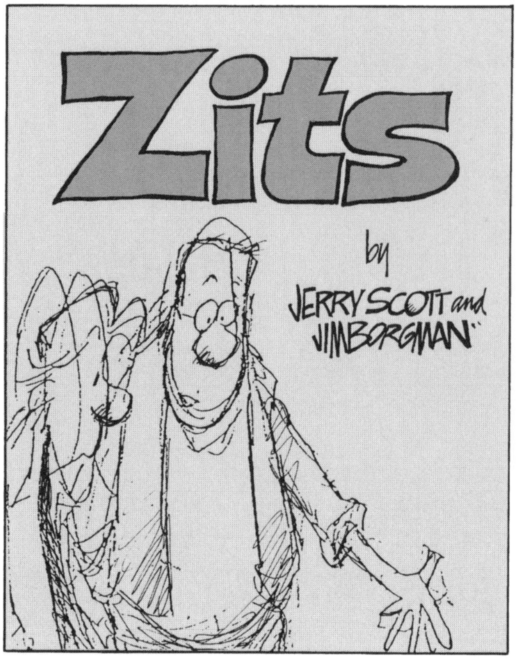
Zits
by
JERRY SCOTT and
JIM BORGMAN

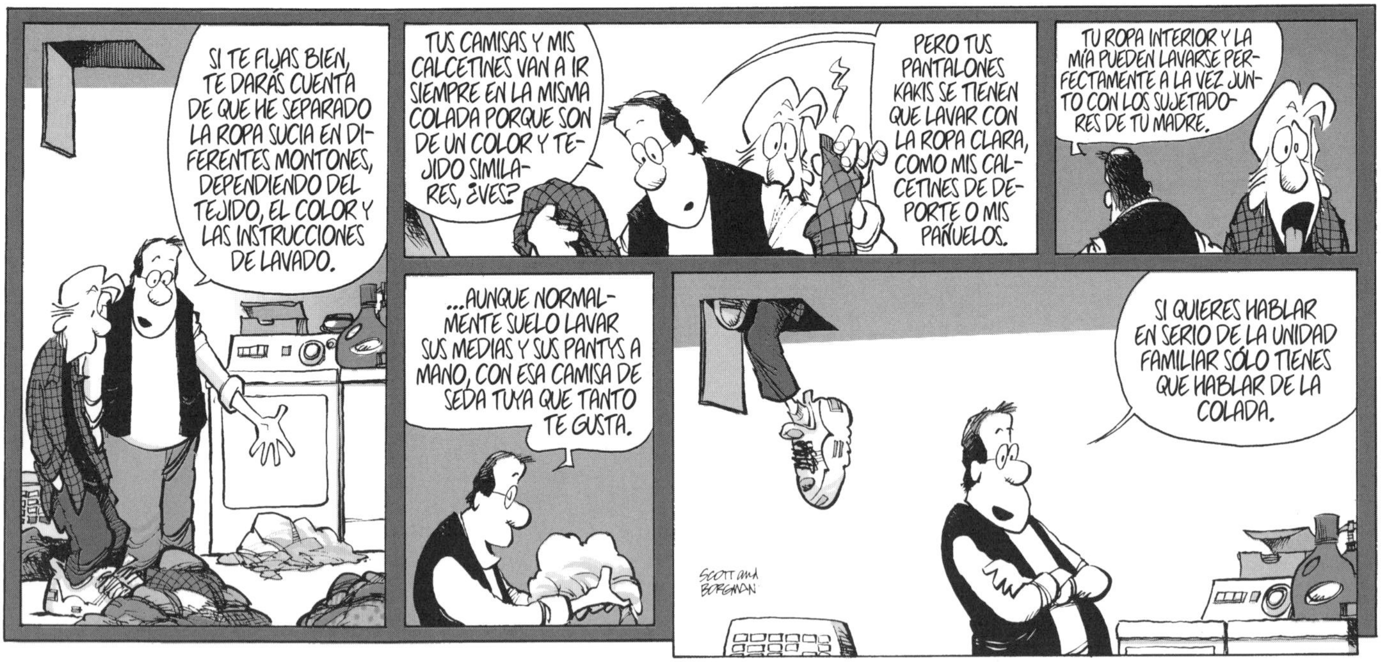
SI TE FIJAS BIEN, TE DARÁS CUENTA DE QUE HE SEPARADO LA ROPA SUCIA EN DIFERENTES MONTONES, DEPENDIENDO DEL TEJIDO, EL COLOR Y LAS INSTRUCCIONES DE LAVADO.
TUS CAMISAS Y MIS CALCETINES VAN A IR SIEMPRE EN LA MISMA COLADA PORQUE SON DE UN COLOR Y TEJIDO SIMILARES, ¿VES?
PERO TUS PANTALONES KAKIS SE TIENEN QUE LAVAR CON LA ROPA CLARA, COMO MIS CALCETINES DE DEPORTE O MIS PAÑUELOS.
TU ROPA INTERIOR Y LA MÍA PUEDEN LAVARSE PERFECTAMENTE A LA VEZ JUNTO CON LOS SUJETADORES DE TU MADRE.
...AUNQUE NORMALMENTE SUELO LAVAR SUS MEDIAS Y SUS PANTYS A MANO, CON ESA CAMISA DE SEDA TUYA QUE TANTO TE GUSTA.
SCOTT and BORGMAN
SI QUIERES HABLAR EN SERIO DE LA UNIDAD FAMILIAR SÓLO TIENES QUE HABLAR DE LA COLADA.

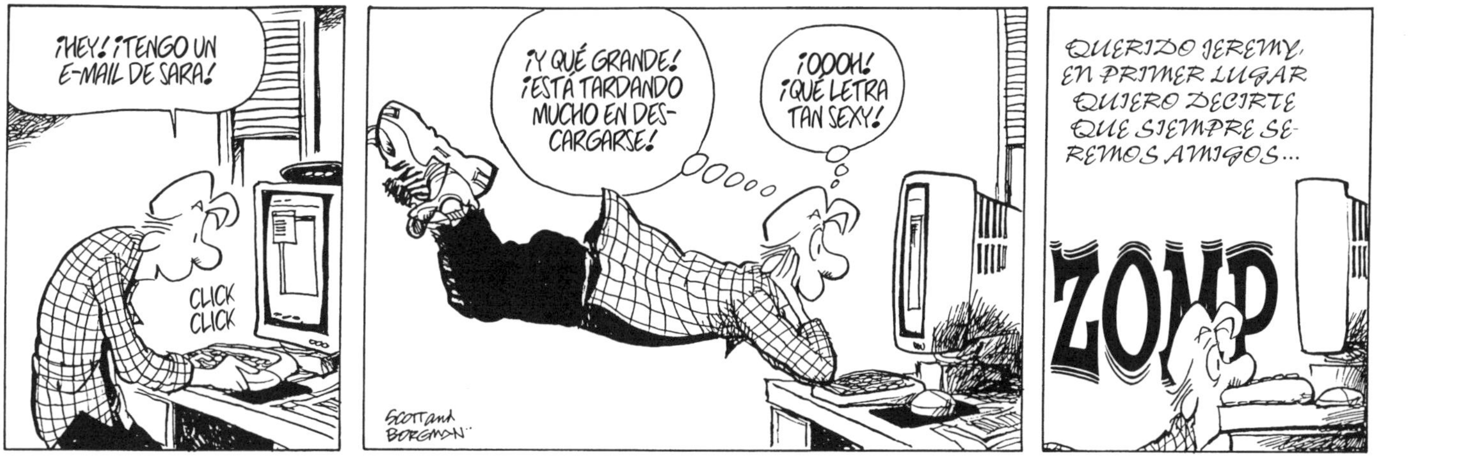
¡HEY! ¡TENGO UN E-MAIL DE SARA!
CLICK CLICK
¡Y QUÉ GRANDE! ¡ESTÁ TARDANDO MUCHO EN DESCARGARSE!
¡OOOH! ¡QUÉ LETRA TAN SEXY!
QUERIDO JEREMY, EN PRIMER LUGAR QUIERO DECIRTE QUE SIEMPRE SEREMOS AMIGOS...
ZOMP

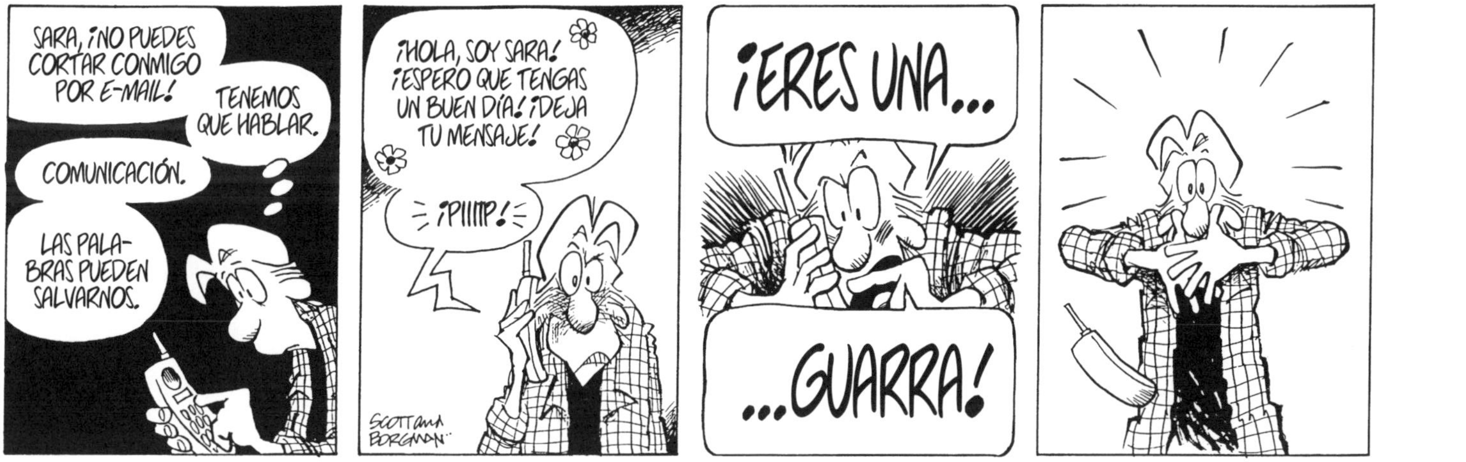
SARA, ¡NO PUEDES CORTAR CONMIGO POR E-MAIL!
TENEMOS QUE HABLAR.
COMUNICACIÓN.
LAS PALABRAS PUEDEN SALVARNOS.
¡HOLA, SOY SARA! ¡ESPERO QUE TENGAS UN BUEN DÍA! ¡DEJA TU MENSAJE!
¡PIIIIP!
¡ERES UNA...
...GUARRA!

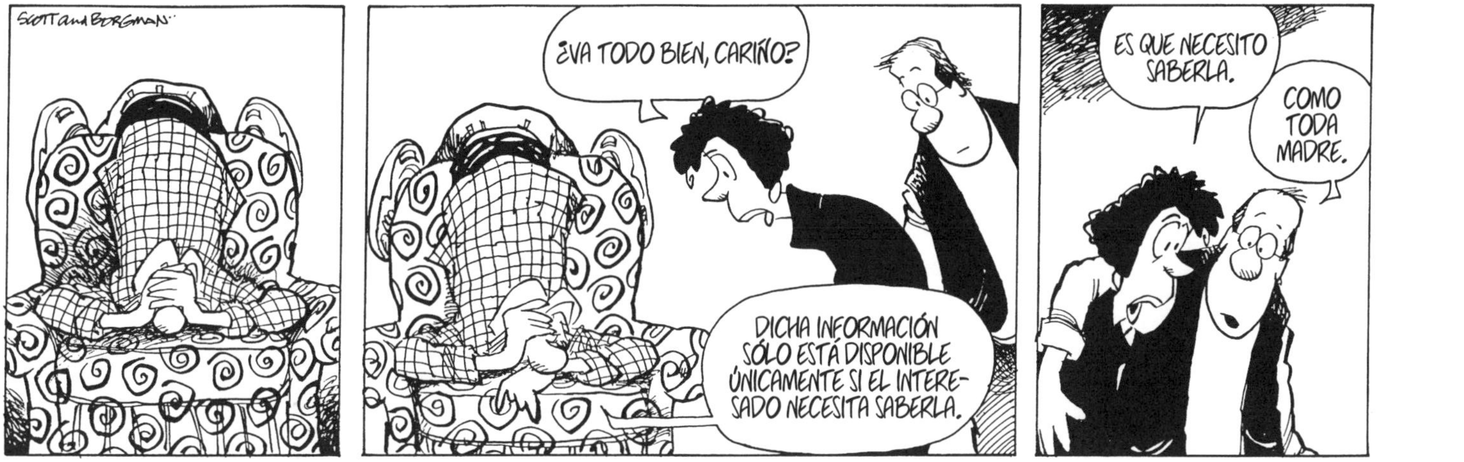
¿VA TODO BIEN, CARIÑO?
DICHA INFORMACIÓN SÓLO ESTÁ DISPONIBLE ÚNICAMENTE SI EL INTERESADO NECESITA SABERLA.
ES QUE NECESITO SABERLA.
COMO TODA MADRE.

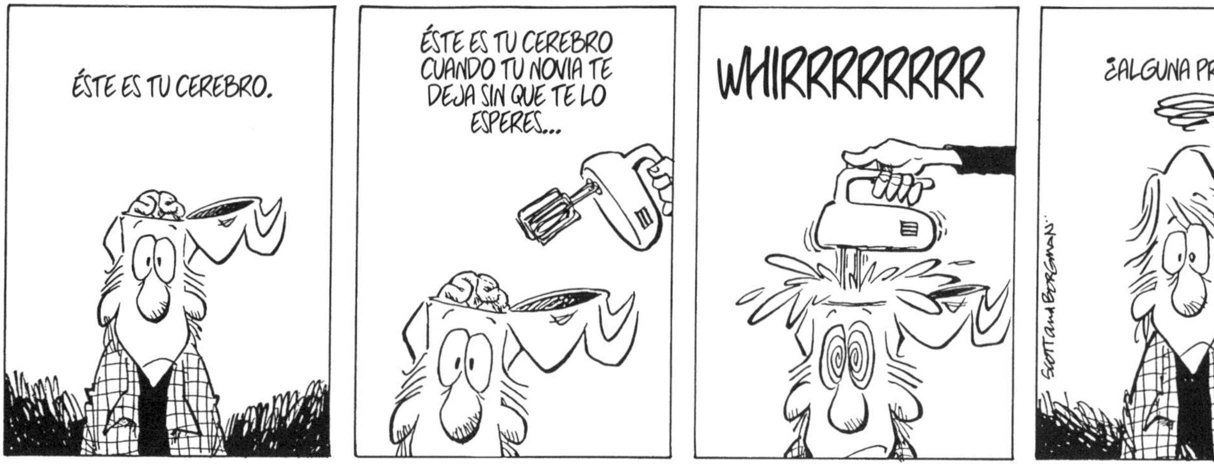
ÉSTE ES TU CEREBRO.
ÉSTE ES TU CEREBRO CUANDO TU NOVIA TE DEJA SIN QUE TE LO ESPERES...
WHIRRRRRRRR
¿ALGUNA PREGUNTA?
SCOTT AND BORGMAN

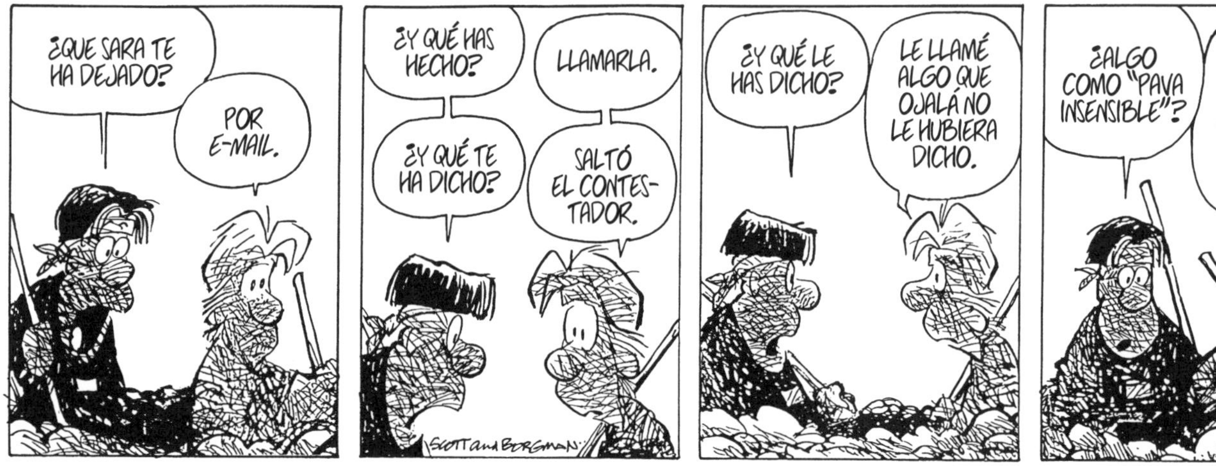
¿QUE SARA TE HA DEJADO?
POR E-MAIL.
¿Y QUÉ HAS HECHO?
LLAMARLA.
¿Y QUÉ TE HA DICHO?
SALTÓ EL CONTESTADOR.
SCOTT AND BORGMAN
¿Y QUÉ LE HAS DICHO?
LE LLAMÉ ALGO QUE OJALÁ NO LE HUBIERA DICHO.
¿ALGO COMO "PAVA INSENSIBLE"?
TÉCNICAMENTE, LA LLAMÉ GUARRA, PERO ESO HUBIERA SIDO MEJOR.

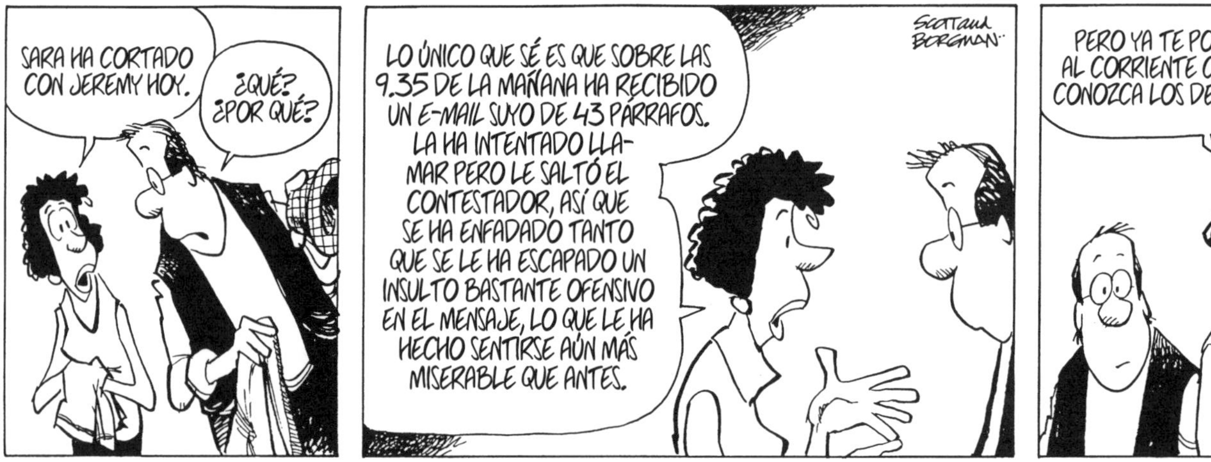
SARA HA CORTADO CON JEREMY HOY.
¿QUÉ? ¿POR QUÉ?
SCOTT AND BORGMAN
LO ÚNICO QUE SÉ ES QUE SOBRE LAS 9.35 DE LA MAÑANA HA RECIBIDO UN E-MAIL SUYO DE 43 PÁRRAFOS. LA HA INTENTADO LLAMAR PERO LE SALTÓ EL CONTESTADOR, ASÍ QUE SE HA ENFADADO TANTO QUE SE LE HA ESCAPADO UN INSULTO BASTANTE OFENSIVO EN EL MENSAJE, LO QUE LE HA HECHO SENTIRSE AÚN MÁS MISERABLE QUE ANTES.
PERO YA TE PONDRÉ AL CORRIENTE CUANDO CONOZCA LOS DETALLES.

Zits
by
JERRY SCOTT and
JIM BORGMAN

SCOTT and BORGMAN
DE ACEITE VA BIEN, PERO TE HAS VUELTO A QUEDAR SIN GASOLINA.
¿CÓMO HAS PODIDO HACER 350 KM EN UNA SEMANA?
QUÉ RARO... NADIE LO HA COGIDO, EXCEPTO JEREMY PARA SACARLO Y METERLO EN EL GARAJE.

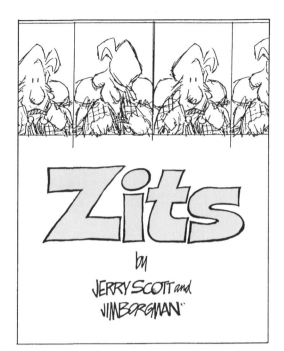

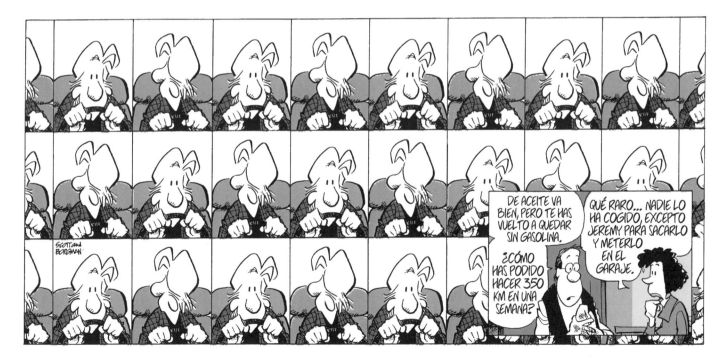

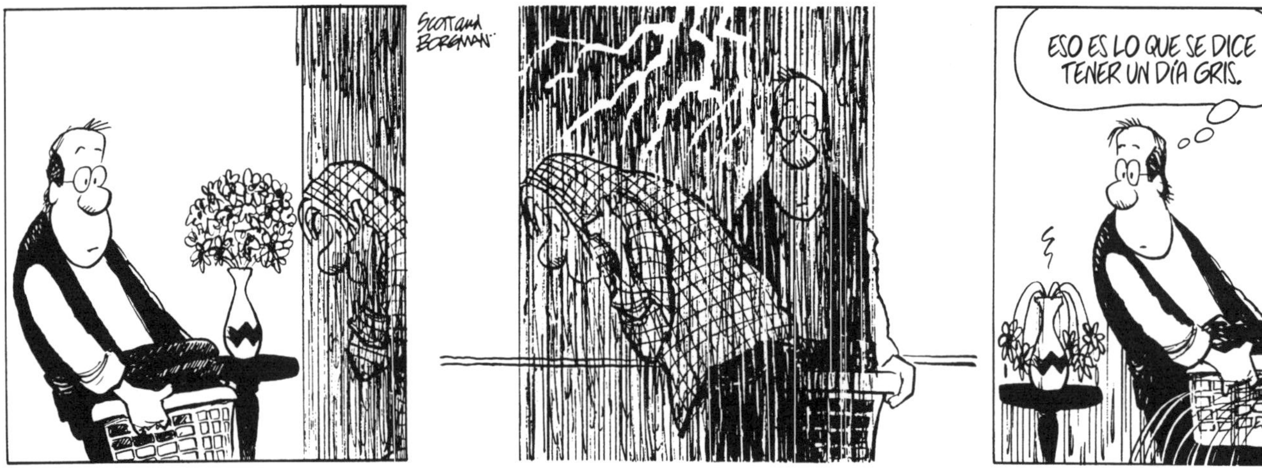
SCOTT and BORGMAN
ESO ES LO QUE SE DICE TENER UN DÍA GRIS.

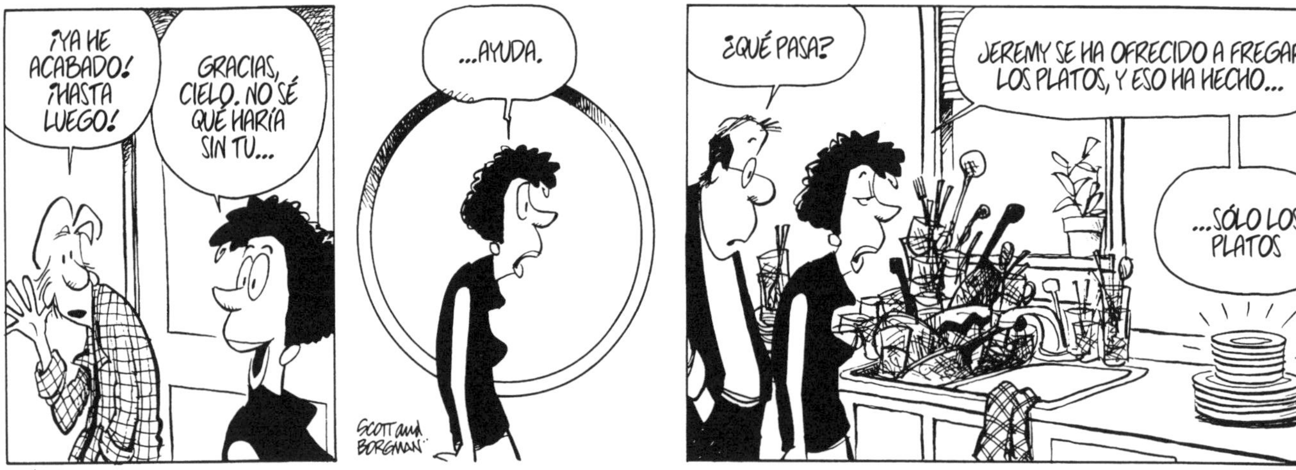
¡YA HE ACABADO! ¡HASTA LUEGO!
GRACIAS, CIELO. NO SÉ QUÉ HARÍA SIN TU...
...AYUDA.
SCOTT and BORGMAN
¿QUÉ PASA?
JEREMY SE HA OFRECIDO A FREGAR LOS PLATOS, Y ESO HA HECHO...
...SÓLO LOS PLATOS

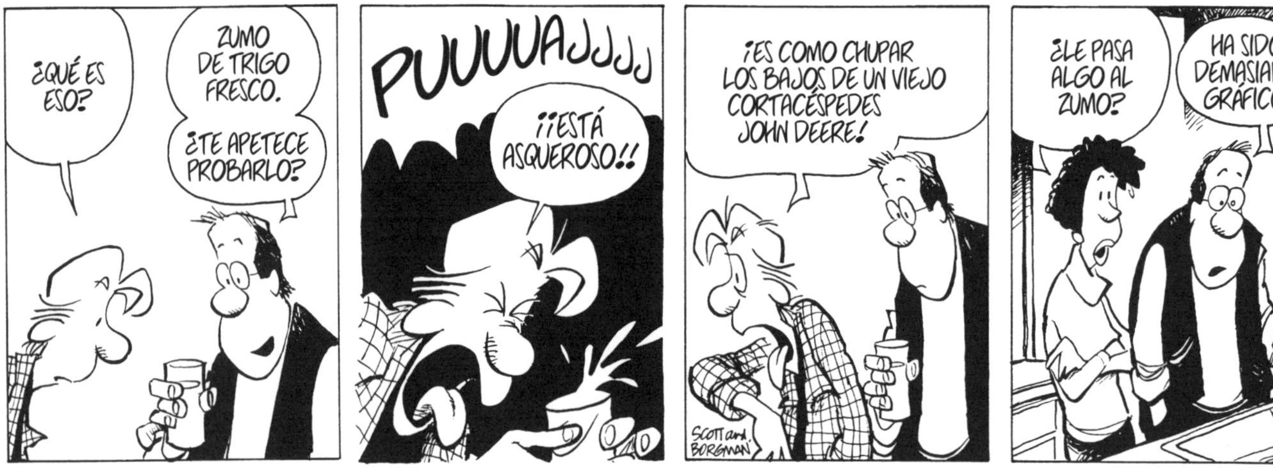
¿QUÉ ES ESO?
ZUMO DE TRIGO FRESCO.
¿TE APETECE PROBARLO?
PUUUUAJJJJ
¡¡ESTÁ ASQUEROSO!!
¡ES COMO CHUPAR LOS BAJOS DE UN VIEJO CORTACÉSPEDES JOHN DEERE!
SCOTT and BORGMAN
¿LE PASA ALGO AL ZUMO?
HA SIDO DEMASIADO GRÁFICO.

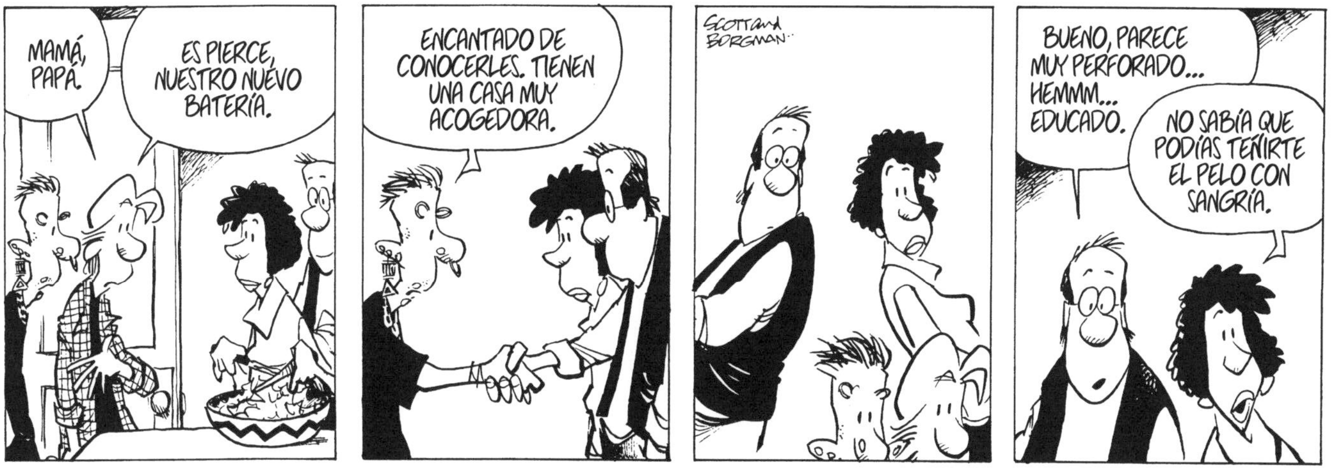
MAMÁ, PAPÁ.
ES PIERCE, NUESTRO NUEVO BATERÍA.
ENCANTADO DE CONOCERLES. TIENEN UNA CASA MUY ACOGEDORA.
BUENO, PARECE MUY PERFORADO... HEMMM... EDUCADO.
NO SABÍA QUE PODÍAS TEÑIRTE EL PELO CON SANGRÍA.

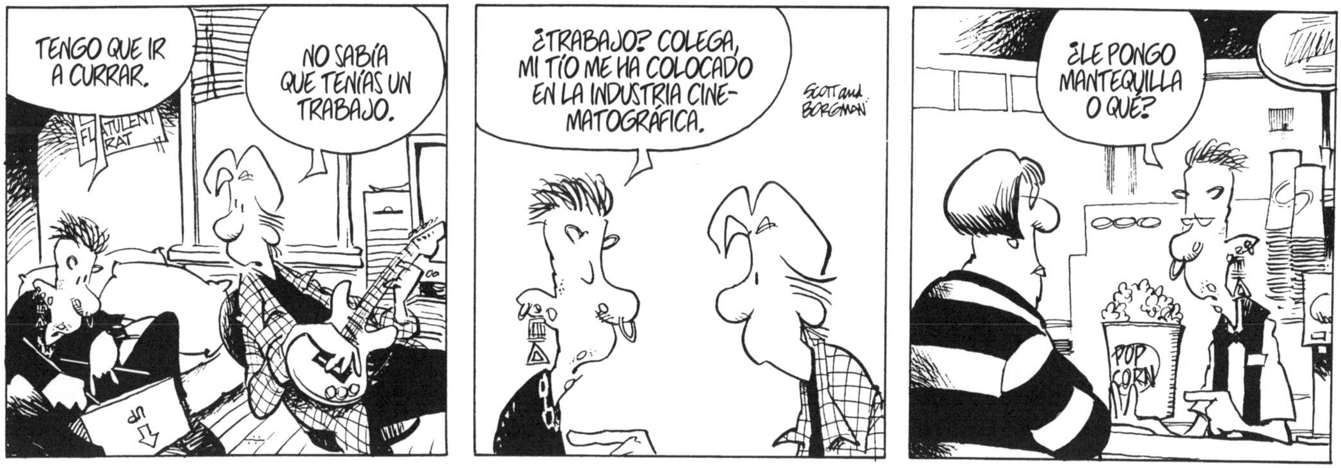
TENGO QUE IR A CURRAR.
NO SABÍA QUE TENÍAS UN TRABAJO.
¿TRABAJO? COLEGA, MI TÍO ME HA COLOCADO EN LA INDUSTRIA CINE-MATOGRÁFICA.
¿LE PONGO MANTEQUILLA O QUÉ?
POP CORN

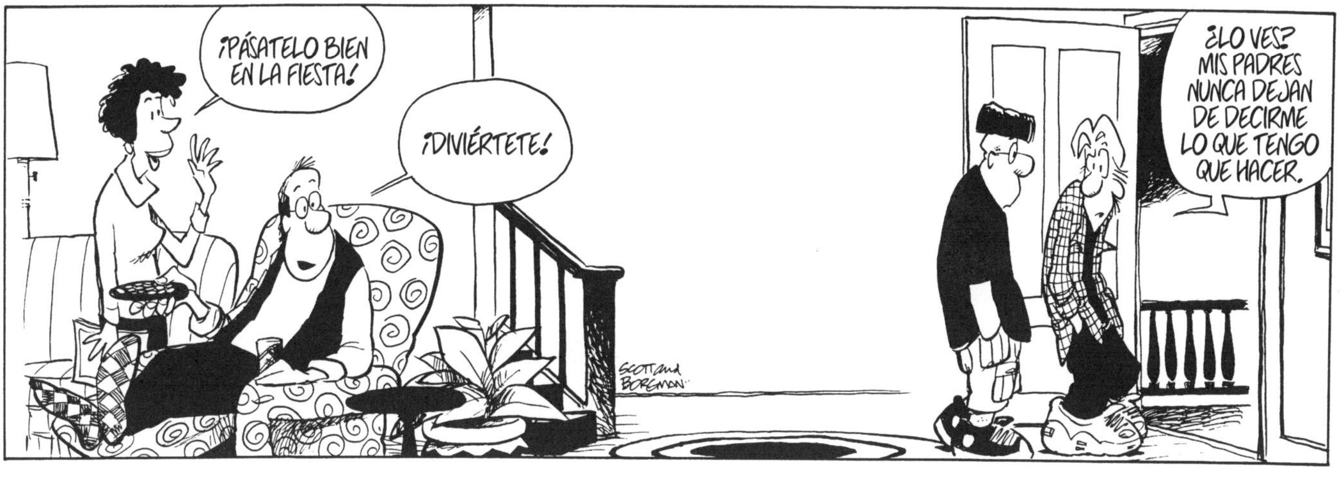
¡PÁSATELO BIEN EN LA FIESTA!
¡DIVIÉRTETE!
¿LO VES? MIS PADRES NUNCA DEJAN DE DECIRME LO QUE TENGO QUE HACER.

Zits
by JERRY SCOTT and JIM BORGMAN

TÍO, SI FUÉRAMOS UN GRUPO DE VERDAD ENSAYARÍAMOS DOS VECES AL DÍA.
¿Y QUÉ HAY DE TODAS AQUELLAS MOVIDAS QUE ÍBAMOS A HACER PARA PASARNOS UN VERANO A LO GRANDE?
CUANDO TENÍA TU EDAD, UN TRABAJO DE VERANO QUERÍA DECIR OCHO HORAS AL DÍA, CINCO DÍAS A LA SEMANA Y DAR GRACIAS POR LA OPORTUNIDAD.
CONFIRMADO: CUALQUIER PERSONA EN EL MUNDO ESTÁ PASANDO MEJOR LAS VACACIONES QUE TÚ.
EL SUEÑO DE UNA SIESTA DE VERANO. 15 AÑOS
PUEDE QUE MI MADRE TENGA RAZÓN Y SEA MEJOR QUE SALGAMOS CON MÁS GENTE.
¿NO CREES QUE DEBERÍAS HACER ALGÚN VOLUNTARIADO PARA MEJORAR TU CARTA DE PRESENTACIÓN PARA LA UNIVERSIDAD?
SCOTT and BORGMAN

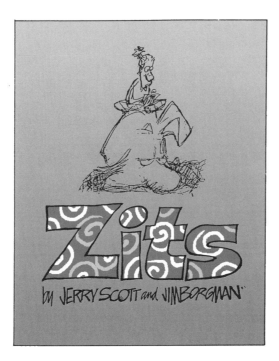

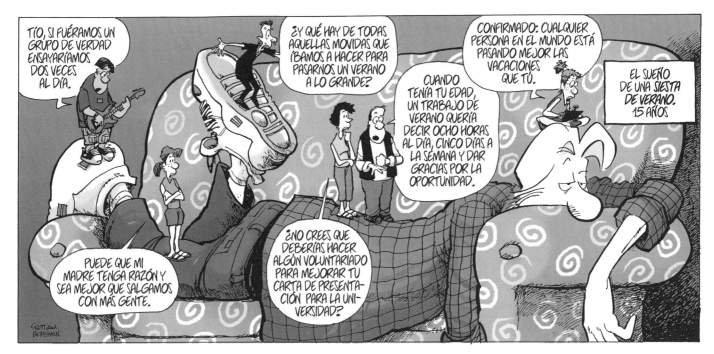

Zits
by JERRY SCOTT and JIM BORGMAN

"LA MEJOR MANERA PARA PODER ACONSEJAR A TUS HIJOS ES AVERIGUAR QUÉ LES INTERESA Y, DESPUÉS, ANIMARLOS A QUE LO CONSIGAN".
HARRY TRUMAN.
SCOTT and BORGMAN
O SEA, QUE CREES QUE ES BUENA IDEA QUE ME GASTE LO QUE GANE ESTE VERANO EN CLASES DE CAÍDA LIBRE.
CLARO QUE SÍ.
¡WALT!

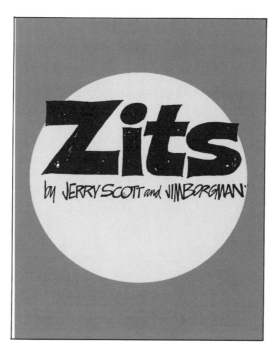

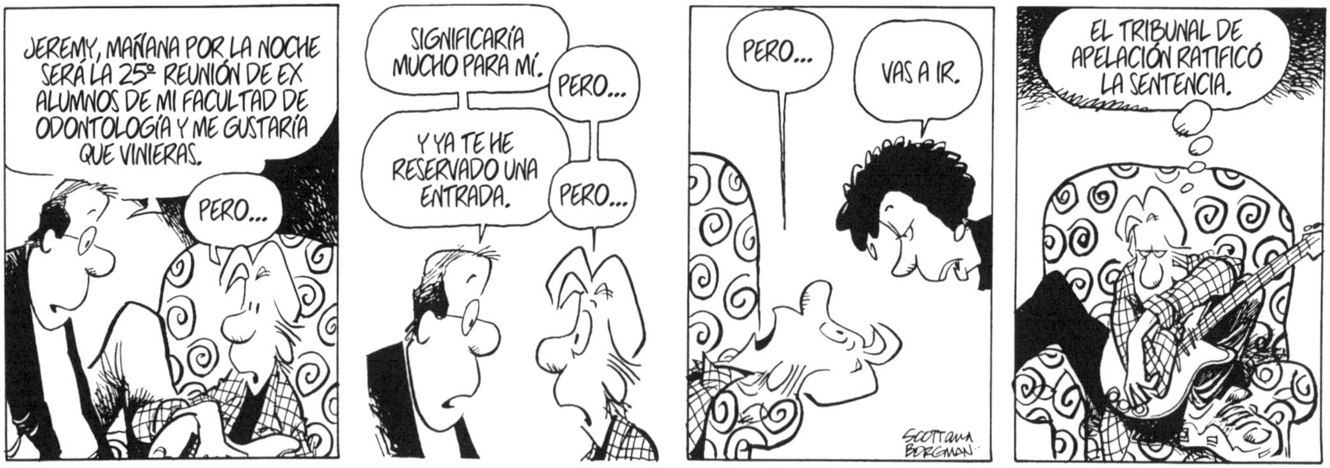
JEREMY, MAÑANA POR LA NOCHE SERÁ LA 25º REUNIÓN DE EX ALUMNOS DE MI FACULTAD DE ODONTOLOGÍA Y ME GUSTARÍA QUE VINIERAS.
PERO...
SIGNIFICARÍA MUCHO PARA MÍ.
PERO...
Y YA TE HE RESERVADO UNA ENTRADA.
PERO...
PERO...
VAS A IR.
EL TRIBUNAL DE APELACIÓN RATIFICÓ LA SENTENCIA.
SCOTT AND BORGMAN

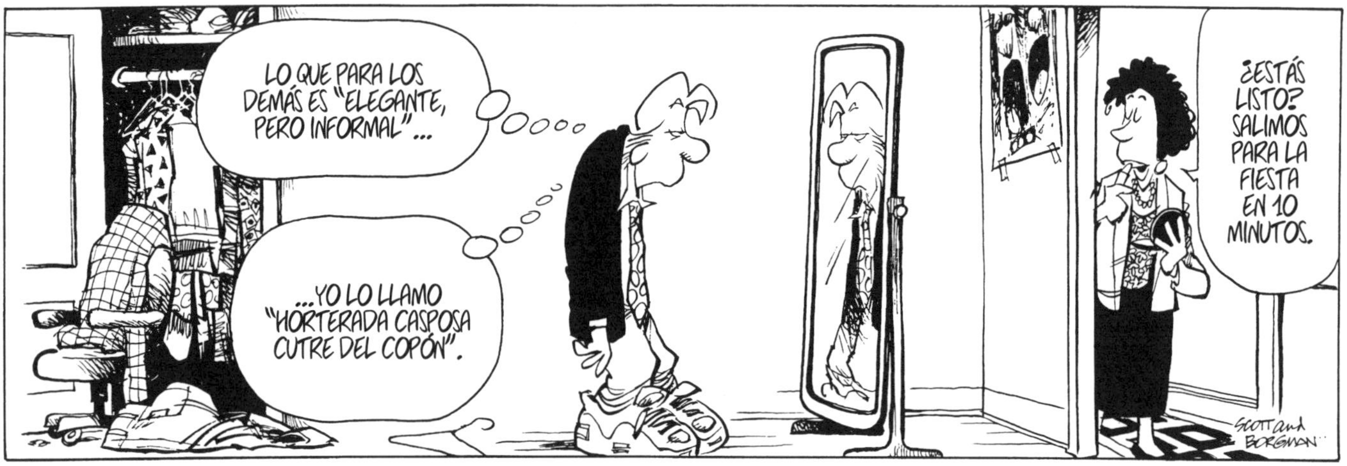
LO QUE PARA LOS DEMÁS ES "ELEGANTE, PERO INFORMAL"...
...YO LO LLAMO "HORTERADA CASPOSA CUTRE DEL COPÓN".
¿ESTÁS LISTO? SALIMOS PARA LA FIESTA EN 10 MINUTOS.
SCOTT AND BORGMAN

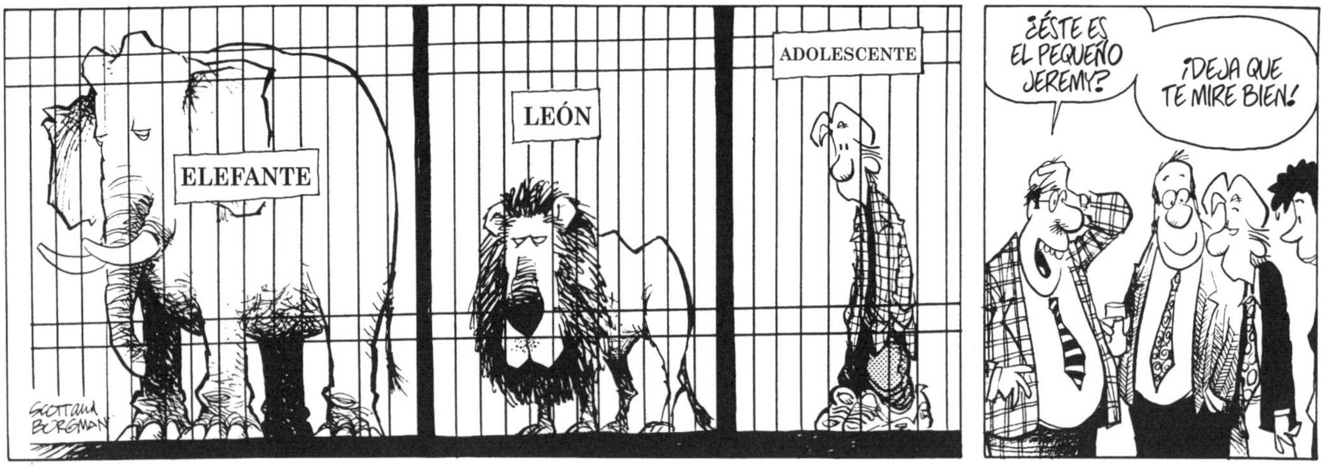
ELEFANTE
LEÓN
ADOLESCENTE
SCOTT AND BORGMAN
¿ÉSTE ES EL PEQUEÑO JEREMY?
¡DEJA QUE TE MIRE BIEN!

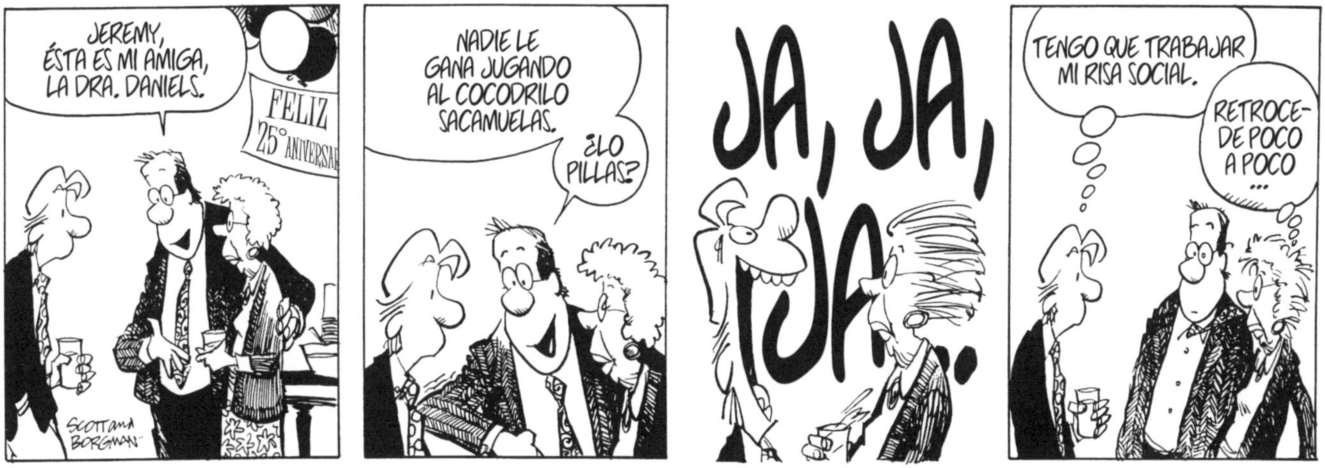

JEREMY, ÉSTA ES MI AMIGA, LA DRA. DANIELS.
FELIZ
25° ANIVERSAR
SCOTT and BORGMAN
NADIE LE GANA JUGANDO AL COCODRILO SACAMUELAS.
¿LO PILLAS?
JA, JA, ¡JA...
TENGO QUE TRABAJAR MI RISA SOCIAL.
RETROCEDE POCO A POCO ...

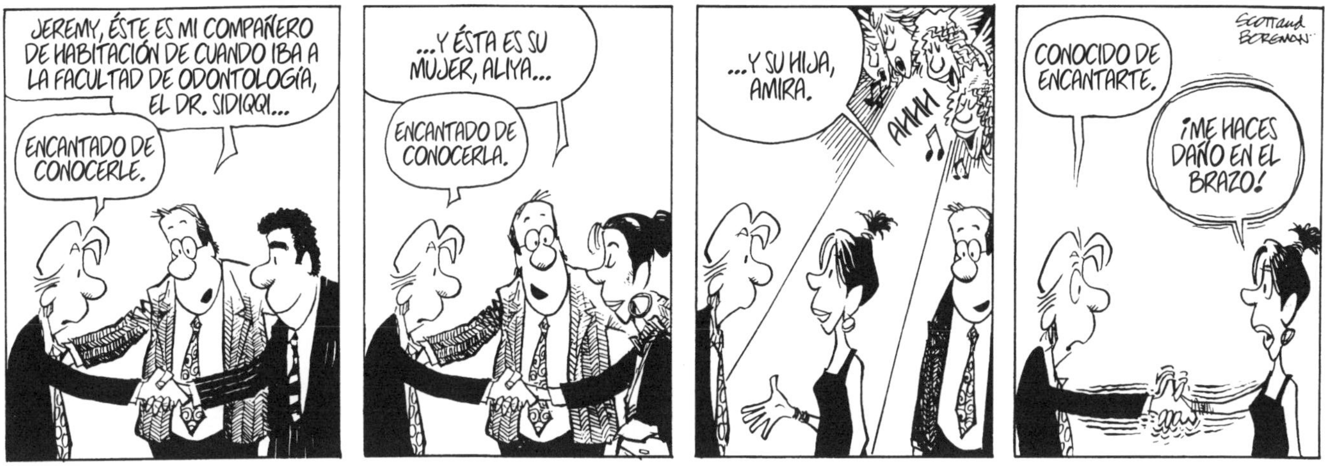

JEREMY, ÉSTE ES MI COMPAÑERO DE HABITACIÓN DE CUANDO IBA A LA FACULTAD DE ODONTOLOGÍA, EL DR. SIDIQQI...
ENCANTADO DE CONOCERLE.
...Y ÉSTA ES SU MUJER, ALIYA...
ENCANTADO DE CONOCERLA.
...Y SU HIJA, AMIRA.
AHHH
SCOTT and BORGMAN
CONOCIDO DE ENCANTARTE.
¡ME HACES DAÑO EN EL BRAZO!

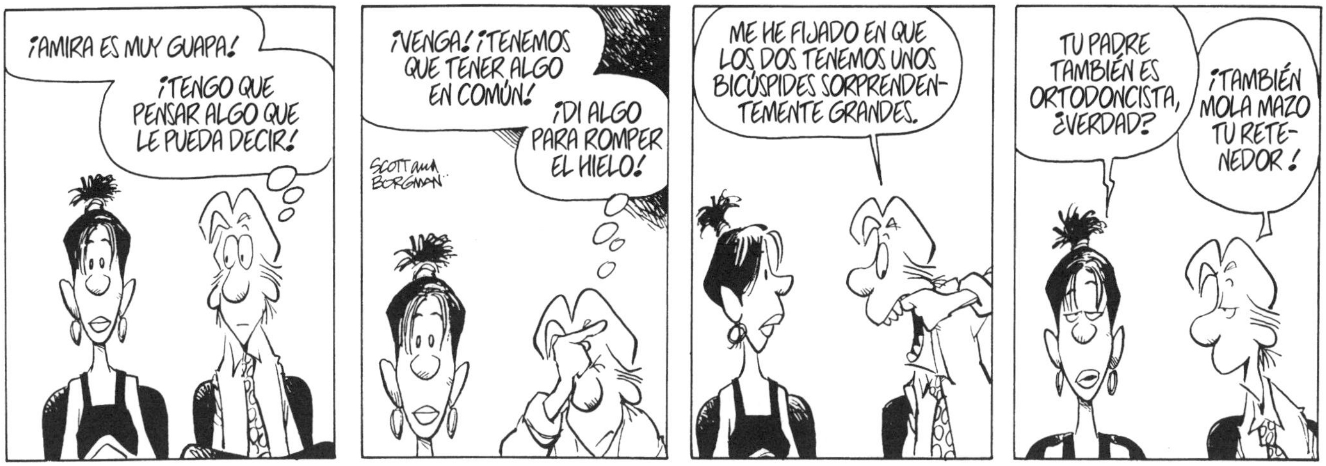

¡AMIRA ES MUY GUAPA!
¡TENGO QUE PENSAR ALGO QUE LE PUEDA DECIR!
¡VENGA! ¡TENEMOS QUE TENER ALGO EN COMÚN!
SCOTT and BORGMAN
¡DI ALGO PARA ROMPER EL HIELO!
ME HE FIJADO EN QUE LOS DOS TENEMOS UNOS BICÚSPIDES SORPRENDENTEMENTE GRANDES.
TU PADRE TAMBIÉN ES ORTODONCISTA, ¿VERDAD?
¡TAMBIÉN MOLA MAZO TU RETENEDOR!

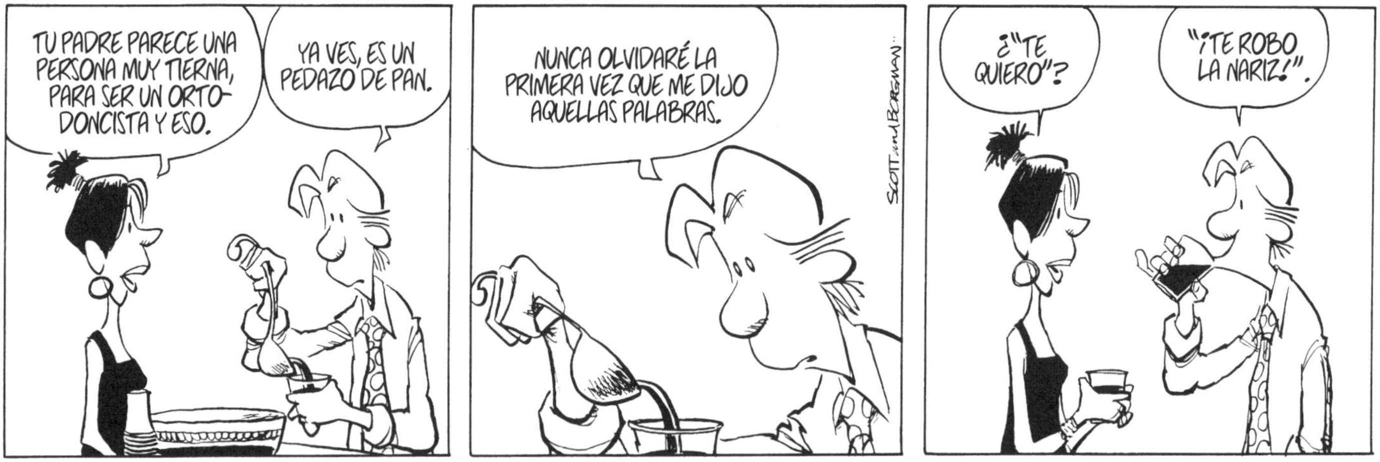
TU PADRE PARECE UNA PERSONA MUY TIERNA, PARA SER UN ORTO-DONCISTA Y ESO.
YA VES, ES UN PEDAZO DE PAN.
NUNCA OLVIDARÉ LA PRIMERA VEZ QUE ME DIJO AQUELLAS PALABRAS.
¿"TE QUIERO"?
"¡TE ROBO LA NARIZ!".

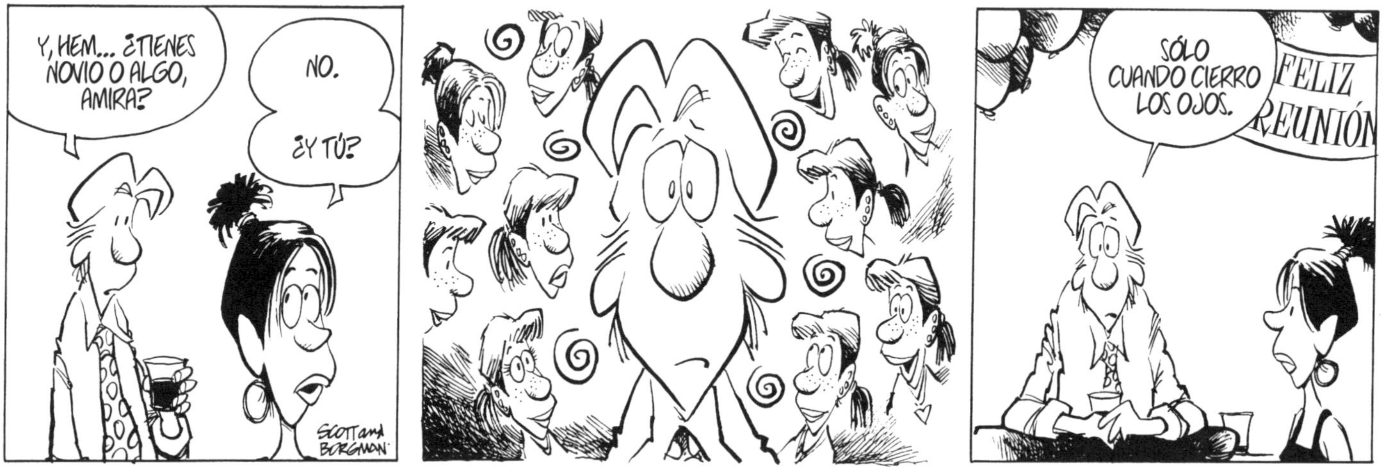
Y, HEM... ¿TIENES NOVIO O ALGO, AMIRA?
NO.
¿Y TÚ?
SÓLO CUANDO CIERRO LOS OJOS.
FELIZ REUNIÓN

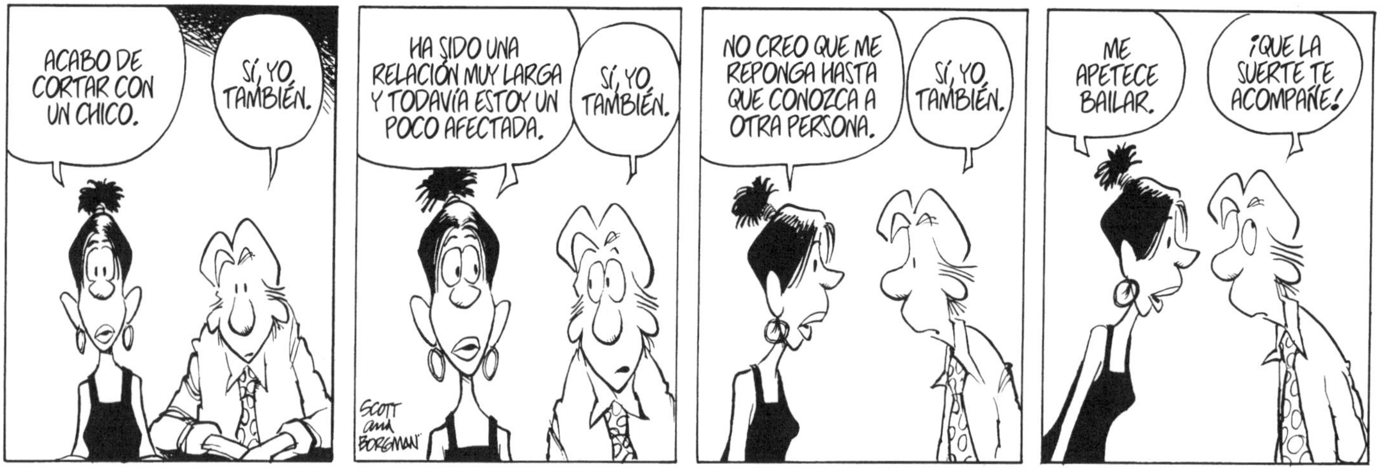
ACABO DE CORTAR CON UN CHICO.
SÍ, YO TAMBIÉN.
HA SIDO UNA RELACIÓN MUY LARGA Y TODAVÍA ESTOY UN POCO AFECTADA.
SÍ, YO TAMBIÉN.
NO CREO QUE ME REPONGA HASTA QUE CONOZCA A OTRA PERSONA.
SÍ, YO TAMBIÉN.
ME APETECE BAILAR.
¡QUE LA SUERTE TE ACOMPAÑE!

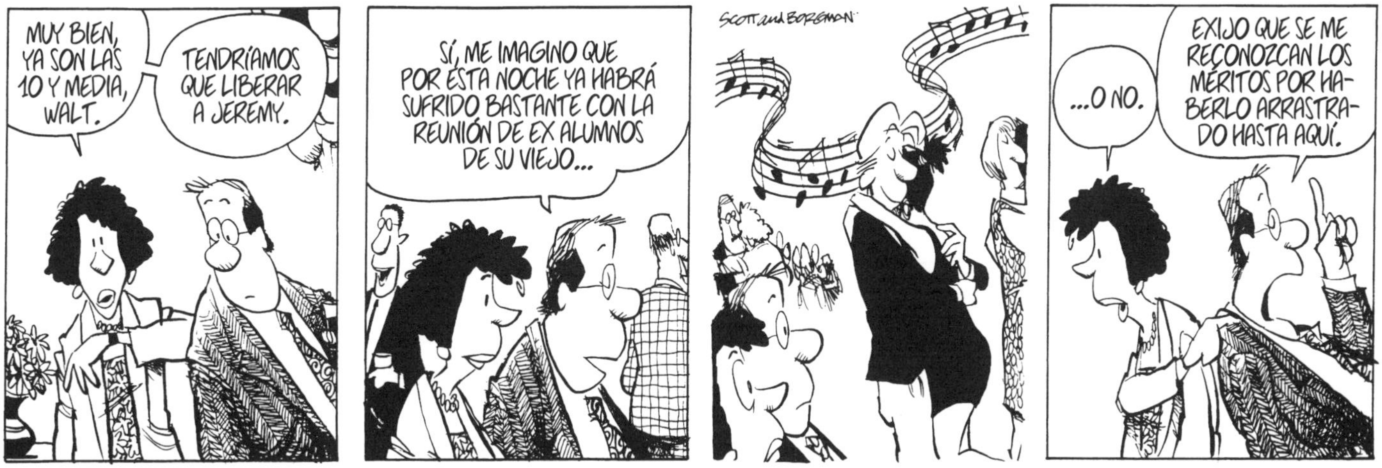
MUY BIEN, YA SON LAS 10 Y MEDIA, WALT.
TENDRÍAMOS QUE LIBERAR A JEREMY.
SÍ, ME IMAGINO QUE POR ESTA NOCHE YA HABRÁ SUFRIDO BASTANTE CON LA REUNIÓN DE EX ALUMNOS DE SU VIEJO...
SCOTT and BORGMAN
...O NO.
EXIJO QUE SE ME RECONOZCAN LOS MÉRITOS POR HABERLO ARRASTRADO HASTA AQUÍ.

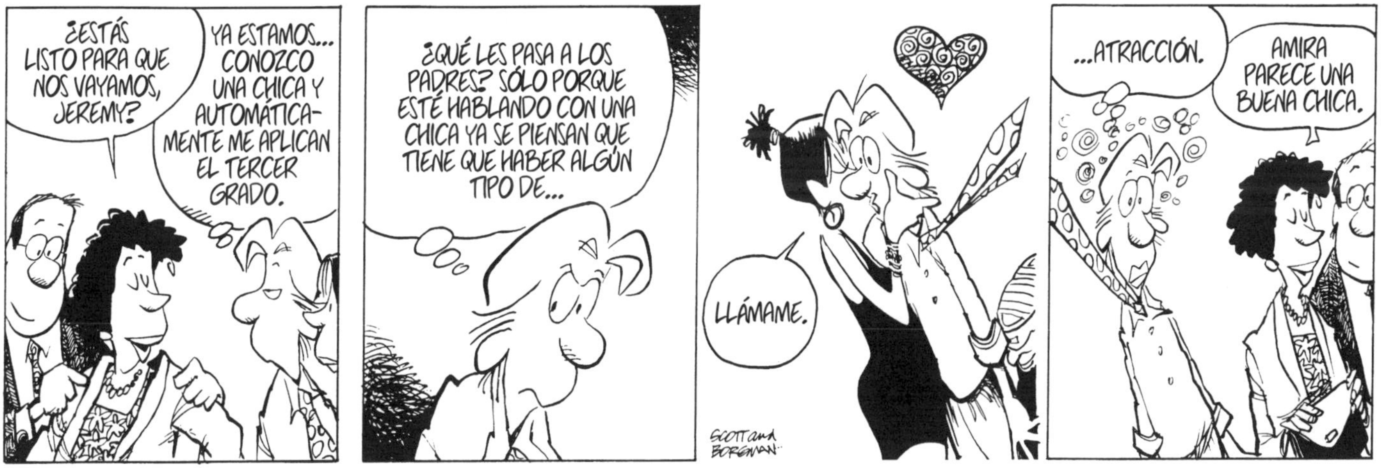
¿ESTÁS LISTO PARA QUE NOS VAYAMOS, JEREMY?
YA ESTAMOS... CONOZCO UNA CHICA Y AUTOMÁTICAMENTE ME APLICAN EL TERCER GRADO.
¿QUÉ LES PASA A LOS PADRES? SÓLO PORQUE ESTÉ HABLANDO CON UNA CHICA YA SE PIENSAN QUE TIENE QUE HABER ALGÚN TIPO DE...
LLÁMAME.
SCOTT and BORGMAN
...ATRACCIÓN.
AMIRA PARECE UNA BUENA CHICA.

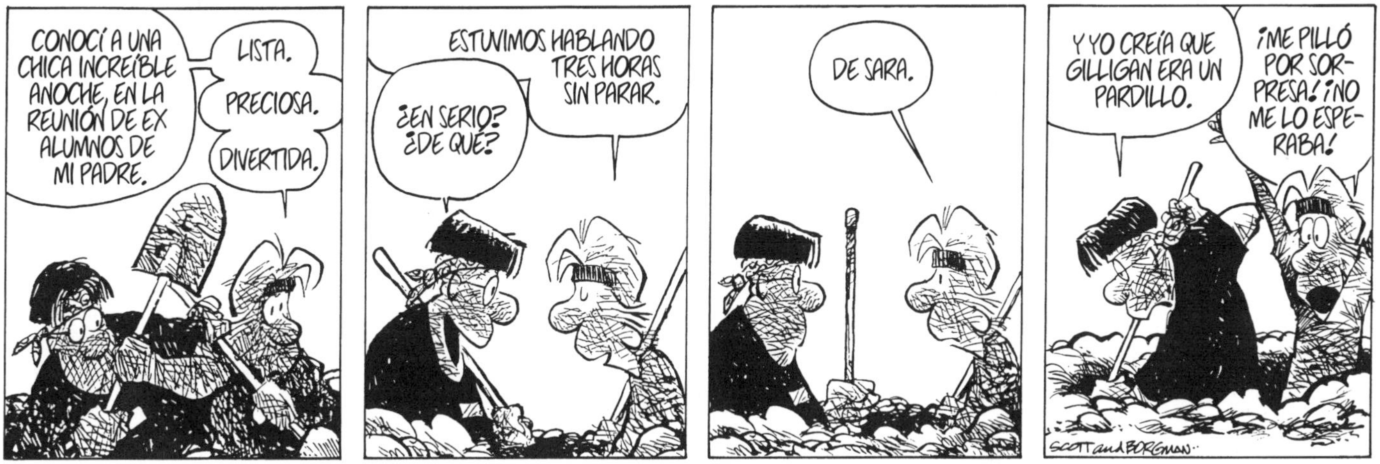
CONOCÍ A UNA CHICA INCREÍBLE ANOCHE, EN LA REUNIÓN DE EX ALUMNOS DE MI PADRE.
LISTA.
PRECIOSA.
DIVERTIDA.
ESTUVIMOS HABLANDO TRES HORAS SIN PARAR.
¿EN SERIO? ¿DE QUÉ?
DE SARA.
Y YO CREÍA QUE GILLIGAN ERA UN PARDILLO.
¡ME PILLÓ POR SORPRESA! ¡NO ME LO ESPERABA!
SCOTT and BORGMAN

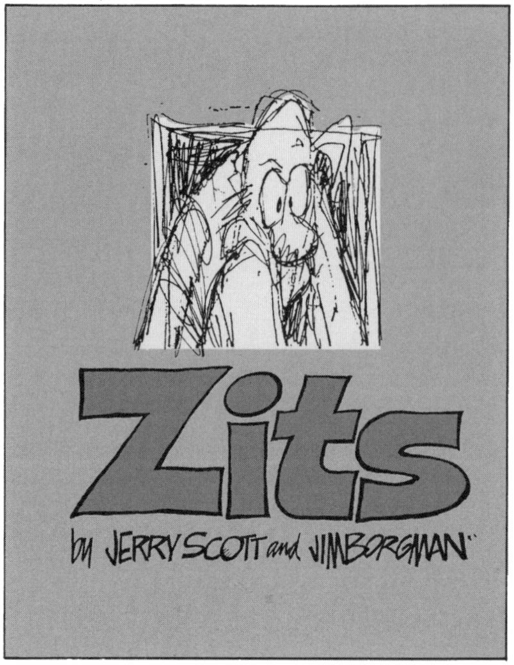
Zits
by JERRY SCOTT and JIM BORGMAN

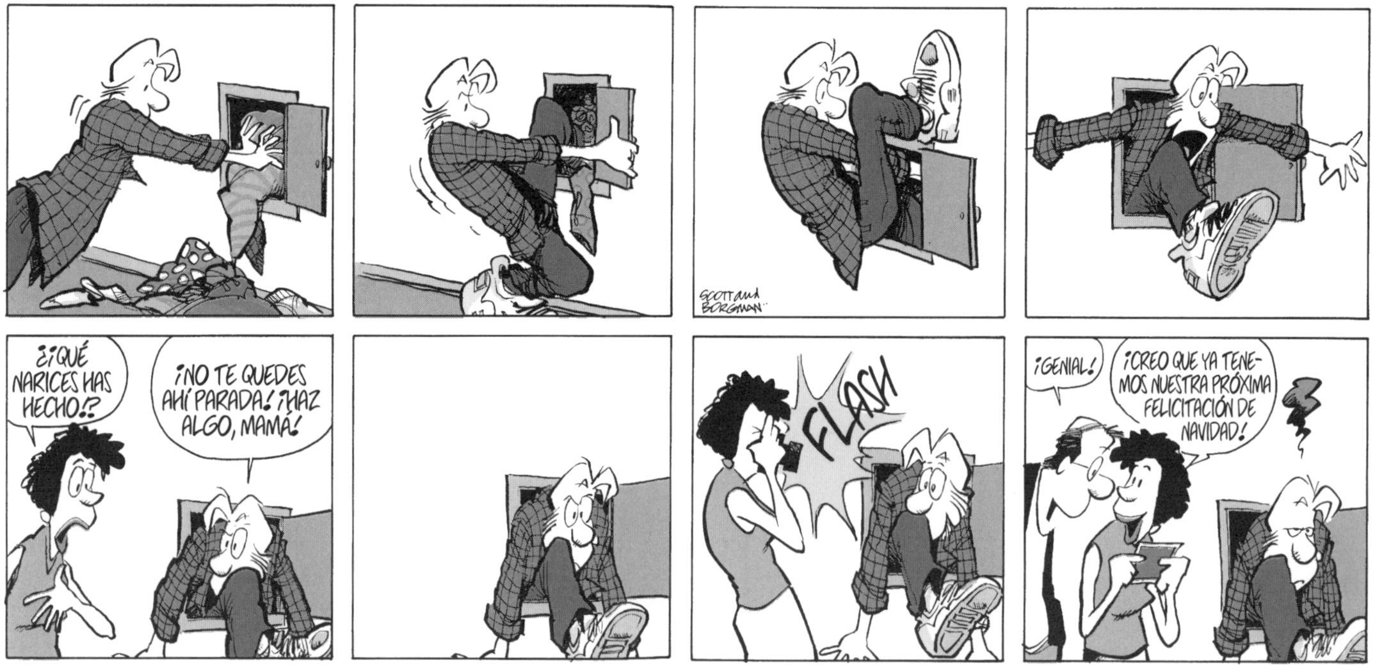
SCOTT and BORGMAN
¿¡QUÉ NARICES HAS HECHO!?
¡NO TE QUEDES AHÍ PARADA! ¡HAZ ALGO, MAMÁ!
FLASH
¡GENIAL!
¡CREO QUE YA TENEMOS NUESTRA PRÓXIMA FELICITACIÓN DE NAVIDAD!

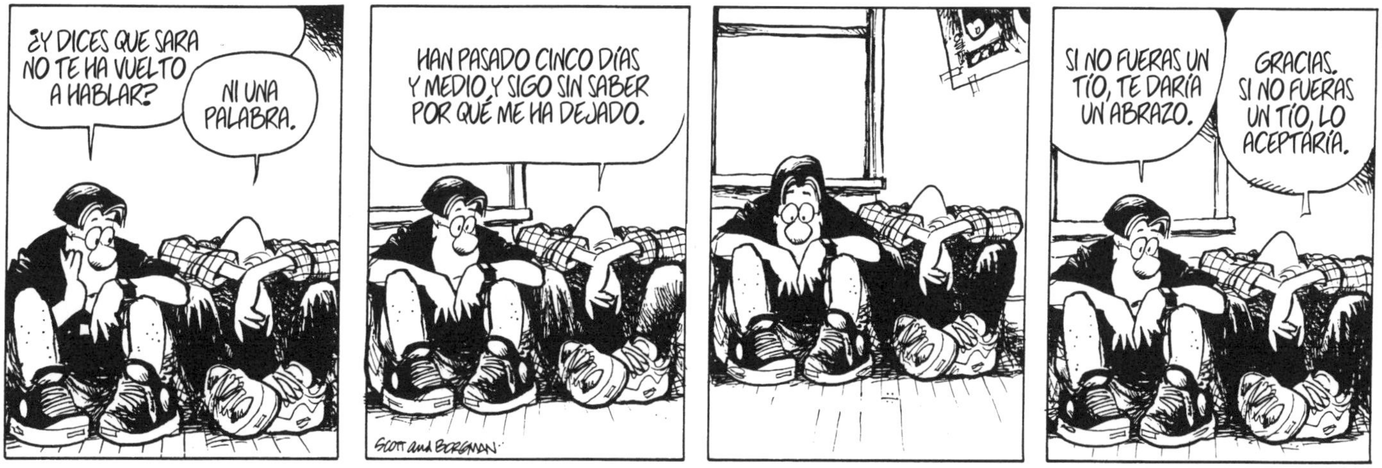
¿Y DICES QUE SARA NO TE HA VUELTO A HABLAR?
NI UNA PALABRA.
HAN PASADO CINCO DÍAS Y MEDIO, Y SIGO SIN SABER POR QUÉ ME HA DEJADO.
SI NO FUERAS UN TÍO, TE DARÍA UN ABRAZO.
GRACIAS. SI NO FUERAS UN TÍO, LO ACEPTARÍA.
SCOTT and BORGMAN

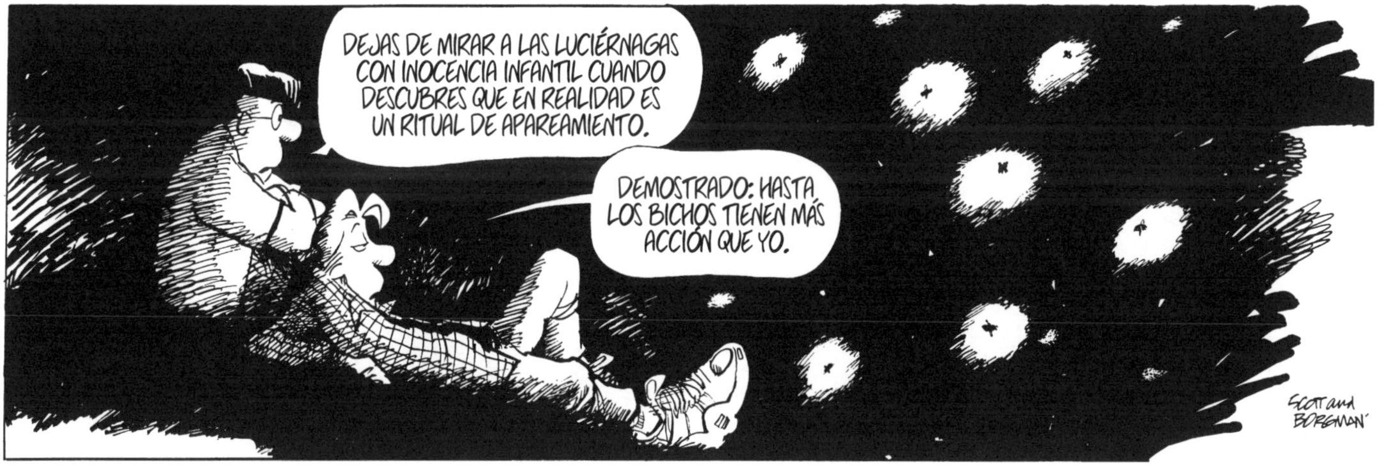
DEJAS DE MIRAR A LAS LUCIÉRNAGAS CON INOCENCIA INFANTIL CUANDO DESCUBRES QUE EN REALIDAD ES UN RITUAL DE APAREAMIENTO.
DEMOSTRADO: HASTA LOS BICHOS TIENEN MÁS ACCIÓN QUE YO.
SCOTT and BORGMAN

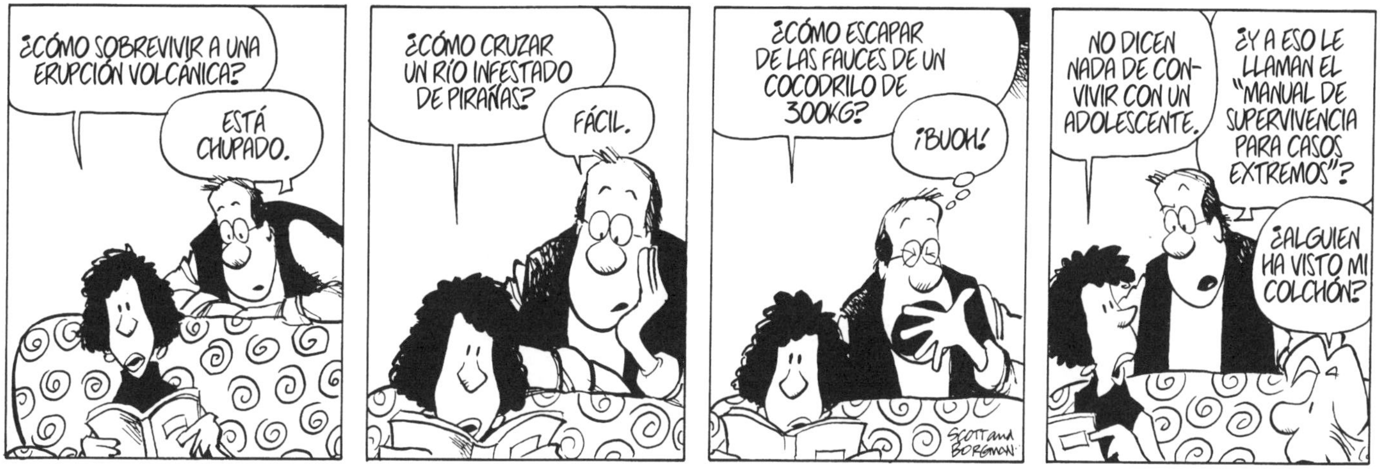
¿CÓMO SOBREVIVIR A UNA ERUPCIÓN VOLCÁNICA?
ESTÁ CHUPADO.
¿CÓMO CRUZAR UN RÍO INFESTADO DE PIRAÑAS?
FÁCIL.
¿CÓMO ESCAPAR DE LAS FAUCES DE UN COCODRILO DE 300KG?
¡BUOH!
SCOTT and BORGMAN
NO DICEN NADA DE CONVIVIR CON UN ADOLESCENTE.
¿Y A ESO LE LLAMAN EL "MANUAL DE SUPERVIVENCIA PARA CASOS EXTREMOS"?
¿ALGUIEN HA VISTO MI COLCHÓN?

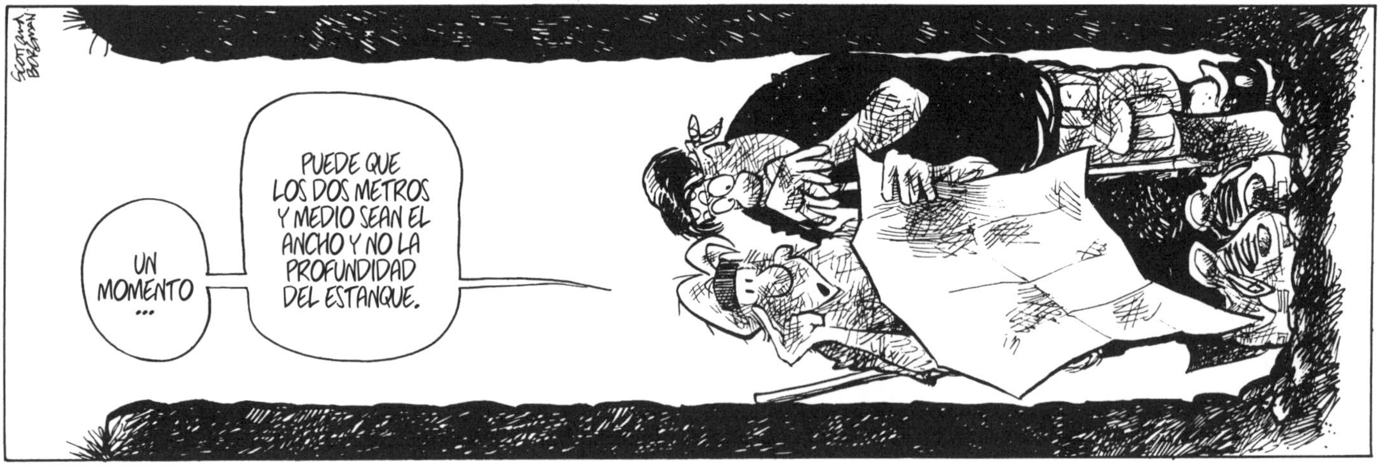
UN MOMENTO ...
PUEDE QUE LOS DOS METROS Y MEDIO SEAN EL ANCHO Y NO LA PROFUNDIDAD DEL ESTANQUE.

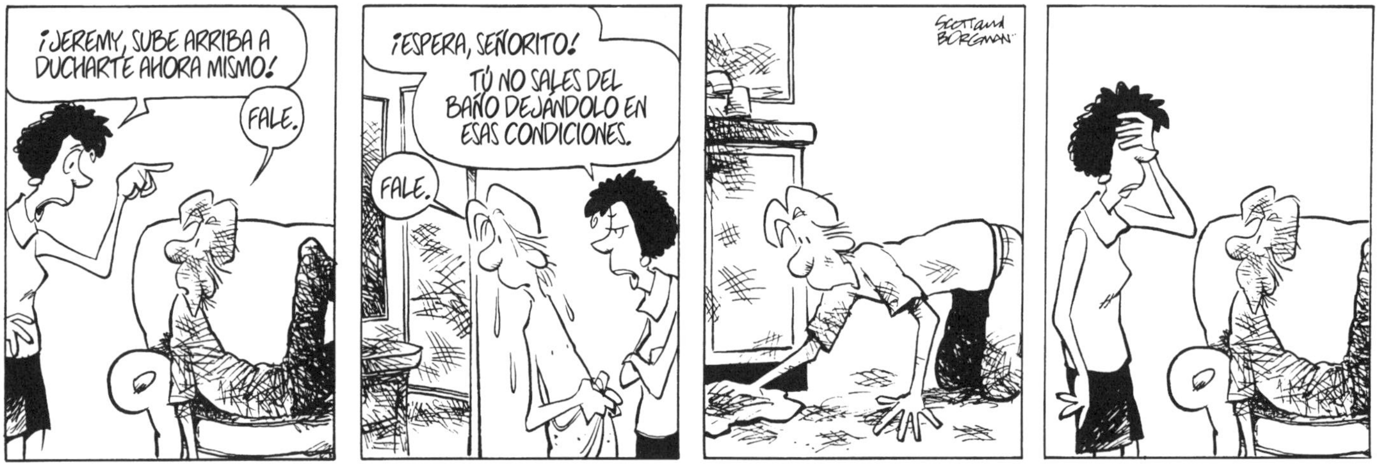
¡JEREMY, SUBE ARRIBA A DUCHARTE AHORA MISMO!
FALE.
¡ESPERA, SEÑORITO!
TÚ NO SALES DEL BAÑO DEJÁNDOLO EN ESAS CONDICIONES.
FALE.

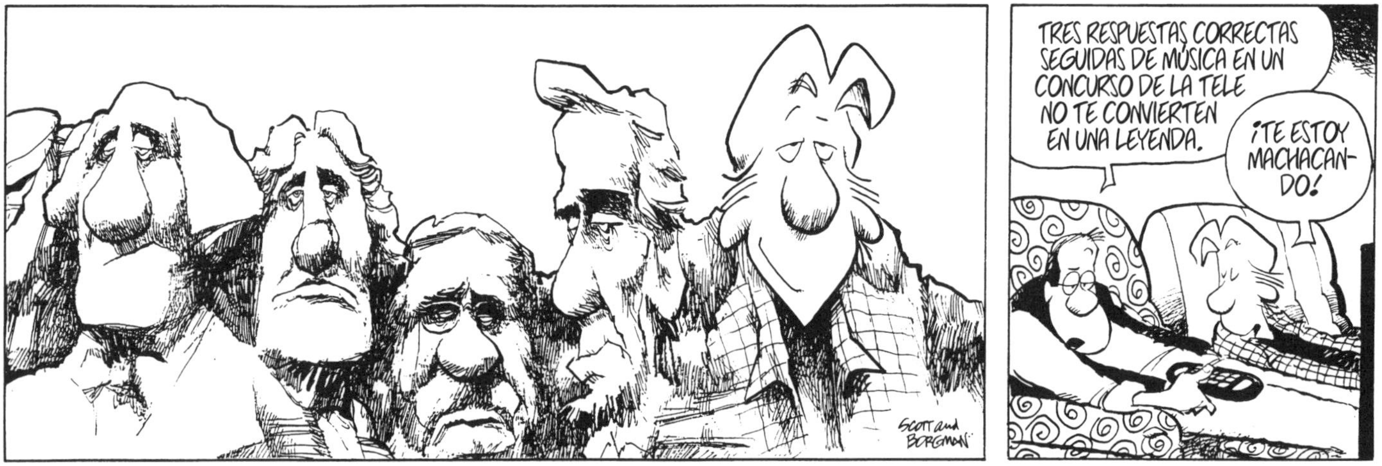
TRES RESPUESTAS CORRECTAS SEGUIDAS DE MÚSICA EN UN CONCURSO DE LA TELE NO TE CONVIERTEN EN UNA LEYENDA.
¡TE ESTOY MACHACANDO!

Zits
by
JERRY SCOTT and
JIM BORGMAN

¡BUOOH!
NO GUARDO NINGÚN RECUERDO DE LA ERA REAGAN.
¿TELE EN BLANCO Y NEGRO? ¿QUÉ ES ESO?
SCOTT and BORGMAN
POR LO QUE YO RECUERDO, LOS CD'S SIEMPRE HAN EXISTIDO.
¿ES VERDAD QUE JAY LENO NO HA SIDO SIEMPRE EL PRESENTADOR DEL TONIGHT SHOW?
¿CREES QUE JEREMY SE HA ACORDADO DE QUE HOY ES TU CUMPLE-AÑOS?
NO LO DUDES.
ENOS DÍAS, VIEJO.

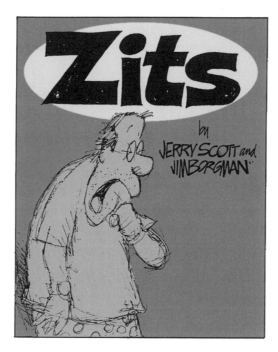

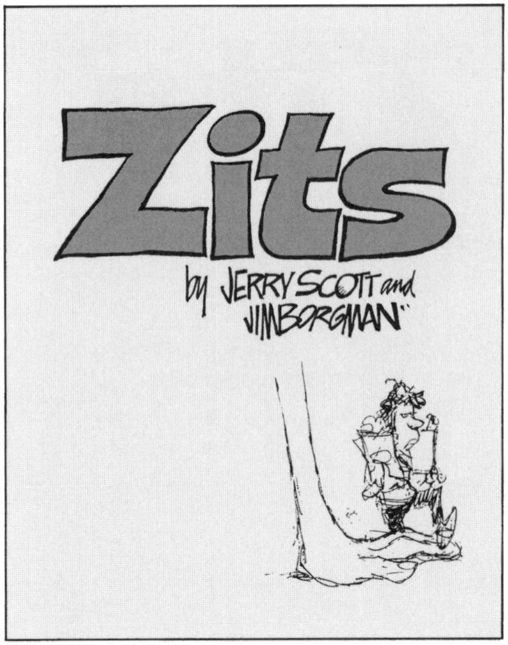
Zits
by JERRY SCOTT and JIM BORGMAN

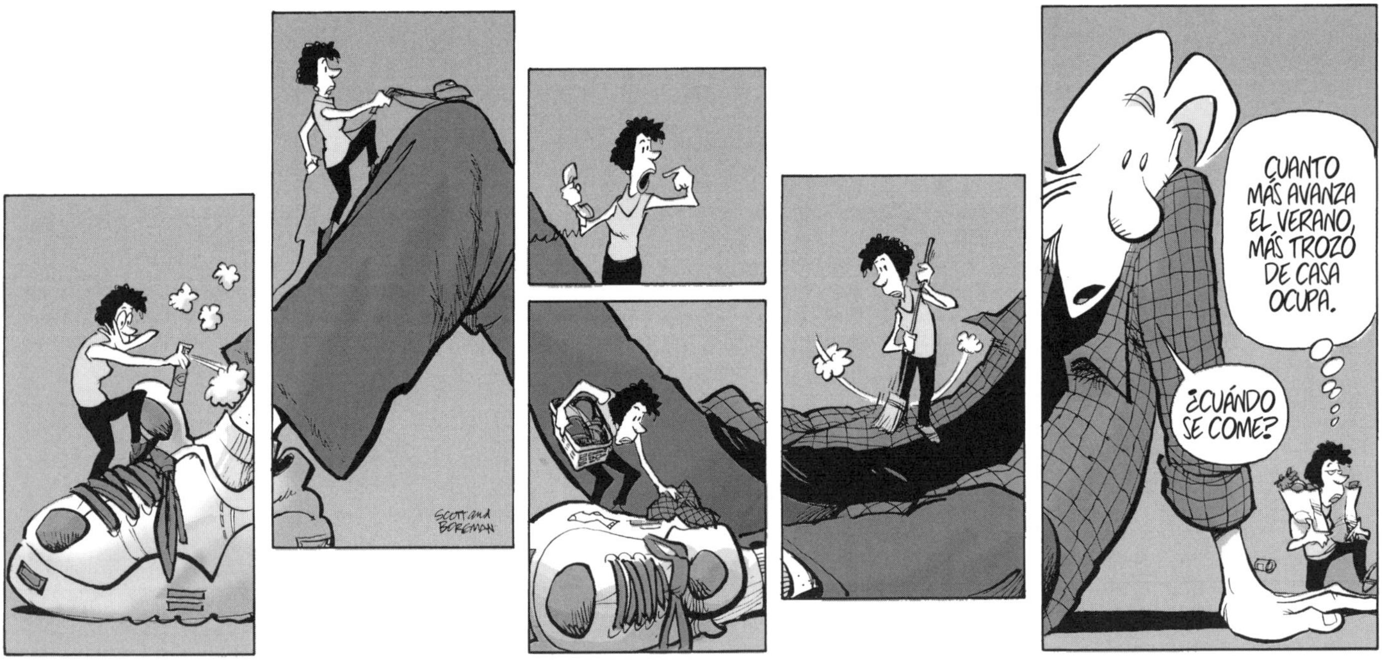
SCOTT and BORGMAN
CUANTO MÁS AVANZA EL VERANO, MÁS TROZO DE CASA OCUPA.
¿CUÁNDO SE COME?

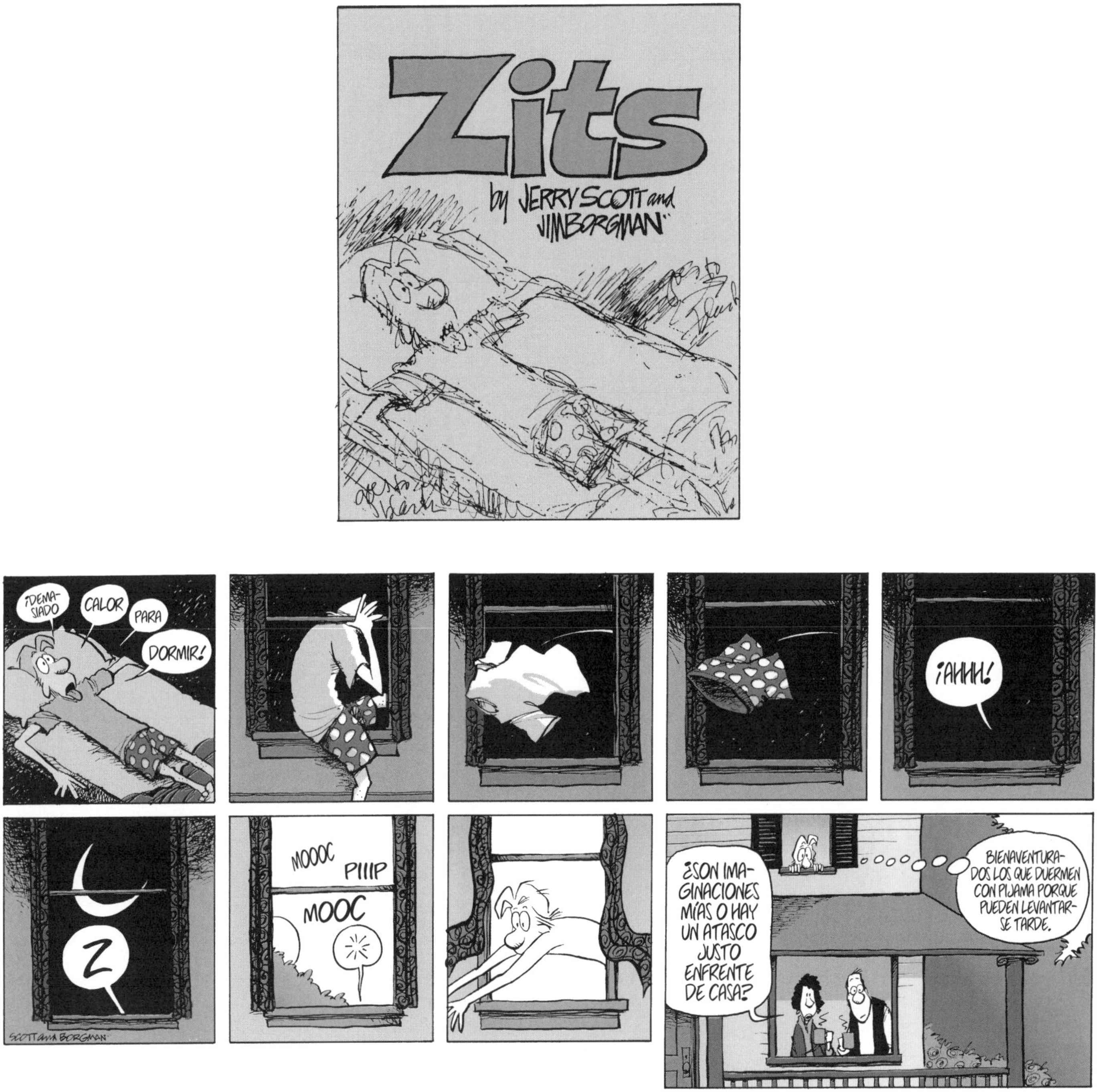
Zits
by JERRY SCOTT and JIM BORGMAN
¡DEMA-SIADO
CALOR
PARA
DORMIR!
¡AHHH!
Z
MOOOC
PIIIP
MOOC
¿SON IMA-GINACIONES MÍAS O HAY UN ATASCO JUSTO ENFRENTE DE CASA?
BIENAVENTURA-DOS LOS QUE DUERMEN CON PIJAMA PORQUE PUEDEN LEVANTAR-SE TARDE.

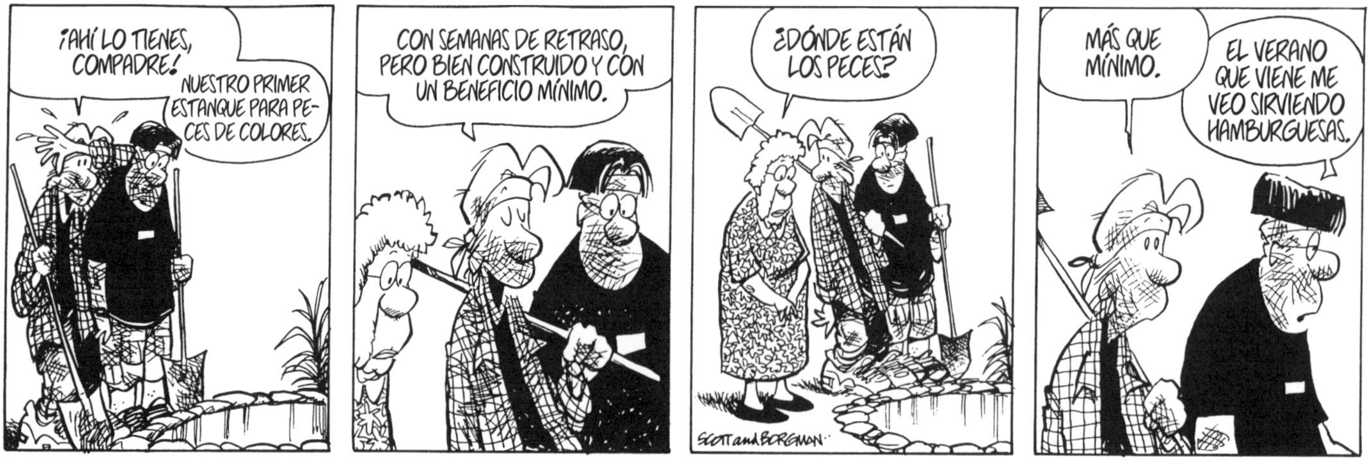
¡AHÍ LO TIENES, COMPADRE!
NUESTRO PRIMER ESTANQUE PARA PECES DE COLORES.
CON SEMANAS DE RETRASO, PERO BIEN CONSTRUIDO Y CON UN BENEFICIO MÍNIMO.
¿DÓNDE ESTÁN LOS PECES?
SCOTT and BORGMAN
MÁS QUE MÍNIMO.
EL VERANO QUE VIENE ME VEO SIRVIENDO HAMBURGUESAS.

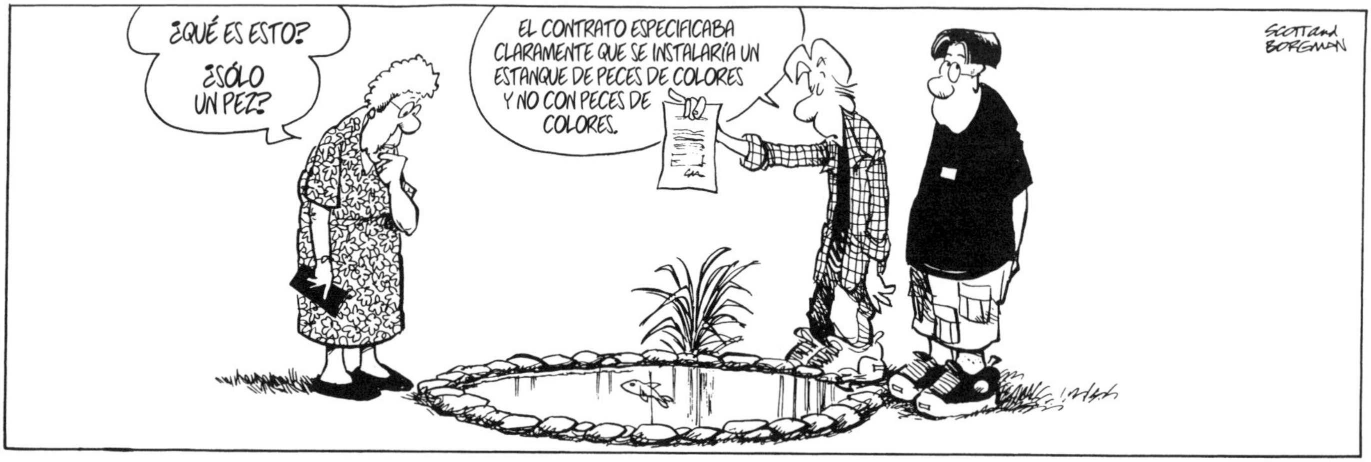
¿QUÉ ES ESTO?
¿SÓLO UN PEZ?
EL CONTRATO ESPECIFICABA CLARAMENTE QUE SE INSTALARÍA UN ESTANQUE DE PECES DE COLORES Y NO CON PECES DE COLORES.
SCOTT and BORGMAN

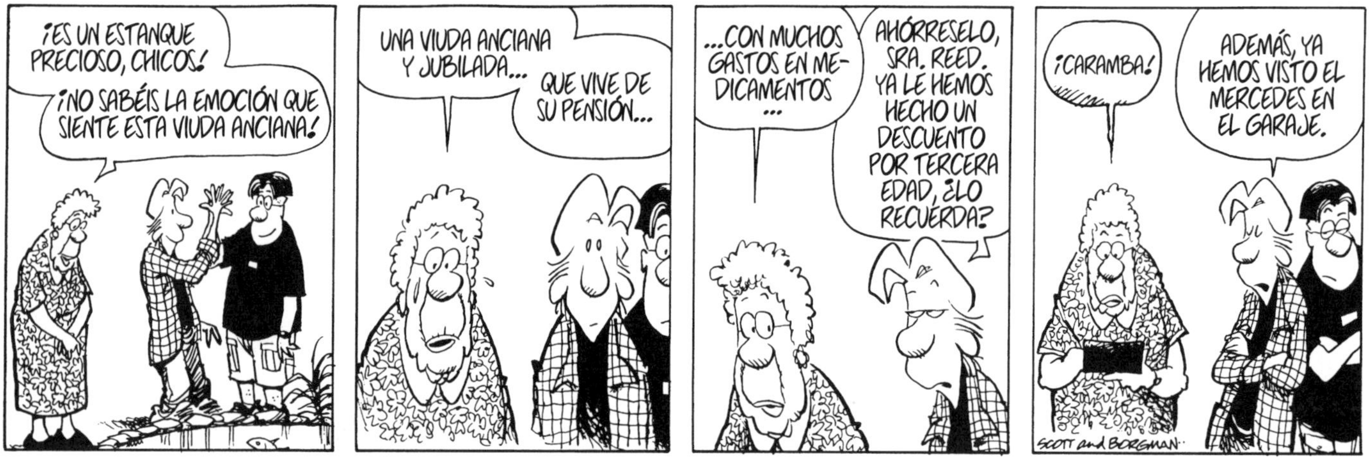
¡ES UN ESTANQUE PRECIOSO, CHICOS!
¡NO SABÉIS LA EMOCIÓN QUE SIENTE ESTA VIUDA ANCIANA!
UNA VIUDA ANCIANA Y JUBILADA...
QUE VIVE DE SU PENSIÓN...
...CON MUCHOS GASTOS EN MEDICAMENTOS ...
AHÓRRESELO, SRA. REED. YA LE HEMOS HECHO UN DESCUENTO POR TERCERA EDAD, ¿LO RECUERDA?
¡CARAMBA!
ADEMÁS, YA HEMOS VISTO EL MERCEDES EN EL GARAJE.
SCOTT and BORGMAN

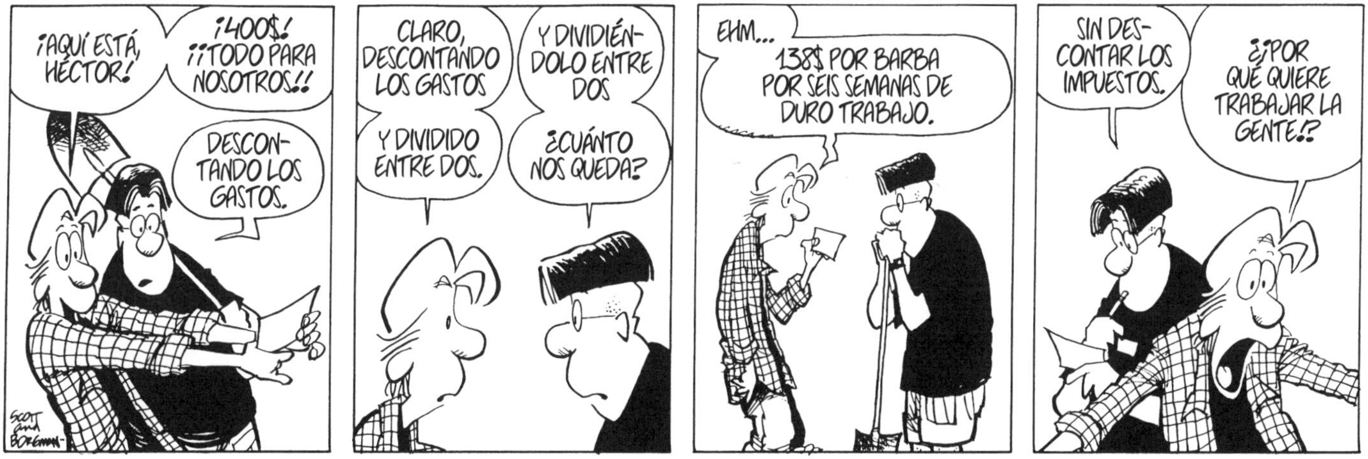
¡AQUÍ ESTÁ, HÉCTOR!
¡400$! ¡¡TODO PARA NOSOTROS!!
DESCONTANDO LOS GASTOS.
CLARO, DESCONTANDO LOS GASTOS
Y DIVIDIDO ENTRE DOS.
Y DIVIDIÉNDOLO ENTRE DOS
¿CUÁNTO NOS QUEDA?
EHM...
138$ POR BARBA POR SEIS SEMANAS DE DURO TRABAJO.
SIN DESCONTAR LOS IMPUESTOS.
¿¡POR QUÉ QUIERE TRABAJAR LA GENTE!?
SCOTT and BORGMAN

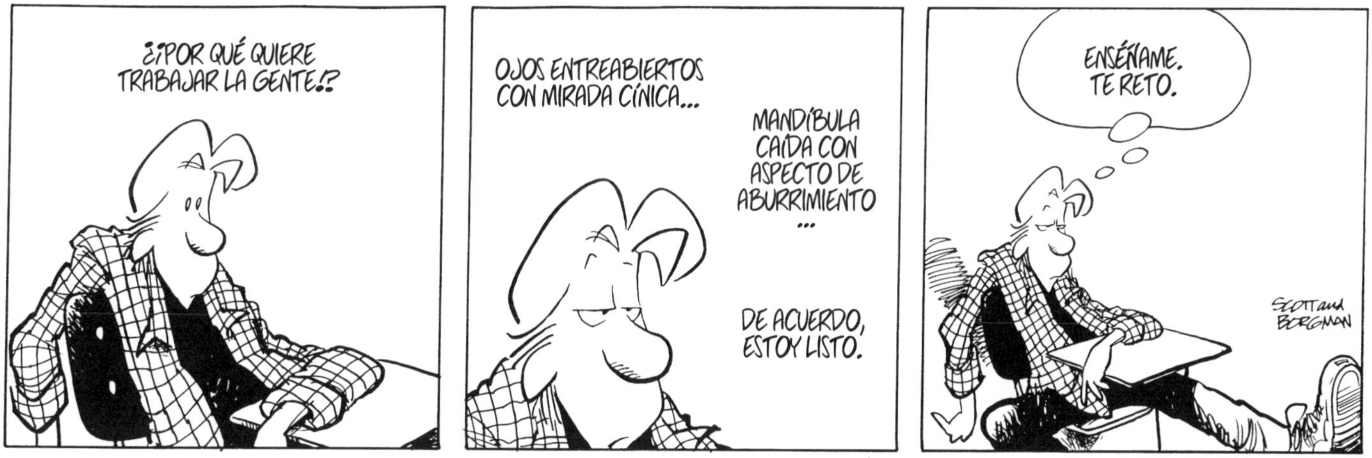
¿¡POR QUÉ QUIERE TRABAJAR LA GENTE!?
OJOS ENTREABIERTOS CON MIRADA CÍNICA...
MANDÍBULA CAÍDA CON ASPECTO DE ABURRIMIENTO ...
DE ACUERDO, ESTOY LISTO.
ENSÉÑAME. TE RETO.
SCOTT and BORGMAN

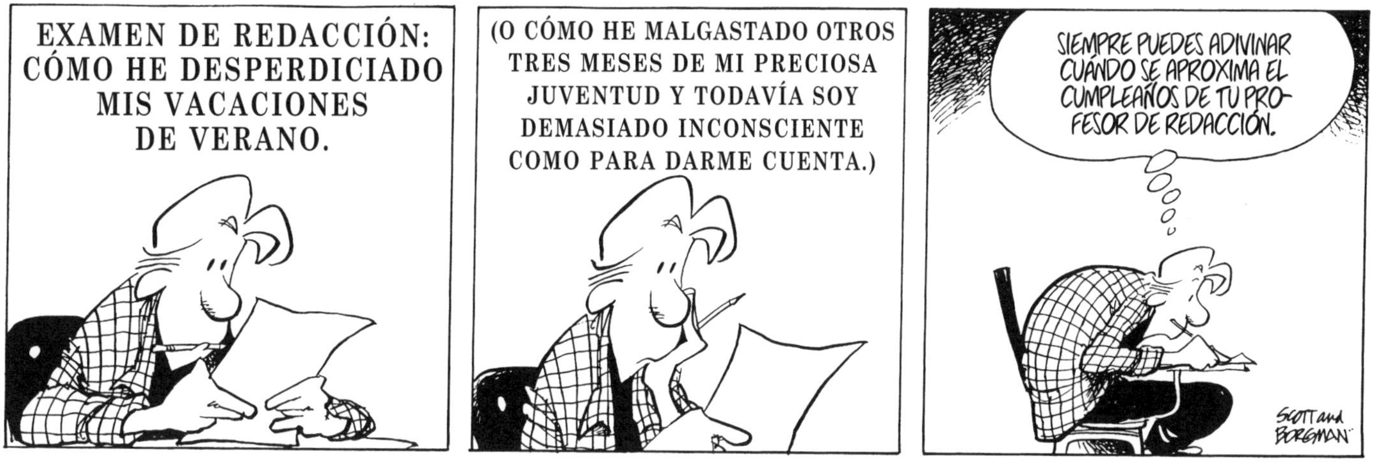
EXAMEN DE REDACCIÓN: CÓMO HE DESPERDICIADO MIS VACACIONES DE VERANO.
(O CÓMO HE MALGASTADO OTROS TRES MESES DE MI PRECIOSA JUVENTUD Y TODAVÍA SOY DEMASIADO INCONSCIENTE COMO PARA DARME CUENTA.)
SIEMPRE PUEDES ADIVINAR CUÁNDO SE APROXIMA EL CUMPLEAÑOS DE TU PROFESOR DE REDACCIÓN.
SCOTT and BORGMAN

Zits
by
JERRY SCOTT and
JIM BORGMAN

SCOTT and BORGMAN
¿CÓMO ES QUE JEREMY ES EL ÚNICO QUE TIENE UN PRIMER PLANO EN EL VÍDEO?
HEY, SI QUIERES UN PRIMER PLANO LLEVA TÚ LA CÁMARA EN LA PRÓXIMA CANCIÓN.

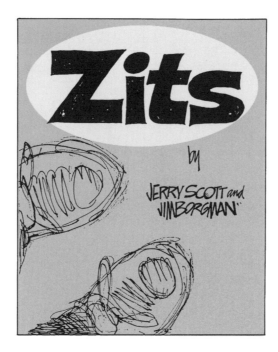

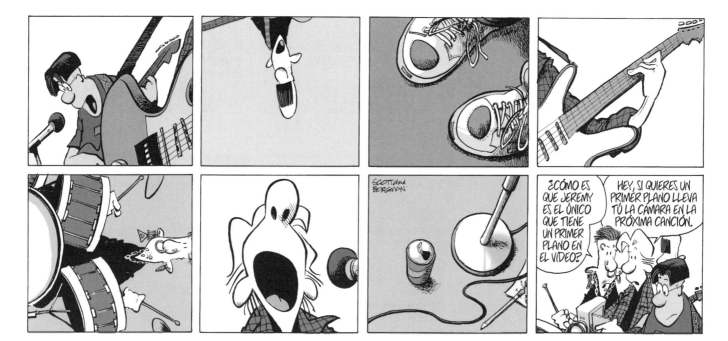

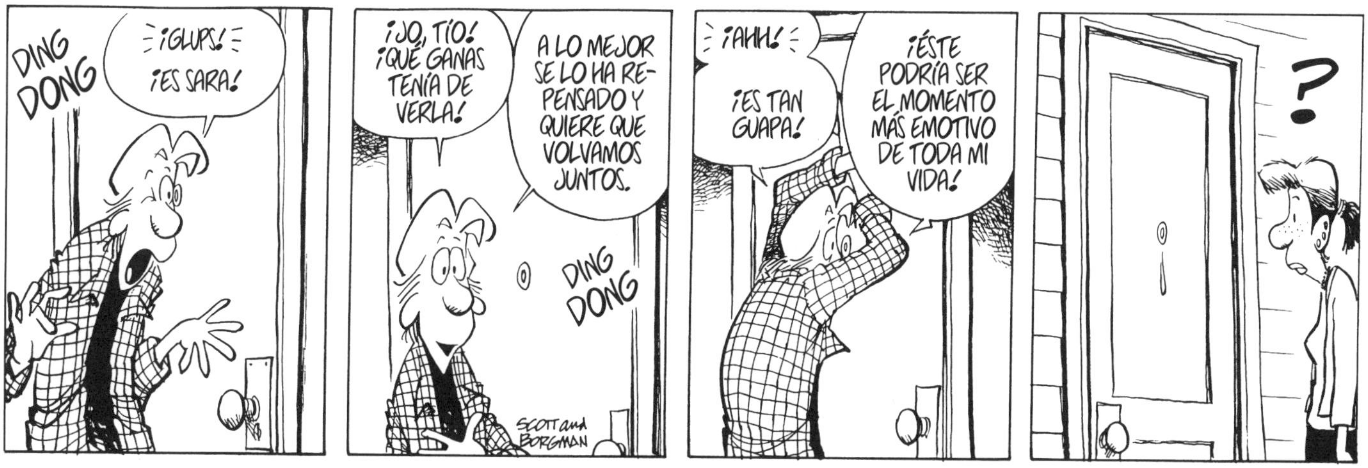
DING DONG
¡GLUPS!
¡ES SARA!
¡JO, TÍO! ¡QUÉ GANAS TENÍA DE VERLA!
A LO MEJOR SE LO HA REPENSADO Y QUIERE QUE VOLVAMOS JUNTOS.
DING DONG
SCOTT AND BORGMAN
¡AHH!
¡ES TAN GUAPA!
¡ÉSTE PODRÍA SER EL MOMENTO MÁS EMOTIVO DE TODA MI VIDA!
?

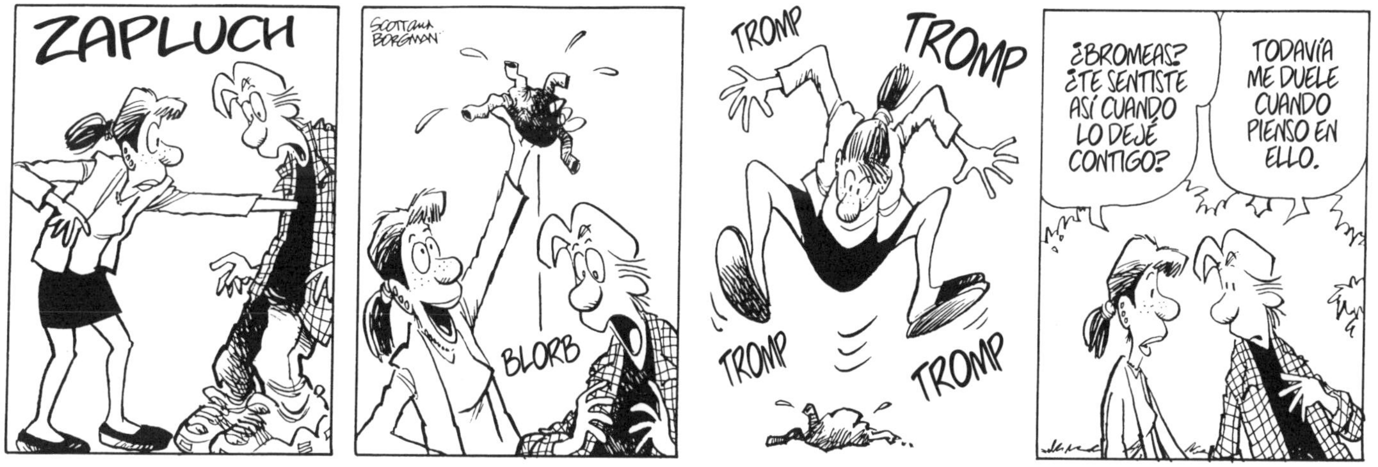
ZAPLUCH
SCOTT AND BORGMAN
BLORB
TROMP
TROMP
TROMP
TROMP
¿BROMEAS? ¿TE SENTISTE ASÍ CUANDO LO DEJÉ CONTIGO?
TODAVÍA ME DUELE CUANDO PIENSO EN ELLO.

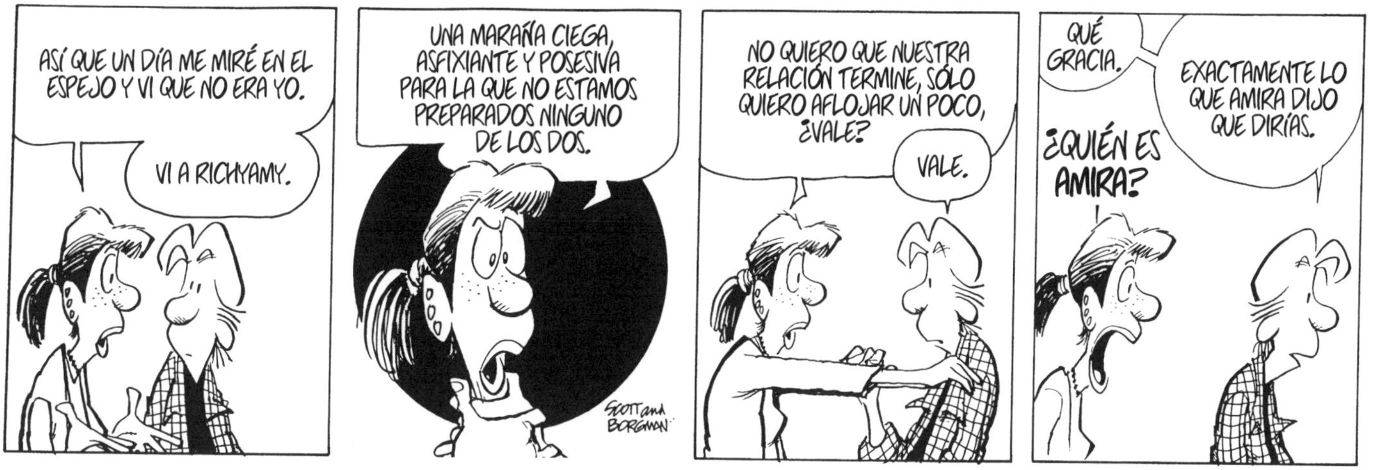
ASÍ QUE UN DÍA ME MIRÉ EN EL ESPEJO Y VI QUE NO ERA YO.
VI A RICHYAMY.
UNA MARAÑA CIEGA, ASFIXIANTE Y POSESIVA PARA LA QUE NO ESTAMOS PREPARADOS NINGUNO DE LOS DOS.
SCOTT AND BORGMAN
NO QUIERO QUE NUESTRA RELACIÓN TERMINE, SÓLO QUIERO AFLOJAR UN POCO, ¿VALE?
VALE.
QUÉ GRACIA.
EXACTAMENTE LO QUE AMIRA DIJO QUE DIRÍAS.
¿QUIÉN ES AMIRA?

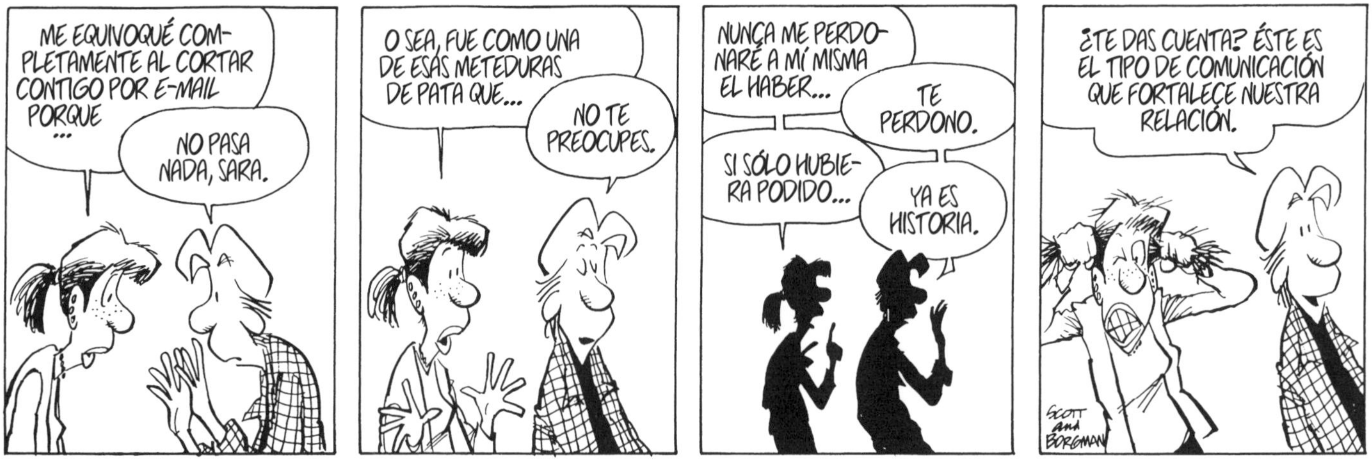
ME EQUIVOQUÉ COMPLETAMENTE AL CORTAR CONTIGO POR E-MAIL PORQUE ...
NO PASA NADA, SARA.
O SEA, FUE COMO UNA DE ESAS METEDURAS DE PATA QUE...
NO TE PREOCUPES.
NUNCA ME PERDONARÉ A MÍ MISMA EL HABER...
TE PERDONO.
SI SÓLO HUBIERA PODIDO...
YA ES HISTORIA.
¿TE DAS CUENTA? ÉSTE ES EL TIPO DE COMUNICACIÓN QUE FORTALECE NUESTRA RELACIÓN.
SCOTT and BORGMAN

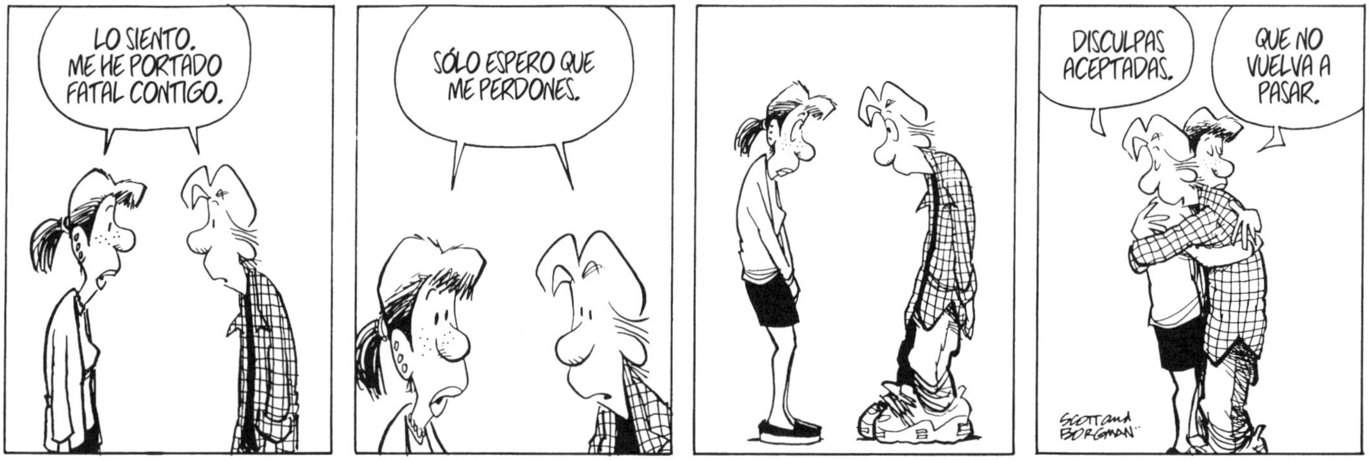
LO SIENTO. ME HE PORTADO FATAL CONTIGO.
SÓLO ESPERO QUE ME PERDONES.
DISCULPAS ACEPTADAS.
QUE NO VUELVA A PASAR.
SCOTT and BORGMAN

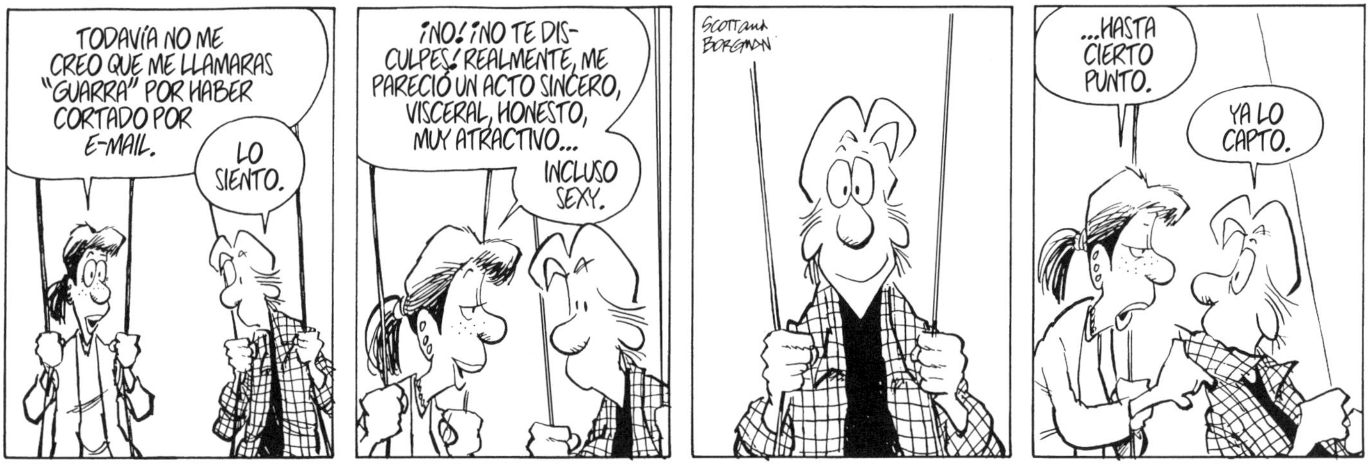
TODAVÍA NO ME CREO QUE ME LLAMARAS "GUARRA" POR HABER CORTADO POR E-MAIL.
LO SIENTO.
¡NO! ¡NO TE DISCULPES! REALMENTE, ME PARECIÓ UN ACTO SINCERO, VISCERAL, HONESTO, MUY ATRACTIVO...
INCLUSO SEXY.
SCOTT and BORGMAN
...HASTA CIERTO PUNTO.
YA LO CAPTO.

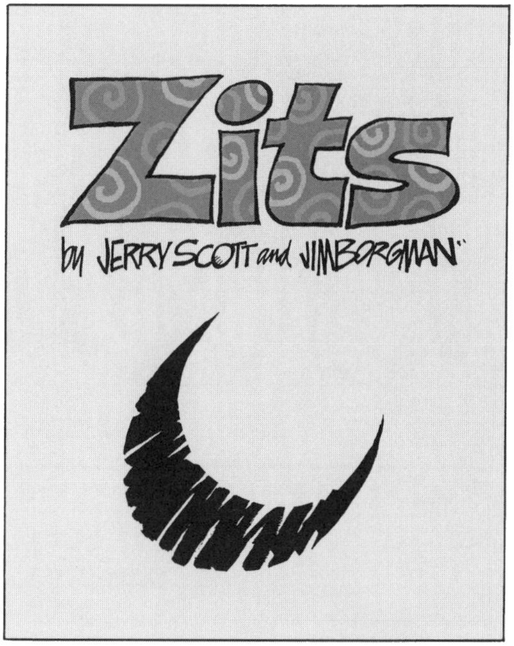
Zits
by JERRY SCOTT and JIM BORGMAN

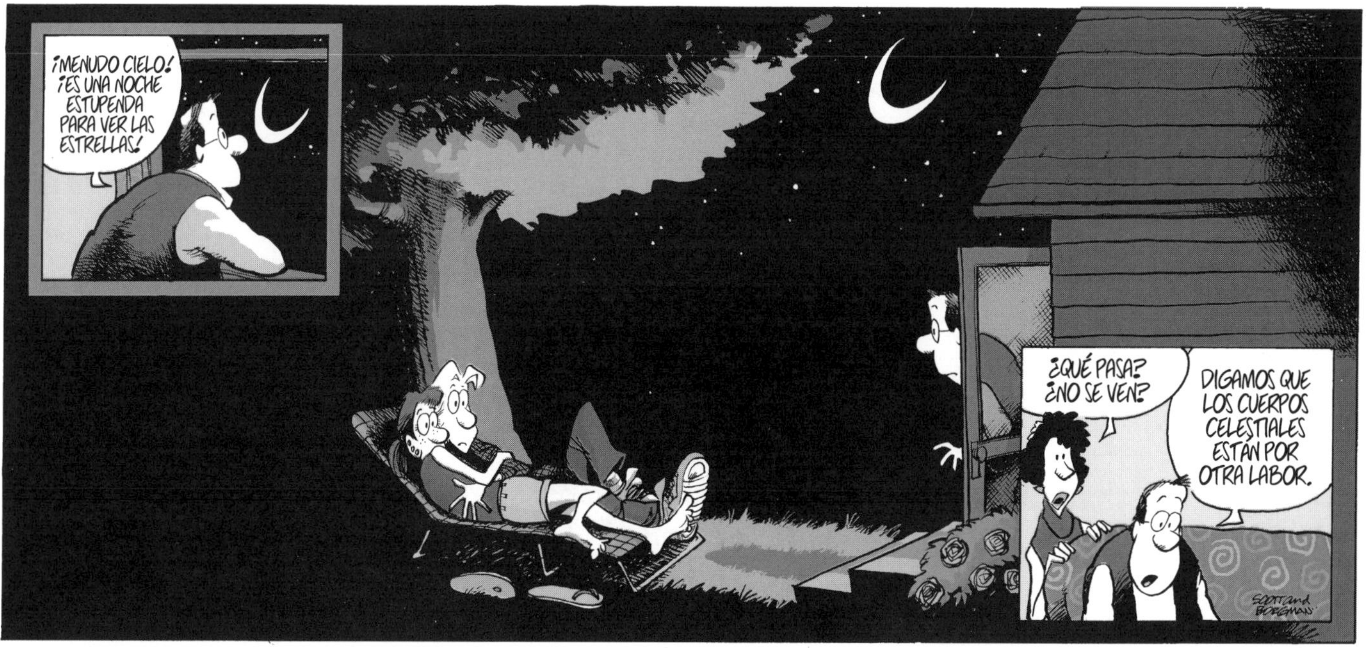
¡MENUDO CIELO! ¡ES UNA NOCHE ESTUPENDA PARA VER LAS ESTRELLAS!
¿QUÉ PASA? ¿NO SE VEN?
DIGAMOS QUE LOS CUERPOS CELESTIALES ESTÁN POR OTRA LABOR.
SCOTT and BORGMAN

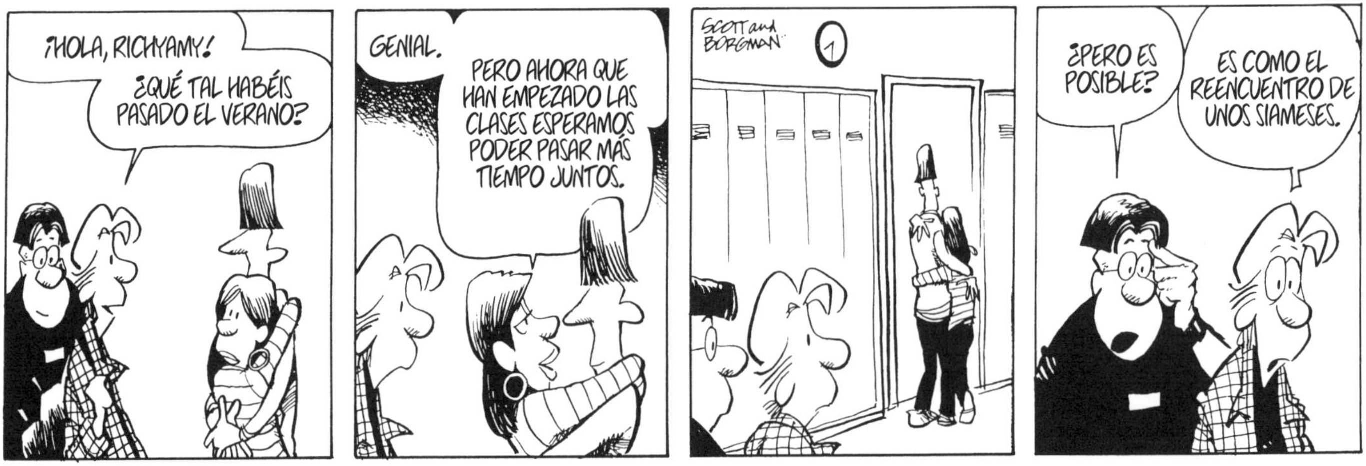
¡HOLA, RICHYAMY!
¿QUÉ TAL HABÉIS PASADO EL VERANO?
GENIAL.
PERO AHORA QUE HAN EMPEZADO LAS CLASES ESPERAMOS PODER PASAR MÁS TIEMPO JUNTOS.
SCOTT and BORGMAN
¿PERO ES POSIBLE?
ES COMO EL REENCUENTRO DE UNOS SIAMESES.

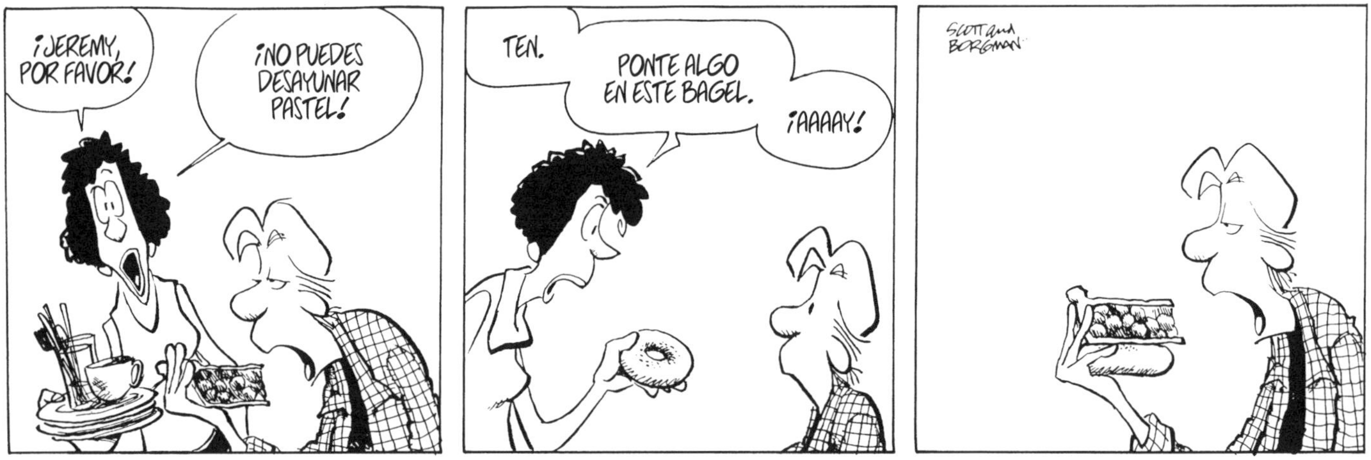
¡JEREMY, POR FAVOR!
¡NO PUEDES DESAYUNAR PASTEL!
TEN.
PONTE ALGO EN ESTE BAGEL.
¡AAAAY!
SCOTT and BORGMAN

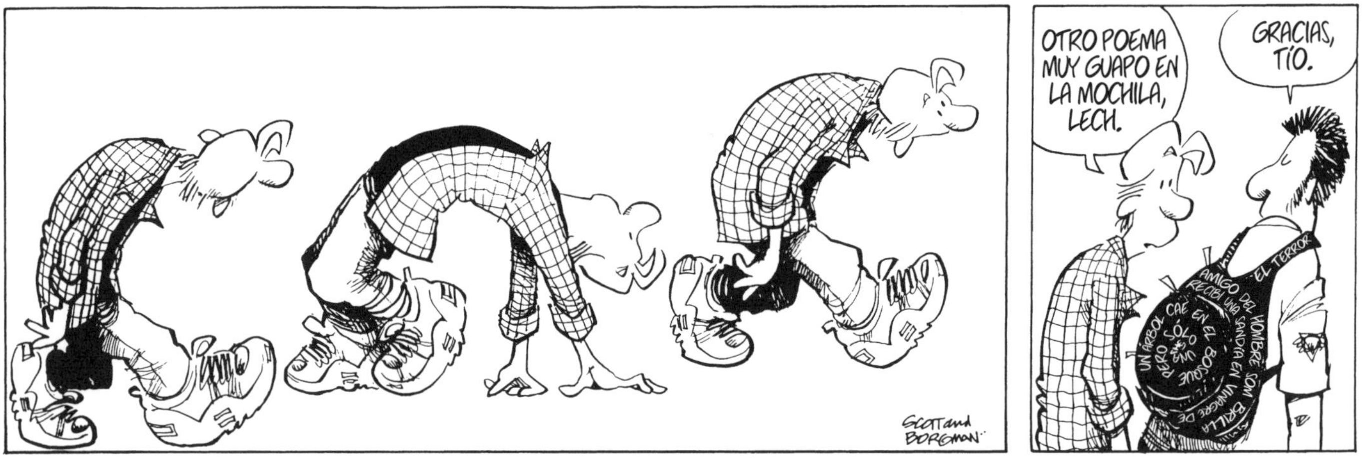
SCOTT and BORGMAN
OTRO POEMA MUY GUAPO EN LA MOCHILA, LECH.
GRACIAS, TÍO.
EL TERROR
AMIGO DEL HOMBRE
RECIBÍ UNA SANDÍA EN VINAGRE DE
UN ÁRBOL CAE EN EL BOSQUE
PERO SÓLO UNO
SOM BRILLA

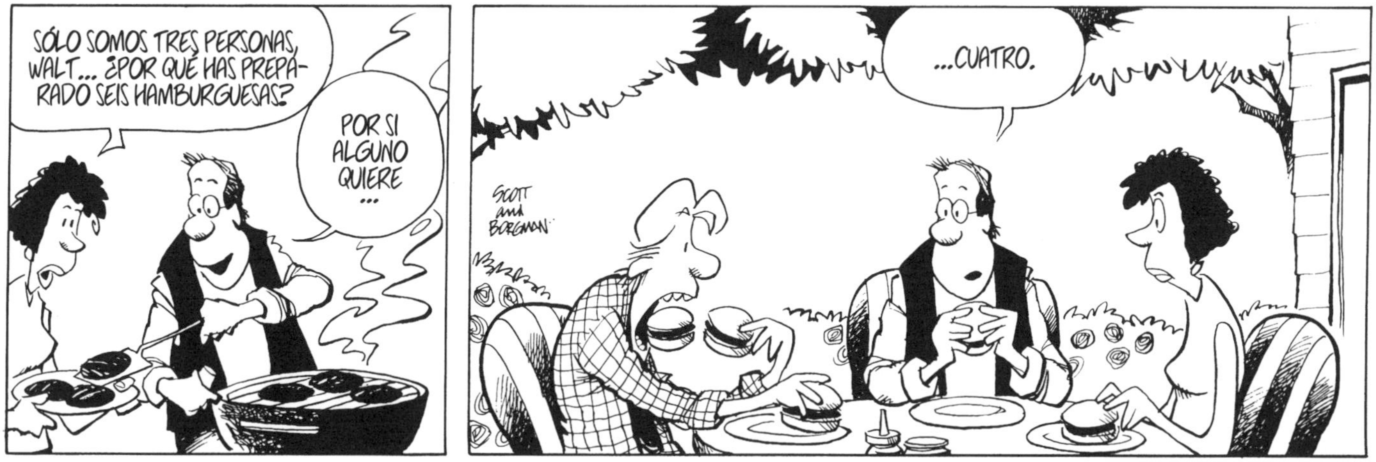
SÓLO SOMOS TRES PERSONAS, WALT... ¿POR QUÉ HAS PREPARADO SEIS HAMBURGUESAS?
POR SI ALGUNO QUIERE ...
...CUATRO.

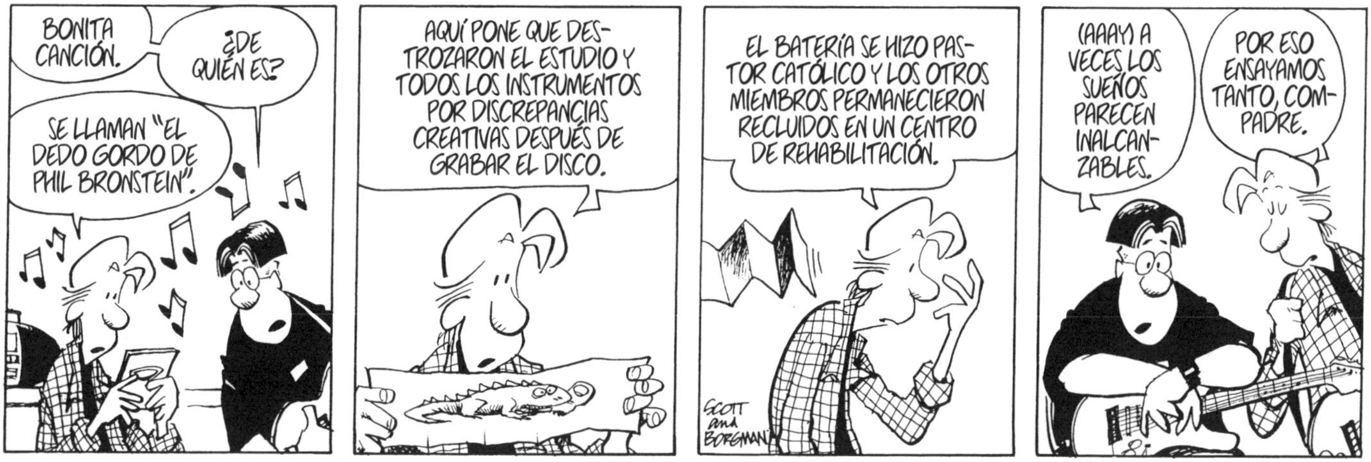
BONITA CANCIÓN.
¿DE QUIÉN ES?
SE LLAMAN "EL DEDO GORDO DE PHIL BRONSTEIN".
AQUÍ PONE QUE DESTROZARON EL ESTUDIO Y TODOS LOS INSTRUMENTOS POR DISCREPANCIAS CREATIVAS DESPUÉS DE GRABAR EL DISCO.
EL BATERÍA SE HIZO PASTOR CATÓLICO Y LOS OTROS MIEMBROS PERMANECIERON RECLUIDOS EN UN CENTRO DE REHABILITACIÓN.
(AAAY) A VECES LOS SUEÑOS PARECEN INALCANZABLES.
POR ESO ENSAYAMOS TANTO, COMPADRE.

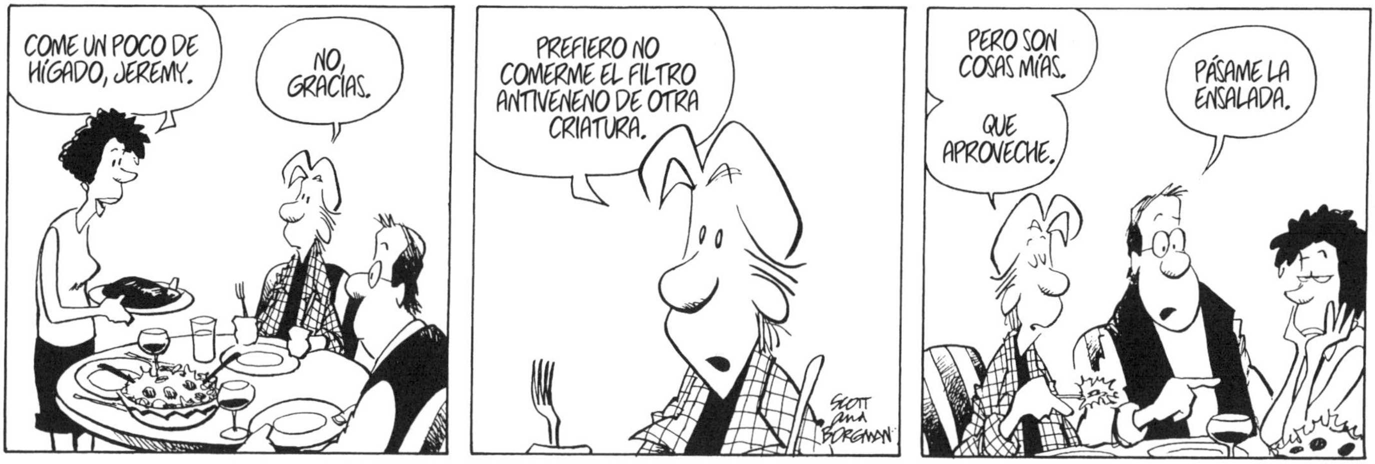
COME UN POCO DE HÍGADO, JEREMY.
NO, GRACIAS.
PREFIERO NO COMERME EL FILTRO ANTIVENENO DE OTRA CRIATURA.
PERO SON COSAS MÍAS.
QUE APROVECHE.
PÁSAME LA ENSALADA.

¿MAMÁ?
Zits
¿MAMÁ?
by
JERRY SCOTT and
JIM BORGMAN

¿MAMÁ?
¿MAMÁ?
¿MAMÁ?
¿MAMÁ?
¡MAMÁ!
¿MAMÁ?
¿MAMÁ?
¿MAMÁ?
¿MAMÁ?
ESTOY AQUÍ.
SCOTT and BORGMAN
¿ME PREPARAS UN SÁNDWICH?
¿POR QUÉ NO TE LO PREPARAS TÚ MISMO?
PORQUE NO TENGO TIEMPO.

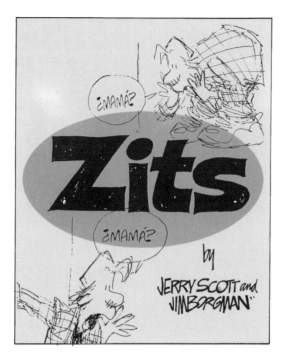

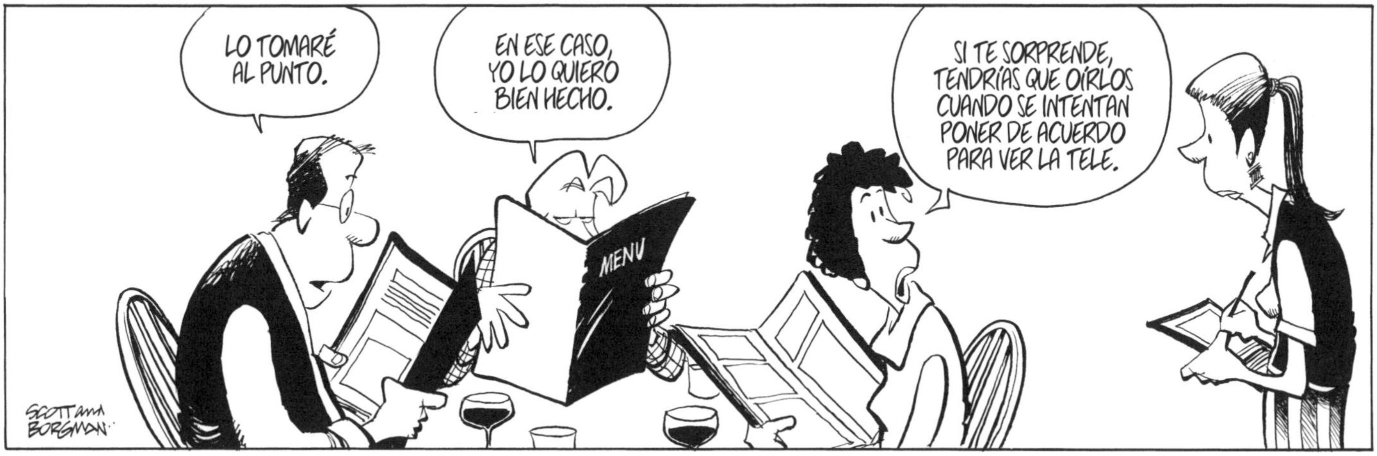
LO TOMARÉ AL PUNTO.
EN ESE CASO, YO LO QUIERO BIEN HECHO.
SI TE SORPRENDE, TENDRÍAS QUE OÍRLOS CUANDO SE INTENTAN PONER DE ACUERDO PARA VER LA TELE.
MENU

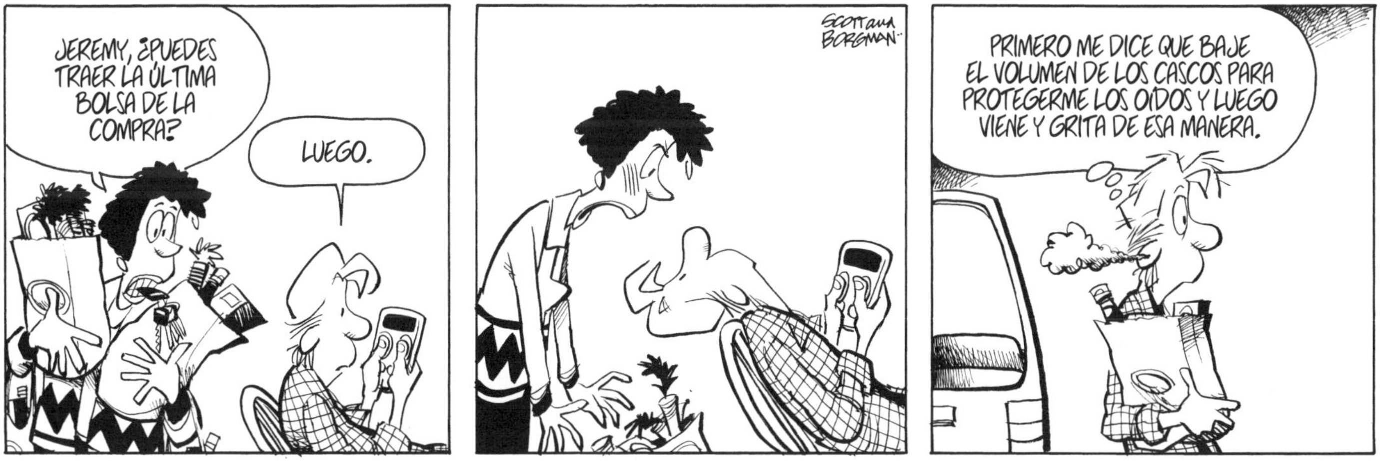
JEREMY, ¿PUEDES TRAER LA ÚLTIMA BOLSA DE LA COMPRA?
LUEGO.
PRIMERO ME DICE QUE BAJE EL VOLUMEN DE LOS CASCOS PARA PROTEGERME LOS OÍDOS Y LUEGO VIENE Y GRITA DE ESA MANERA.

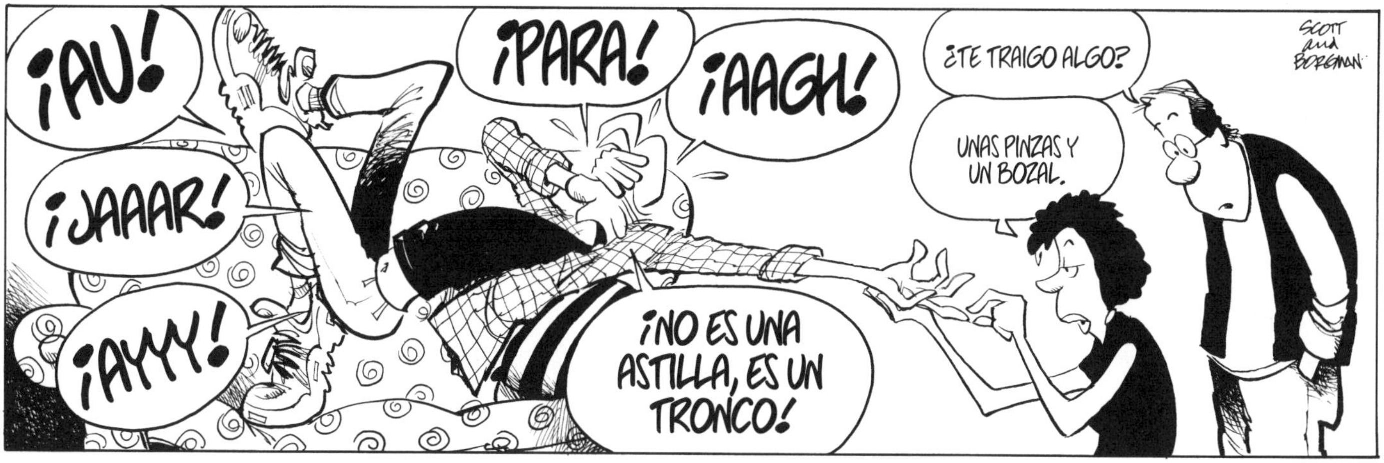
¡AU!
¡JAAAR!
¡AYYY!
¡PARA!
¡AAGH!
¡NO ES UNA ASTILLA, ES UN TRONCO!
¿TE TRAIGO ALGO?
UNAS PINZAS Y UN BOZAL.

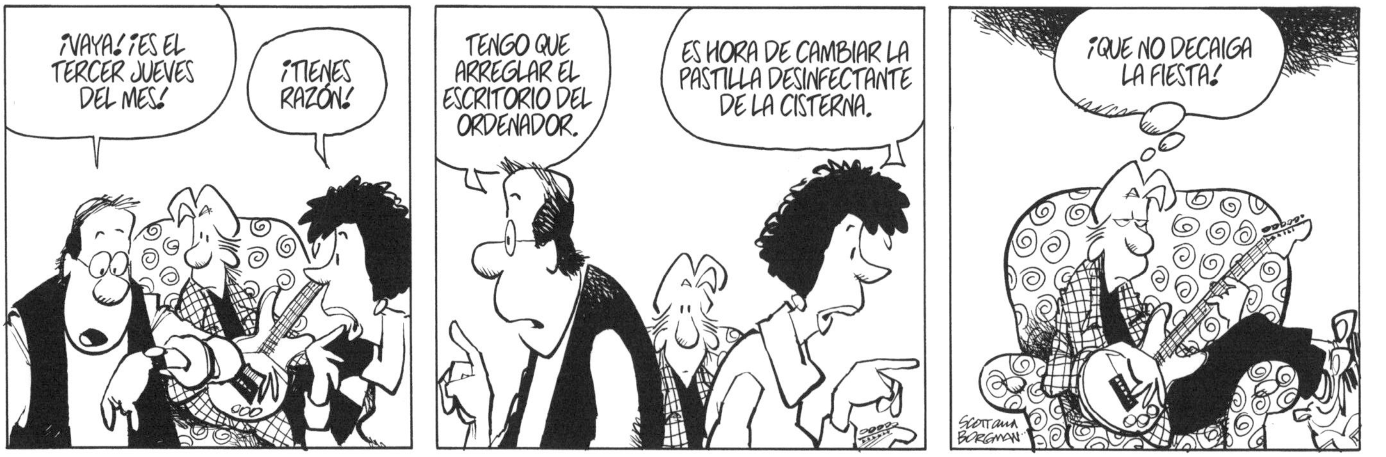
¡VAYA! ¡ES EL TERCER JUEVES DEL MES!
¡TIENES RAZÓN!
TENGO QUE ARREGLAR EL ESCRITORIO DEL ORDENADOR.
ES HORA DE CAMBIAR LA PASTILLA DESINFECTANTE DE LA CISTERNA.
¡QUE NO DECAIGA LA FIESTA!
SCOTT and BORGMAN

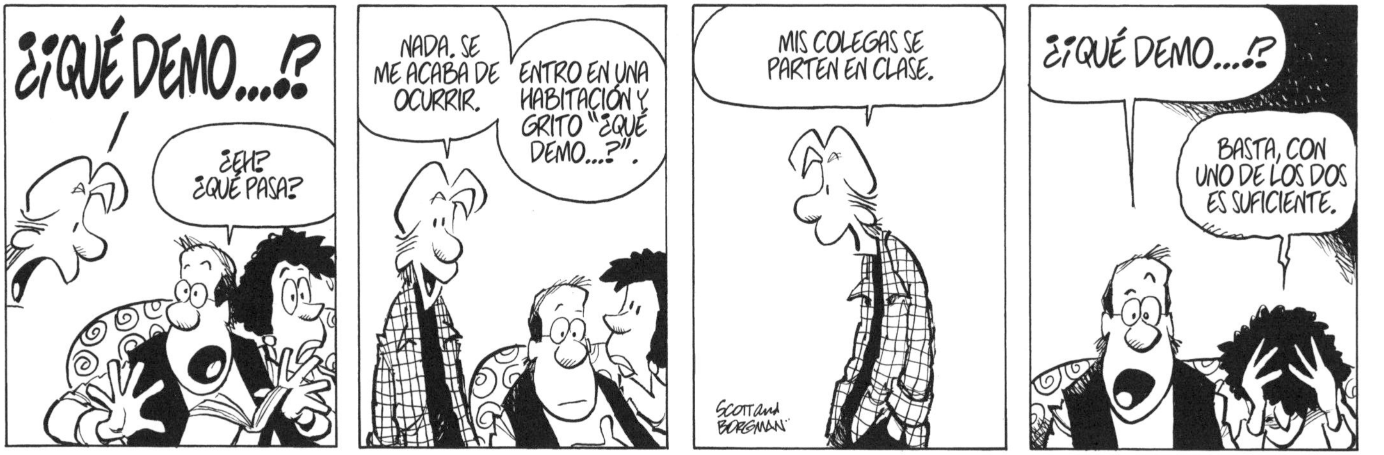
¿¡QUÉ DEMO...!?
¿EH? ¿QUÉ PASA?
NADA. SE ME ACABA DE OCURRIR.
ENTRO EN UNA HABITACIÓN Y GRITO "¿QUÉ DEMO...?".
MIS COLEGAS SE PARTEN EN CLASE.
SCOTT and BORGMAN
¿¡QUÉ DEMO...!?
BASTA, CON UNO DE LOS DOS ES SUFICIENTE.

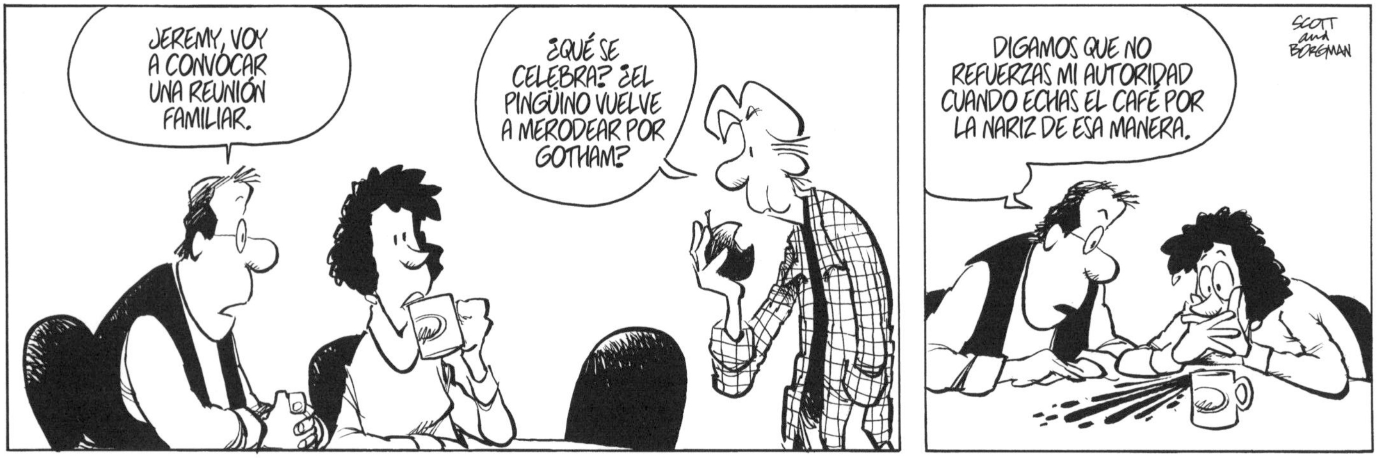
JEREMY, VOY A CONVOCAR UNA REUNIÓN FAMILIAR.
¿QUÉ SE CELEBRA? ¿EL PINGÜINO VUELVE A MERODEAR POR GOTHAM?
SCOTT and BORGMAN
DIGAMOS QUE NO REFUERZAS MI AUTORIDAD CUANDO ECHAS EL CAFÉ POR LA NARIZ DE ESA MANERA.

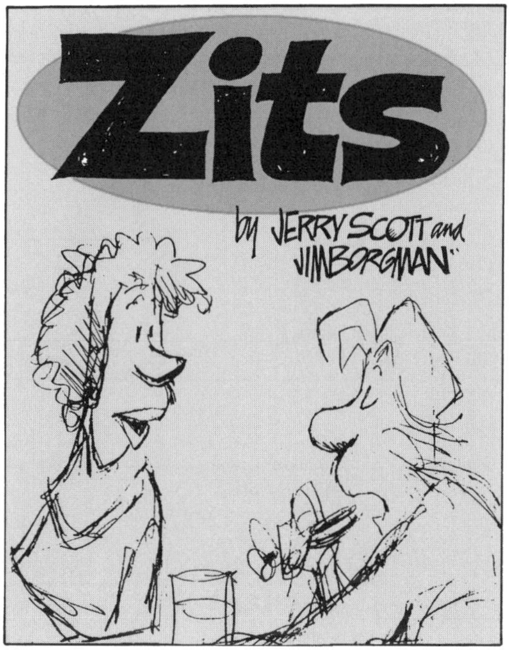
Zits
by JERRY SCOTT and JIM BORGMAN

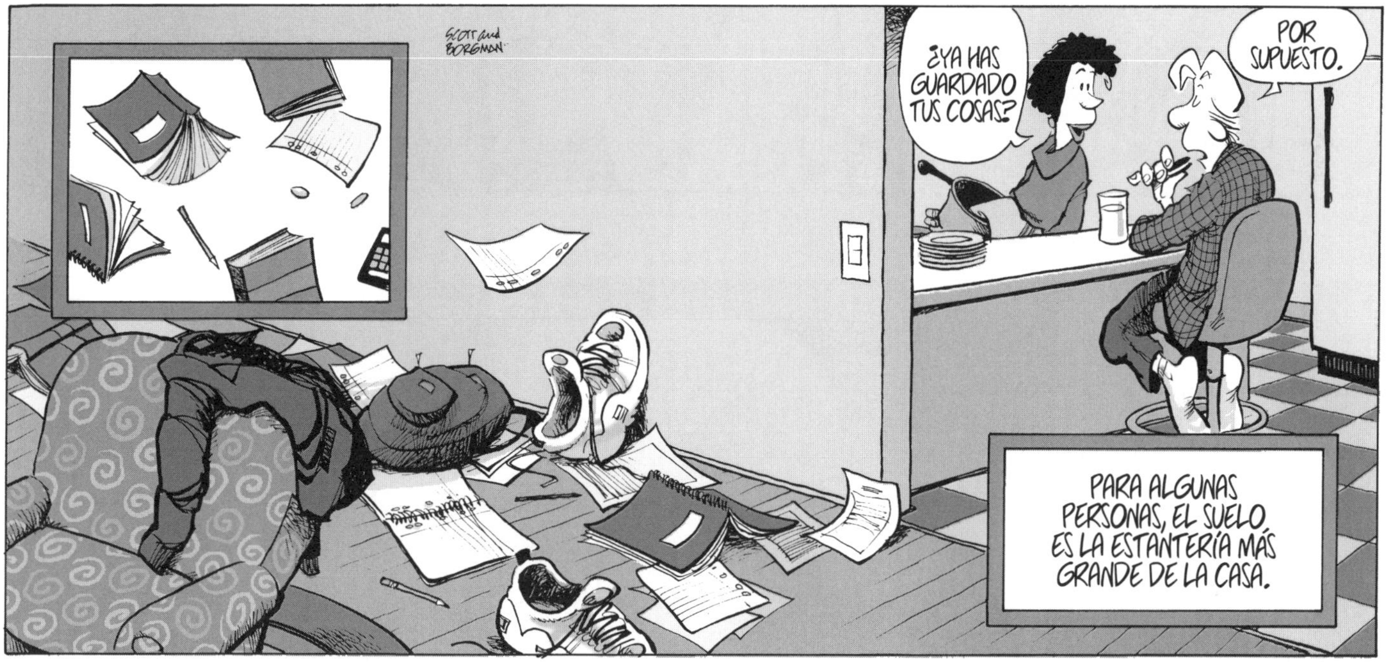
SCOTT and BORGMAN
¿YA HAS GUARDADO TUS COSAS?
POR SUPUESTO.
PARA ALGUNAS PERSONAS, EL SUELO ES LA ESTANTERÍA MÁS GRANDE DE LA CASA.

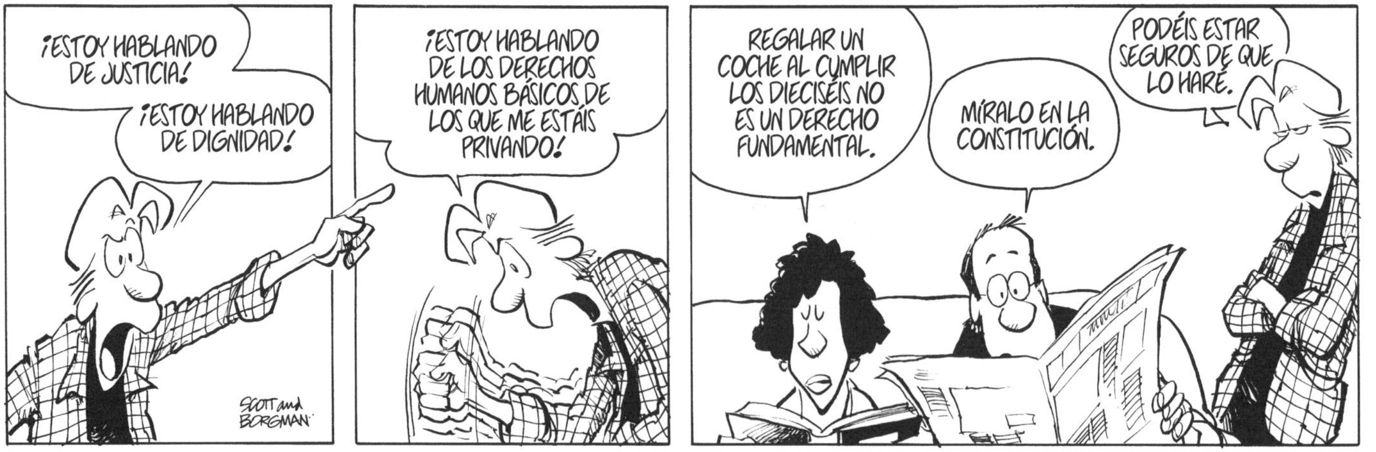
¡ESTOY HABLANDO DE JUSTICIA!
¡ESTOY HABLANDO DE DIGNIDAD!
¡ESTOY HABLANDO DE LOS DERECHOS HUMANOS BÁSICOS DE LOS QUE ME ESTÁIS PRIVANDO!
REGALAR UN COCHE AL CUMPLIR LOS DIECISÉIS NO ES UN DERECHO FUNDAMENTAL.
MÍRALO EN LA CONSTITUCIÓN.
PODÉIS ESTAR SEGUROS DE QUE LO HARÉ.

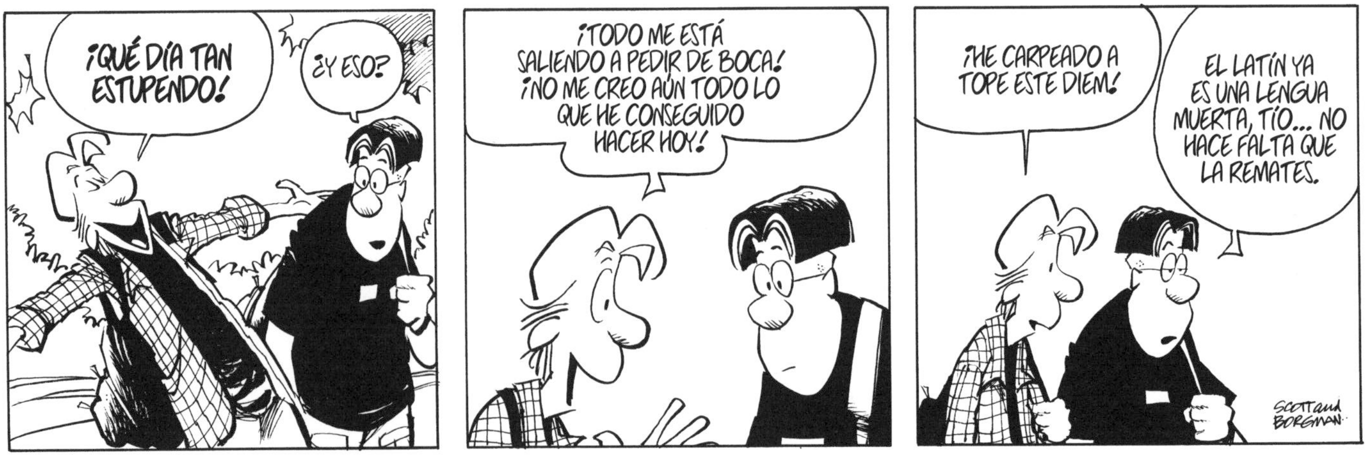
¡QUÉ DÍA TAN ESTUPENDO!
¿Y ESO?
¡TODO ME ESTÁ SALIENDO A PEDIR DE BOCA! ¡NO ME CREO AÚN TODO LO QUE HE CONSEGUIDO HACER HOY!
¡HE CARPEADO A TOPE ESTE DIEM!
EL LATÍN YA ES UNA LENGUA MUERTA, TÍO... NO HACE FALTA QUE LA REMATES.

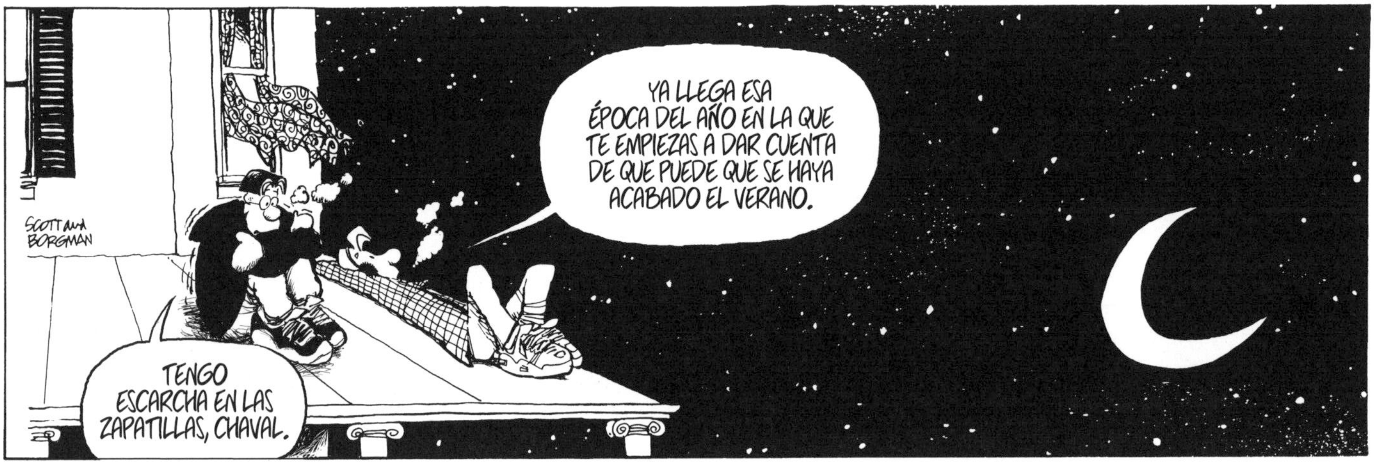
YA LLEGA ESA ÉPOCA DEL AÑO EN LA QUE TE EMPIEZAS A DAR CUENTA DE QUE PUEDE QUE SE HAYA ACABADO EL VERANO.
TENGO ESCARCHA EN LAS ZAPATILLAS, CHAVAL.

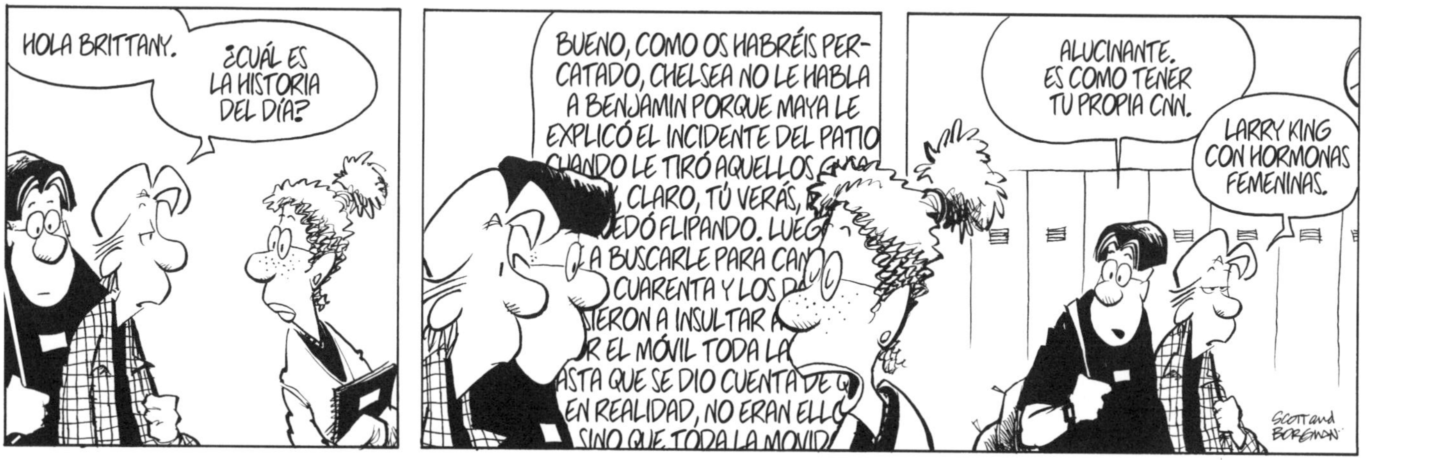
HOLA BRITTANY.
¿CUÁL ES LA HISTORIA DEL DÍA?
BUENO, COMO OS HABRÉIS PER-
CATADO, CHELSEA NO LE HABLA
A BENJAMIN PORQUE MAYA LE
EXPLICÓ EL INCIDENTE DEL PATIO
CUANDO LE TIRÓ AQUELLOS
CLARO, TÚ VERÁS,
FLIPANDO. LUEG
A BUSCARLE PARA CA
CUARENTA Y LOS
A INSULTAR
EL MÓVIL TODA LA
QUE SE DIO CUENTA DE
EN REALIDAD, NO ERAN ELL
SINO QUE TODA LA MOVID
ALUCINANTE. ES COMO TENER TU PROPIA CNN.
LARRY KING CON HORMONAS FEMENINAS.
SCOTT and BORGMAN

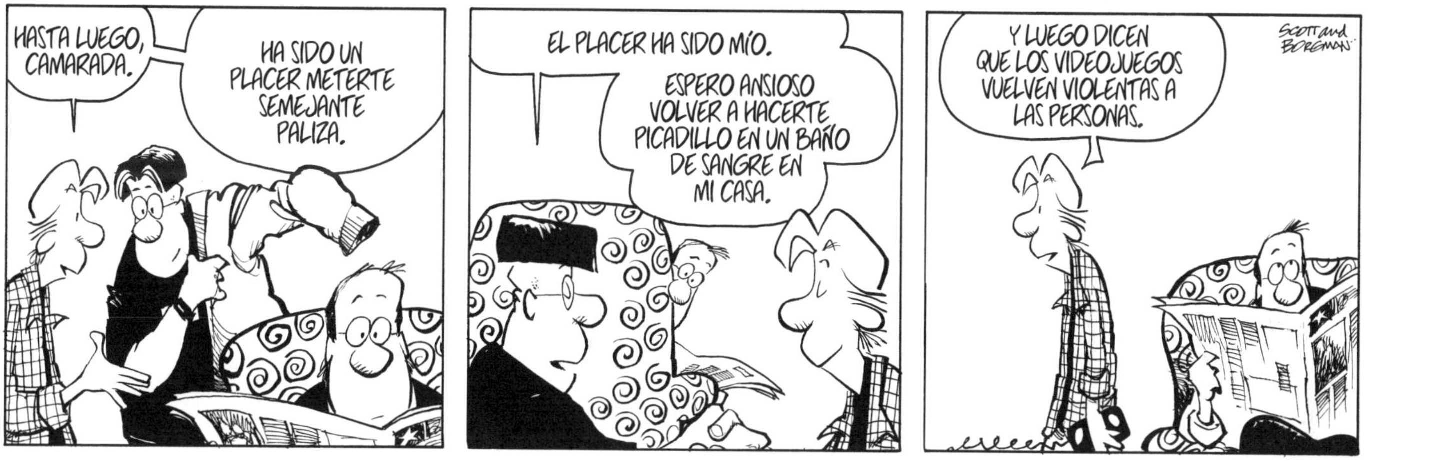
HASTA LUEGO, CAMARADA.
HA SIDO UN PLACER METERTE SEMEJANTE PALIZA.
EL PLACER HA SIDO MÍO.
ESPERO ANSIOSO VOLVER A HACERTE PICADILLO EN UN BAÑO DE SANGRE EN MI CASA.
SCOTT and BORGMAN
Y LUEGO DICEN QUE LOS VIDEOJUEGOS VUELVEN VIOLENTAS A LAS PERSONAS.

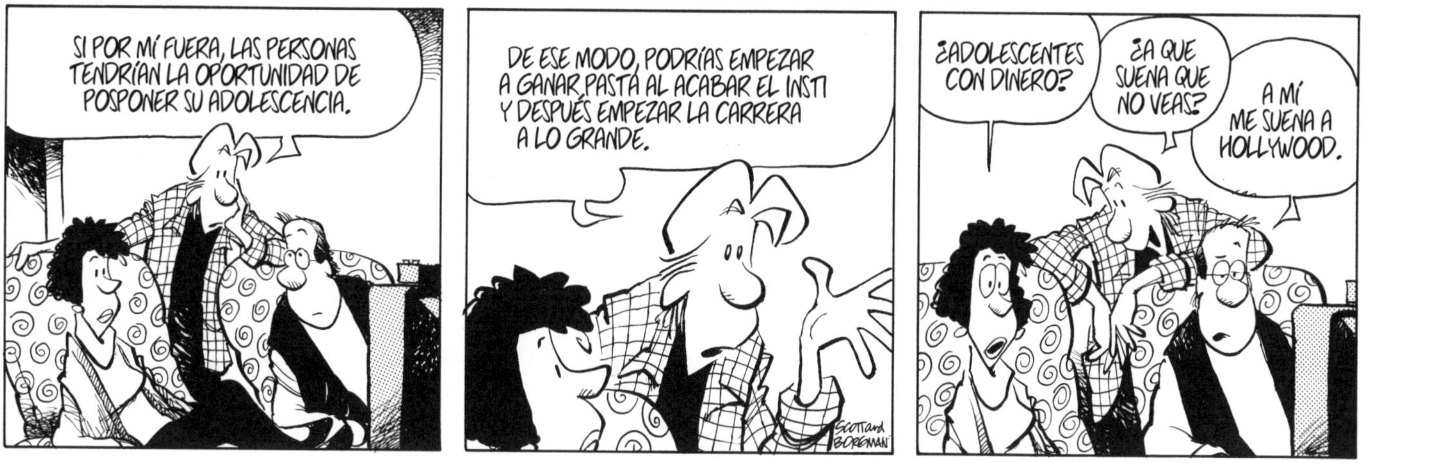
SI POR MÍ FUERA, LAS PERSONAS TENDRÍAN LA OPORTUNIDAD DE POSPONER SU ADOLESCENCIA.
DE ESE MODO, PODRÍAS EMPEZAR A GANAR PASTA AL ACABAR EL INSTI Y DESPUÉS EMPEZAR LA CARRERA A LO GRANDE.
SCOTT and BORGMAN
¿ADOLESCENTES CON DINERO?
¿A QUE SUENA QUE NO VEAS?
A MÍ ME SUENA A HOLLYWOOD.

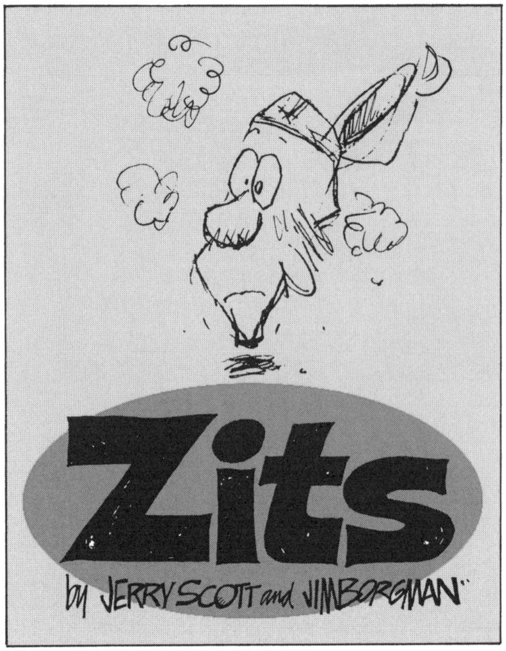
Zits
by JERRY SCOTT and JIM BORGMAN

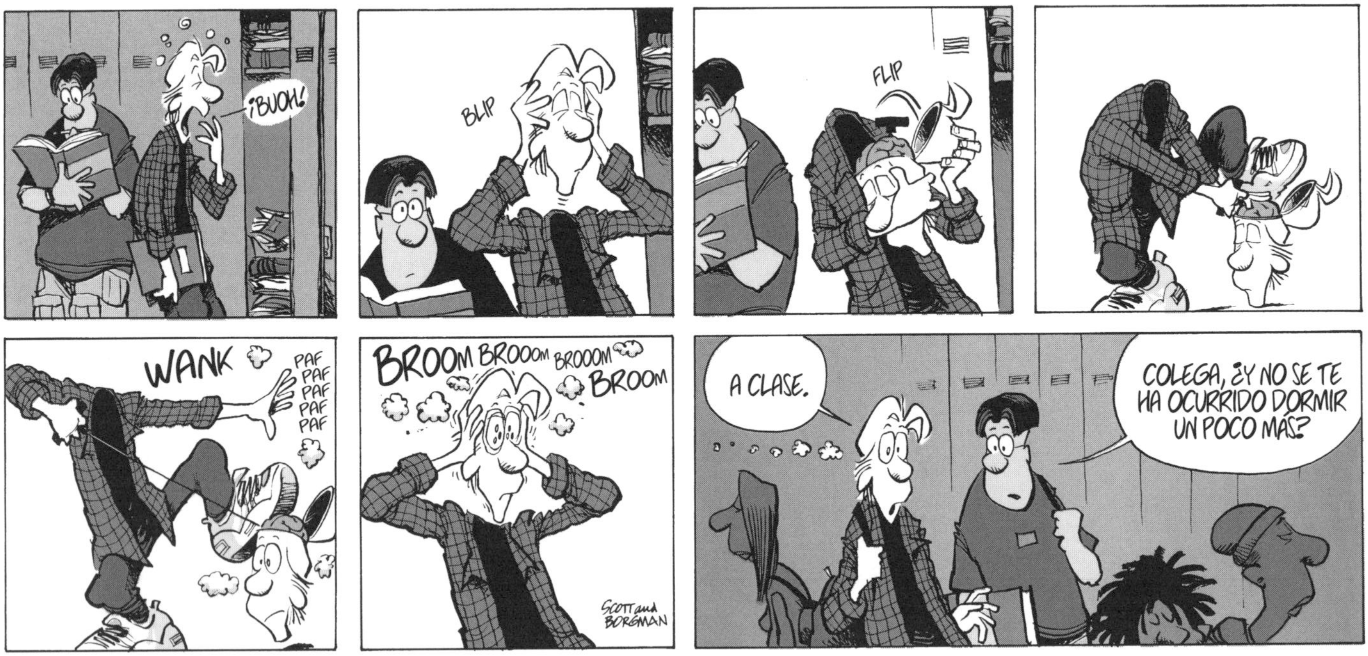
¡BUOH!
BLIP
FLIP
WANK
PAF PAF PAF PAF PAF
BROOM BROOOM BROOOM BROOM
SCOTT and BORGMAN
A CLASE.
COLEGA, ¿Y NO SE TE HA OCURRIDO DORMIR UN POCO MÁS?

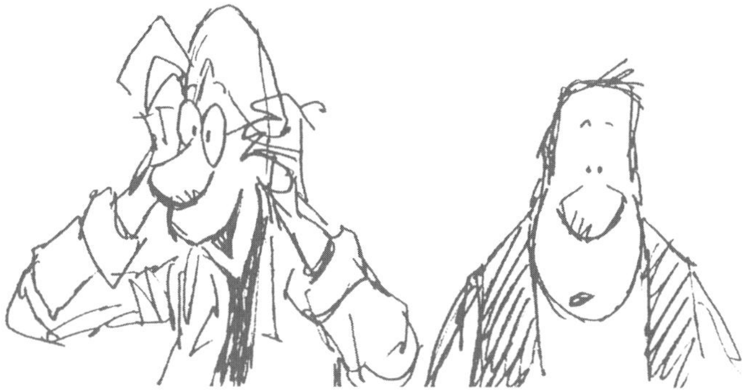

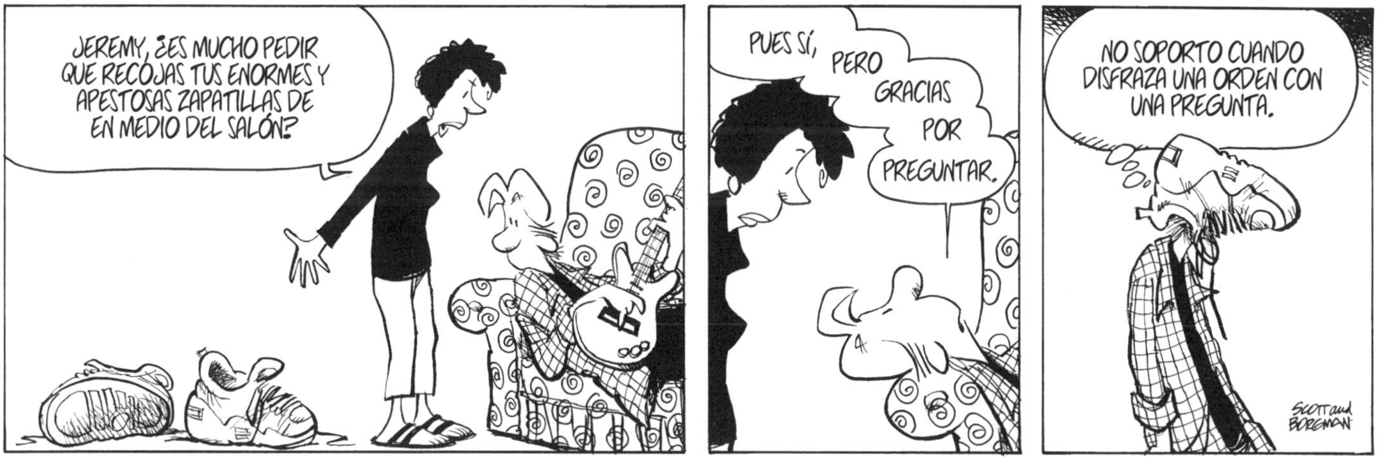
JEREMY, ¿ES MUCHO PEDIR QUE RECOJAS TUS ENORMES Y APESTOSAS ZAPATILLAS DE EN MEDIO DEL SALÓN?
PUES SÍ, PERO GRACIAS POR PREGUNTAR.
NO SOPORTO CUANDO DISFRAZA UNA ORDEN CON UNA PREGUNTA.
SCOTT and BORGMAN

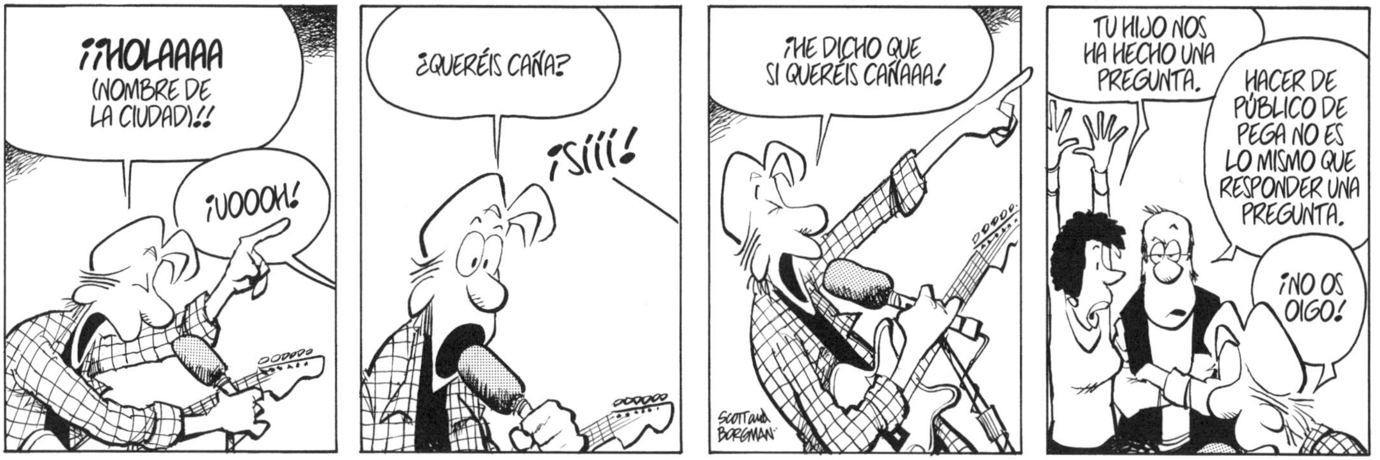
¡¡HOLAAAA (NOMBRE DE LA CIUDAD)!!
¡UOOOH!
¿QUERÉIS CAÑA?
¡SÍÍÍ!
¡HE DICHO QUE SI QUERÉIS CAÑAAA!
SCOTT and BORGMAN
TU HIJO NOS HA HECHO UNA PREGUNTA.
HACER DE PÚBLICO DE PEGA NO ES LO MISMO QUE RESPONDER UNA PREGUNTA.
¡NO OS OIGO!

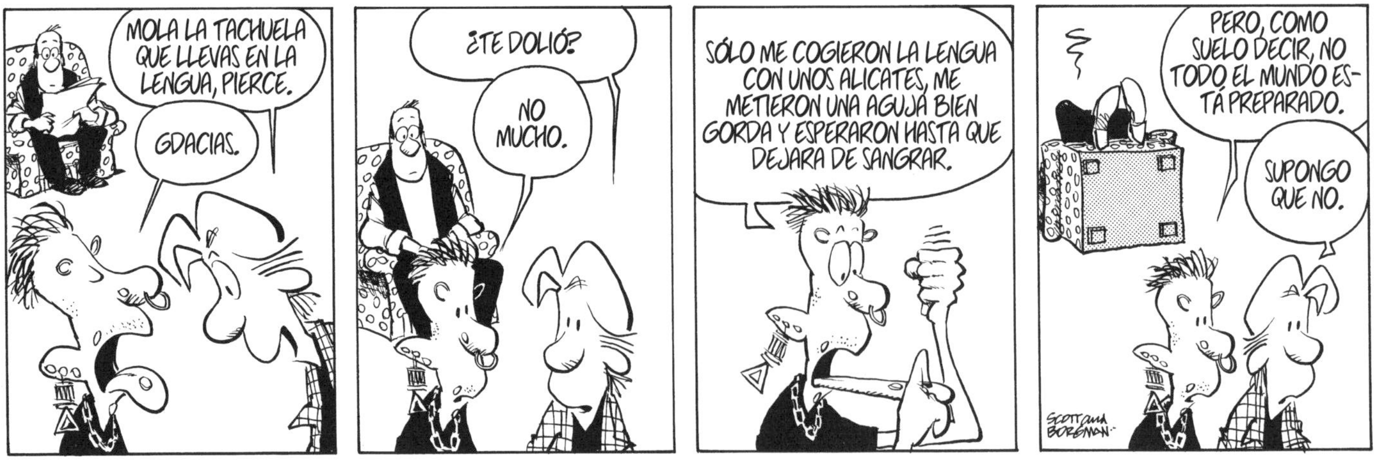
MOLA LA TACHUELA QUE LLEVAS EN LA LENGUA, PIERCE.
GDACIAS.
¿TE DOLIÓ?
NO MUCHO.
SÓLO ME COGIERON LA LENGUA CON UNOS ALICATES, ME METIERON UNA AGUJA BIEN GORDA Y ESPERARON HASTA QUE DEJARA DE SANGRAR.
PERO, COMO SUELO DECIR, NO TODO EL MUNDO ESTÁ PREPARADO.
SUPONGO QUE NO.

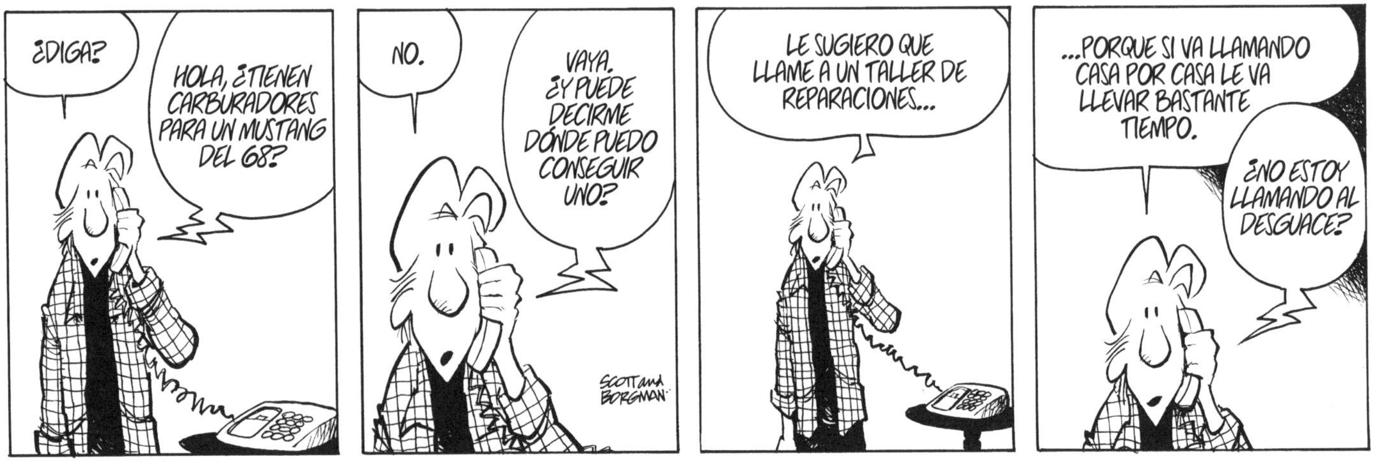
¿DIGA?
HOLA, ¿TIENEN CARBURADORES PARA UN MUSTANG DEL 68?
NO.
VAYA. ¿Y PUEDE DECIRME DÓNDE PUEDO CONSEGUIR UNO?
LE SUGIERO QUE LLAME A UN TALLER DE REPARACIONES...
...PORQUE SI VA LLAMANDO CASA POR CASA LE VA LLEVAR BASTANTE TIEMPO.
¿NO ESTOY LLAMANDO AL DESGUACE?

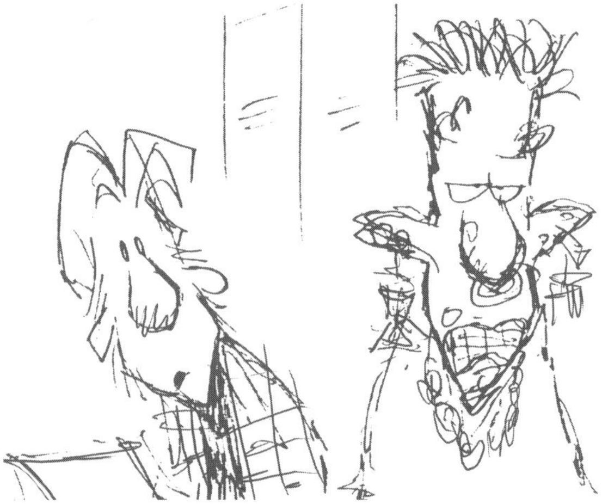

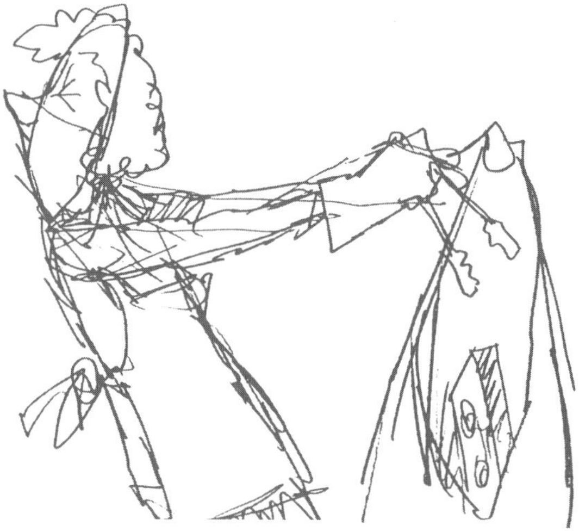

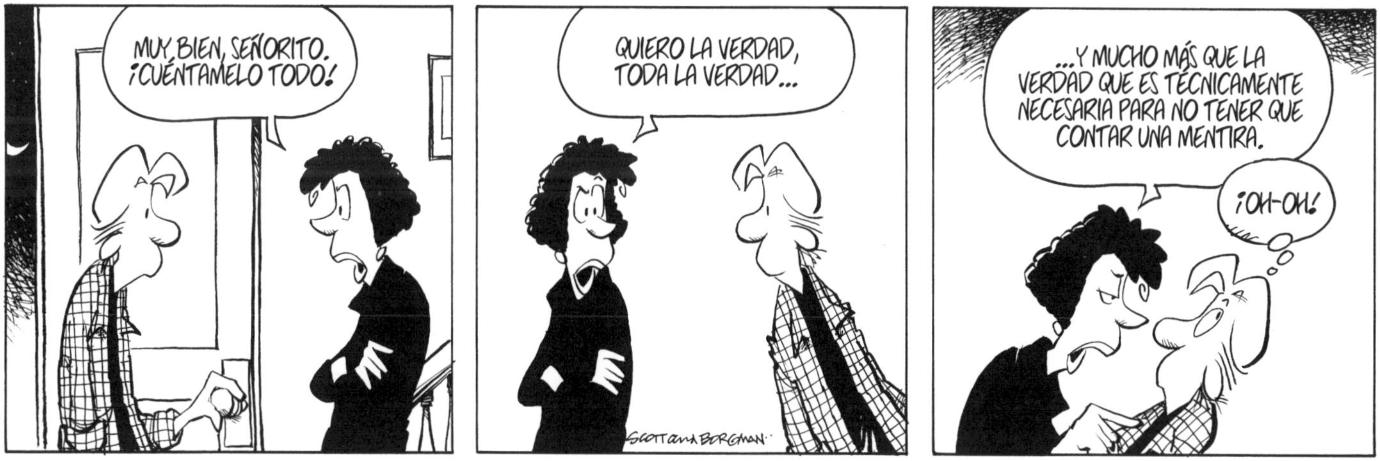
MUY BIEN, SEÑORITO. ¡CUÉNTAMELO TODO!
QUIERO LA VERDAD, TODA LA VERDAD...
...Y MUCHO MÁS QUE LA VERDAD QUE ES TÉCNICAMENTE NECESARIA PARA NO TENER QUE CONTAR UNA MENTIRA.
¡OH-OH!

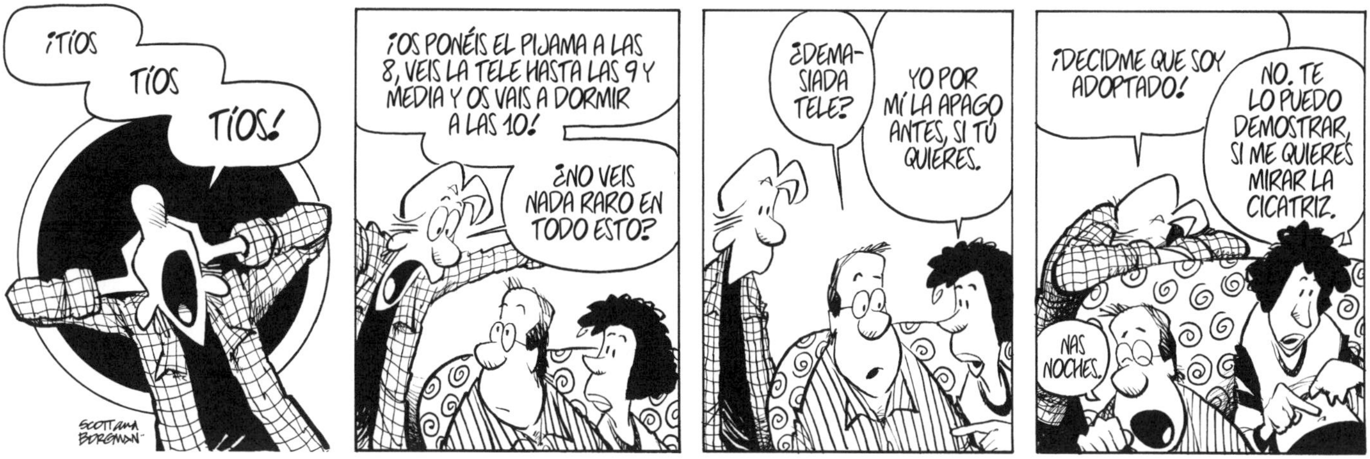
¡TÍOS
TÍOS
TÍOS!
¡OS PONÉIS EL PIJAMA A LAS 8, VEIS LA TELE HASTA LAS 9 Y MEDIA Y OS VAIS A DORMIR A LAS 10!
¿NO VEIS NADA RARO EN TODO ESTO?
¿DEMASIADA TELE?
YO POR MÍ LA APAGO ANTES, SI TÚ QUIERES.
¡DECIDME QUE SOY ADOPTADO!
NO. TE LO PUEDO DEMOSTRAR, SI ME QUIERES MIRAR LA CICATRIZ.
NAS NOCHES.

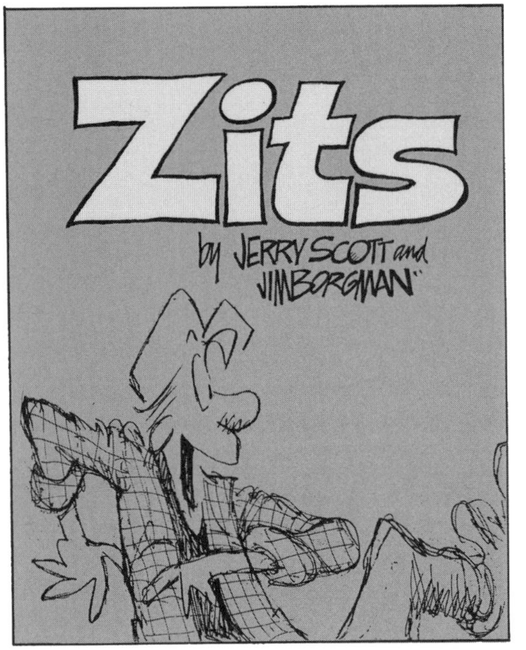
Zits
by JERRY SCOTT and JIM BORGMAN

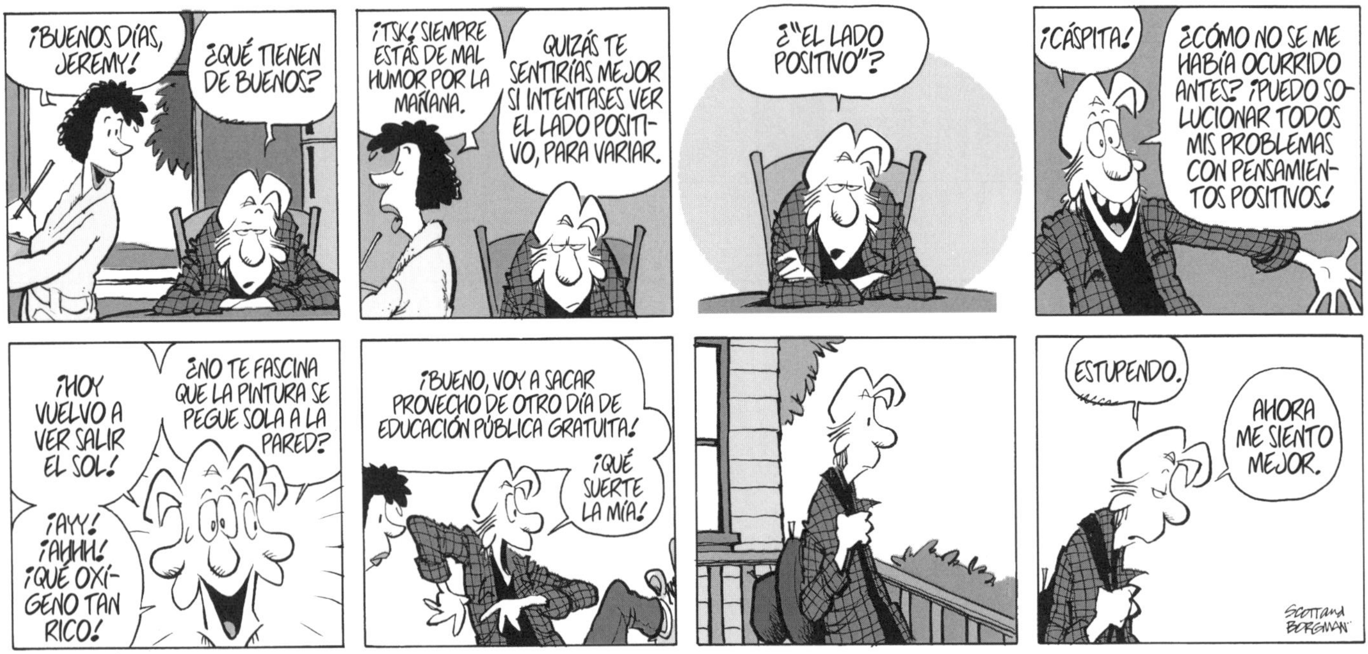
¡BUENOS DÍAS, JEREMY!
¿QUÉ TIENEN DE BUENOS?
¡TSK! SIEMPRE ESTÁS DE MAL HUMOR POR LA MAÑANA.
QUIZÁS TE SENTIRÍAS MEJOR SI INTENTASES VER EL LADO POSITIVO, PARA VARIAR.
¿"EL LADO POSITIVO"?
¡CÁSPITA!
¿CÓMO NO SE ME HABÍA OCURRIDO ANTES? ¡PUEDO SOLUCIONAR TODOS MIS PROBLEMAS CON PENSAMIENTOS POSITIVOS!
¡HOY VUELVO A VER SALIR EL SOL!
¿NO TE FASCINA QUE LA PINTURA SE PEGUE SOLA A LA PARED?
¡AYY! ¡AHHH! ¡QUÉ OXÍGENO TAN RICO!
¡BUENO, VOY A SACAR PROVECHO DE OTRO DÍA DE EDUCACIÓN PÚBLICA GRATUITA!
¡QUÉ SUERTE LA MÍA!
ESTUPENDO.
AHORA ME SIENTO MEJOR.
SCOTT and BORGMAN

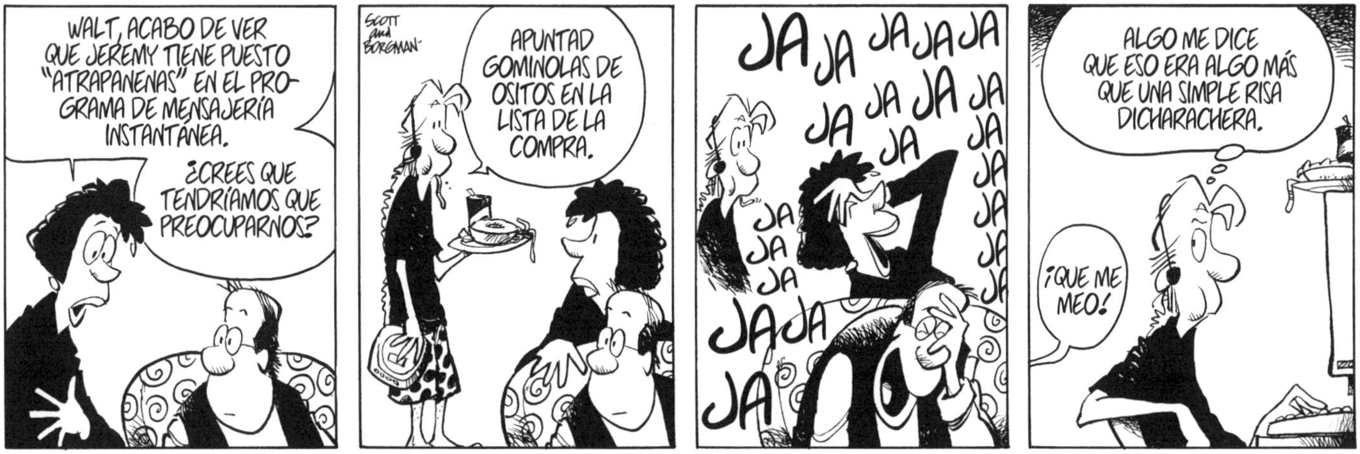
WALT, ACABO DE VER QUE JEREMY TIENE PUESTO "ATRAPANENAS" EN EL PROGRAMA DE MENSAJERÍA INSTANTÁNEA.
¿CREES QUE TENDRÍAMOS QUE PREOCUPARNOS?
SCOTT and BORGMAN
APUNTAD GOMINOLAS DE OSITOS EN LA LISTA DE LA COMPRA.
JA JA JA JA JA JA JA JA JA JA JA JA JA JA JA JA JA JA JA JA JA JA
ALGO ME DICE QUE ESO ERA ALGO MÁS QUE UNA SIMPLE RISA DICHARACHERA.
¡QUE ME MEO!

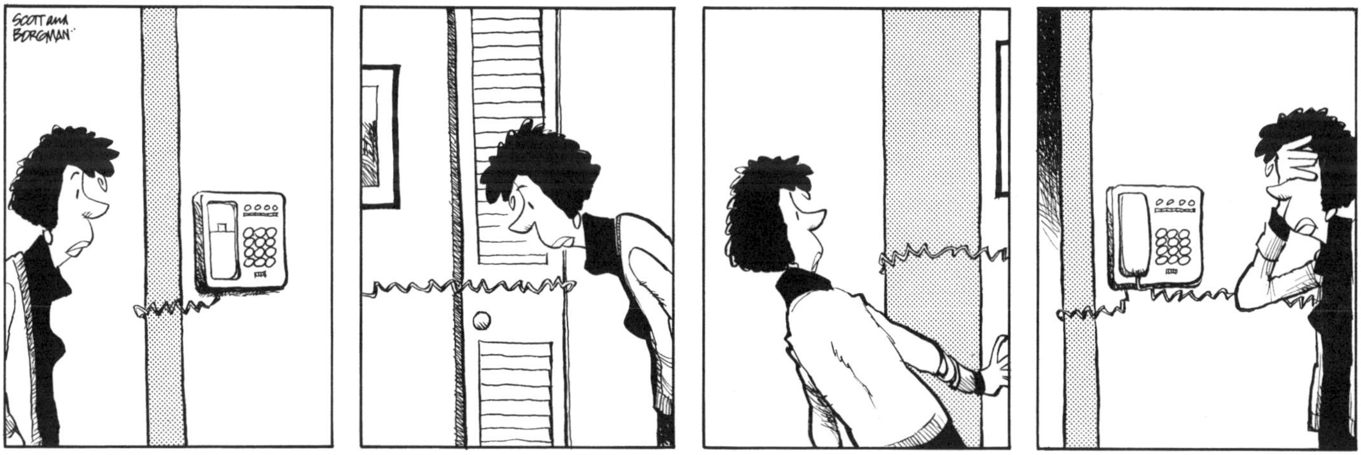
SCOTT and BORGMAN

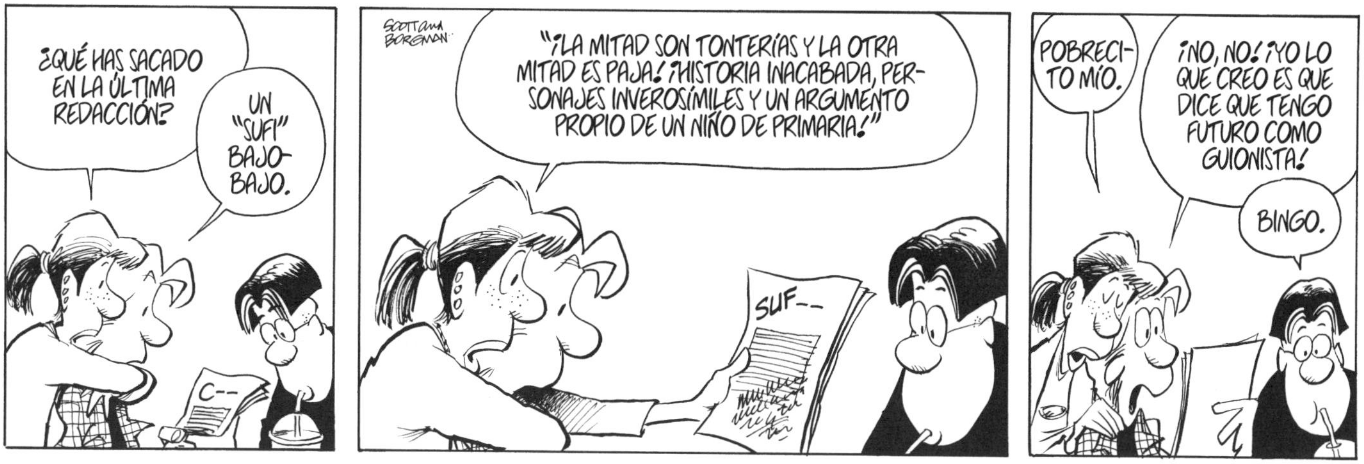
¿QUÉ HAS SACADO EN LA ÚLTIMA REDACCIÓN?
UN "SUFI" BAJO-BAJO.
C--
SCOTT and BORGMAN
"¡LA MITAD SON TONTERÍAS Y LA OTRA MITAD ES PAJA! ¡HISTORIA INACABADA, PERSONAJES INVEROSÍMILES Y UN ARGUMENTO PROPIO DE UN NIÑO DE PRIMARIA!"
SUF--
POBRECITO MÍO.
¡NO, NO! ¡YO LO QUE CREO ES QUE DICE QUE TENGO FUTURO COMO GUIONISTA!
BINGO.

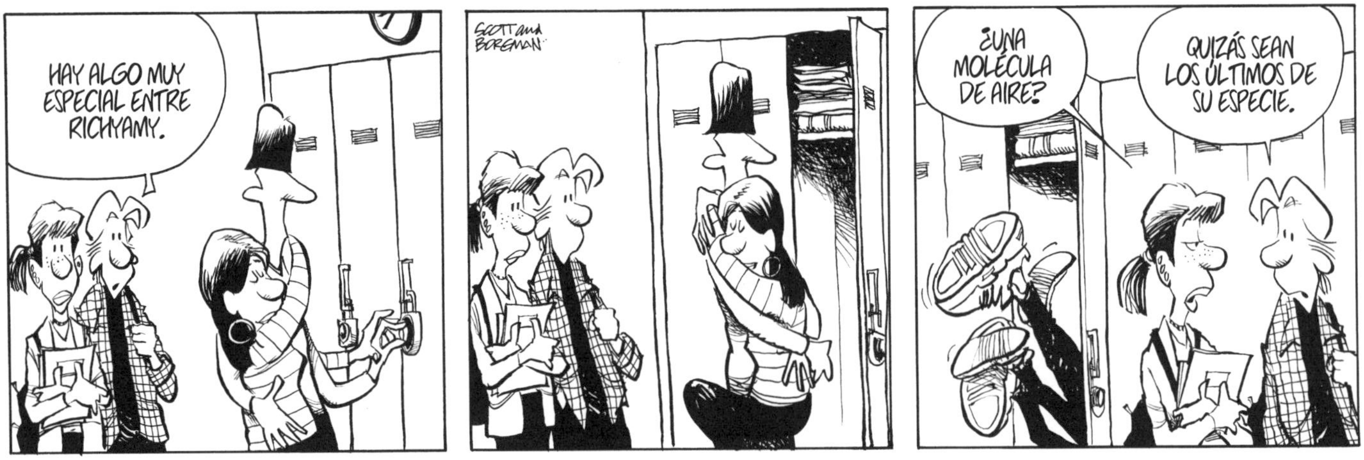
HAY ALGO MUY ESPECIAL ENTRE RICHYAMY.
¿UNA MOLÉCULA DE AIRE?
QUIZÁS SEAN LOS ÚLTIMOS DE SU ESPECIE.

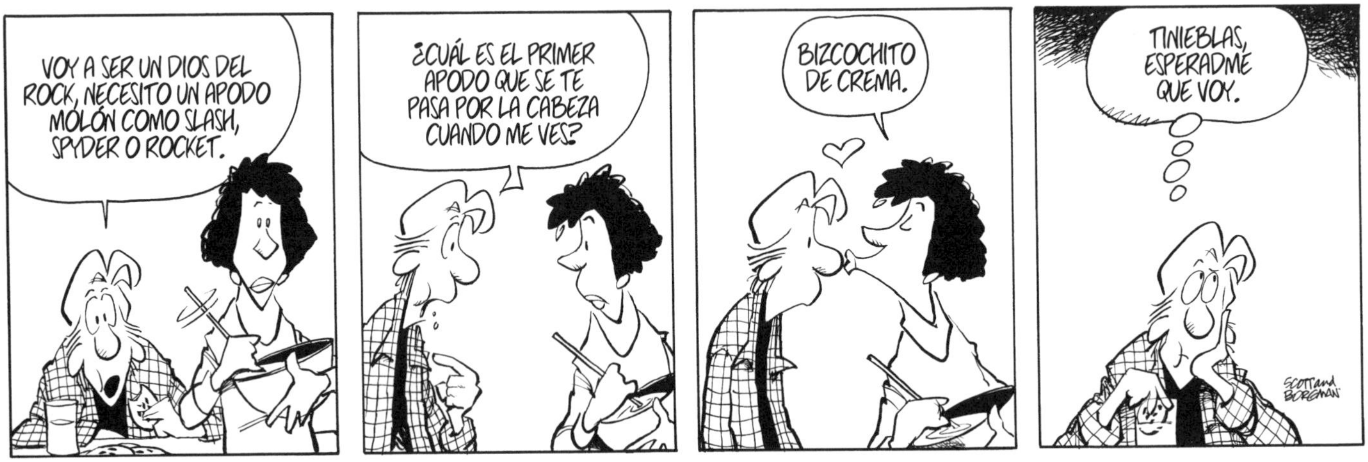
VOY A SER UN DIOS DEL ROCK, NECESITO UN APODO MOLÓN COMO SLASH, SPYDER O ROCKET.
¿CUÁL ES EL PRIMER APODO QUE SE TE PASA POR LA CABEZA CUANDO ME VES?
BIZCOCHITO DE CREMA.
TINIEBLAS, ESPERADME QUE VOY.

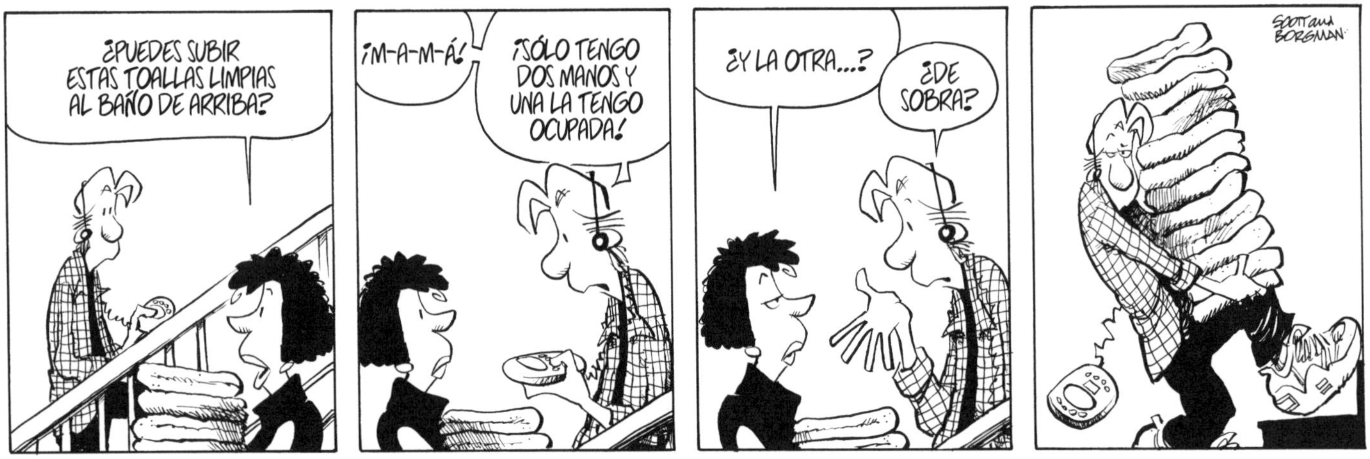
¿PUEDES SUBIR ESTAS TOALLAS LIMPIAS AL BAÑO DE ARRIBA?
¡M-A-M-Á!
¡SÓLO TENGO DOS MANOS Y UNA LA TENGO OCUPADA!
¿Y LA OTRA...?
¿DE SOBRA?

Zits
by JERRY SCOTT and JIM BORGMAN
ANYMORE
WHATEVER

¡TOMA!
ME ACABO DE DAR CUENTA DE UNA COSA.
¿OS ACORDÁIS DE CUANDO TODAS LAS NOCHES ME MANDABAIS A LA CAMA A UNA HORA EN CONCRETO?
PUES ESO, QUE NO LO HARÉIS MÁS.
¡TENGO 15 AÑOS!
¡SOY PRÁCTICAMENTE UN ADULTO!
¡AHORA ME MARCO MIS PROPIOS HORARIOS!
¡CONTROLO TODOS MIS MOVIMIENTOS!
SCOTT and BORGMAN
¡SOY COMPLETAMENTE INDEPENDIENTE!
...GRITÓ EL CANARIO.

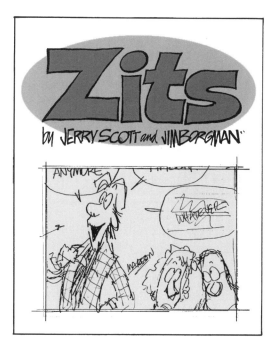

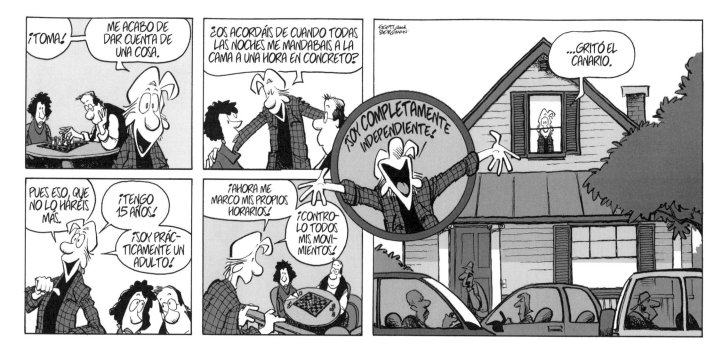

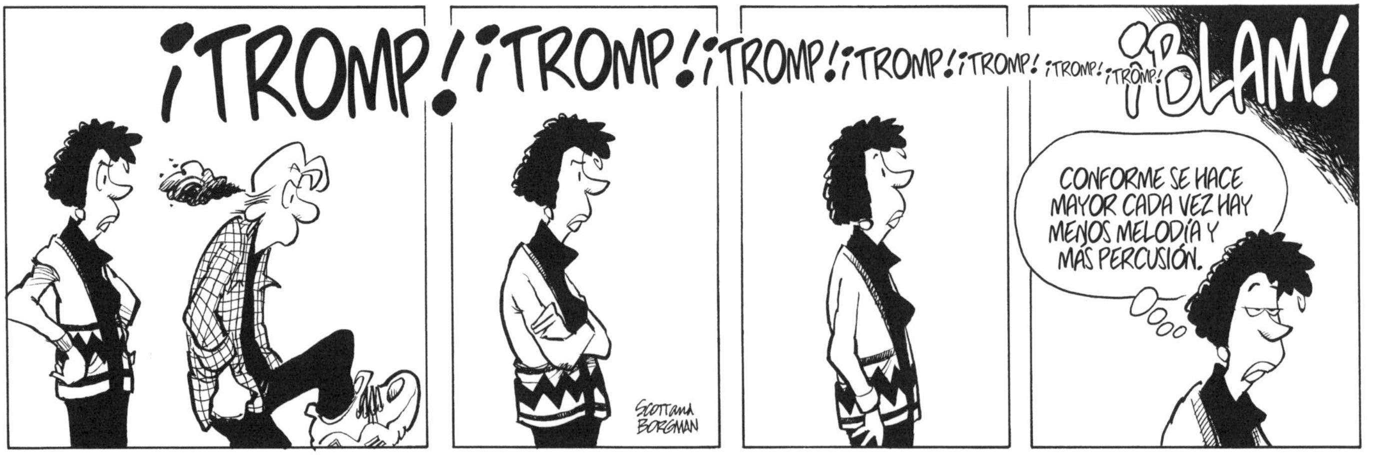
¡TROMP! ¡TROMP! ¡TROMP! ¡TROMP! ¡TROMP! ¡TROMP! ¡TROMP! ¡TROMP!
¡BLAM!
CONFORME SE HACE MAYOR CADA VEZ HAY MENOS MELODÍA Y MÁS PERCUSIÓN.

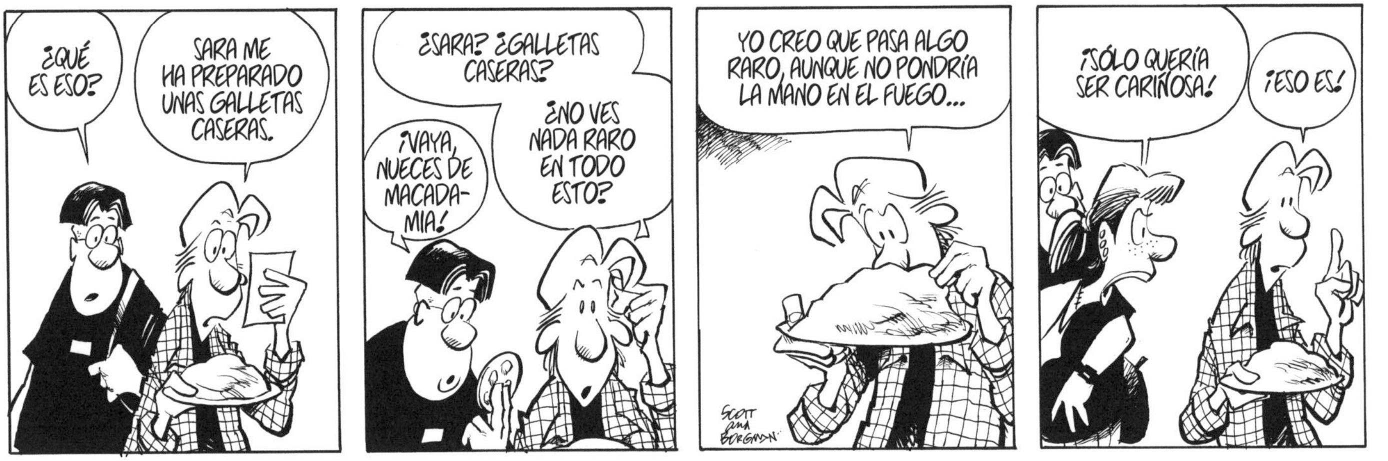
¿QUÉ ES ESO?
SARA ME HA PREPARADO UNAS GALLETAS CASERAS.
¿SARA? ¿GALLETAS CASERAS?
¡VAYA, NUECES DE MACADAMIA!
¿NO VES NADA RARO EN TODO ESTO?
YO CREO QUE PASA ALGO RARO, AUNQUE NO PONDRÍA LA MANO EN EL FUEGO...
¡SÓLO QUERÍA SER CARIÑOSA!
¡ESO ES!

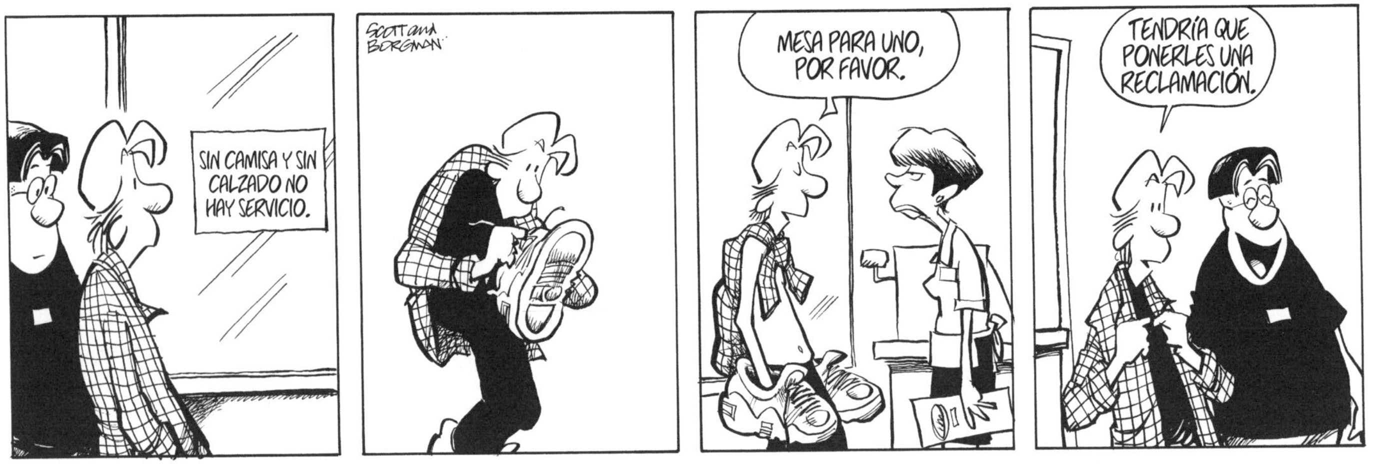
SIN CAMISA Y SIN CALZADO NO HAY SERVICIO.
MESA PARA UNO, POR FAVOR.
TENDRÍA QUE PONERLES UNA RECLAMACIÓN.

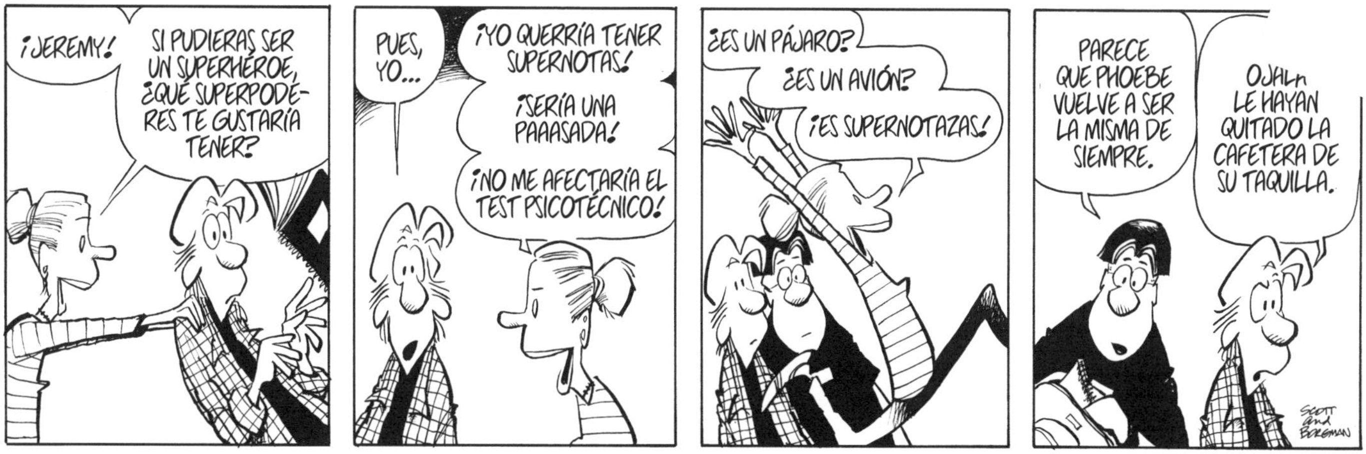
¡JEREMY!
SI PUDIERAS SER UN SUPERHÉROE, ¿QUÉ SUPERPODERES TE GUSTARÍA TENER?
PUES, YO...
¡YO QUERRÍA TENER SUPERNOTAS!
¡SERÍA UNA PAAASADA!
¡NO ME AFECTARÍA EL TEST PSICOTÉCNICO!
¿ES UN PÁJARO?
¿ES UN AVIÓN?
¡ES SUPERNOTAZAS!
PARECE QUE PHOEBE VUELVE A SER LA MISMA DE SIEMPRE.
OJALÁ LE HAYAN QUITADO LA CAFETERA DE SU TAQUILLA.
SCOTT and BORGMAN

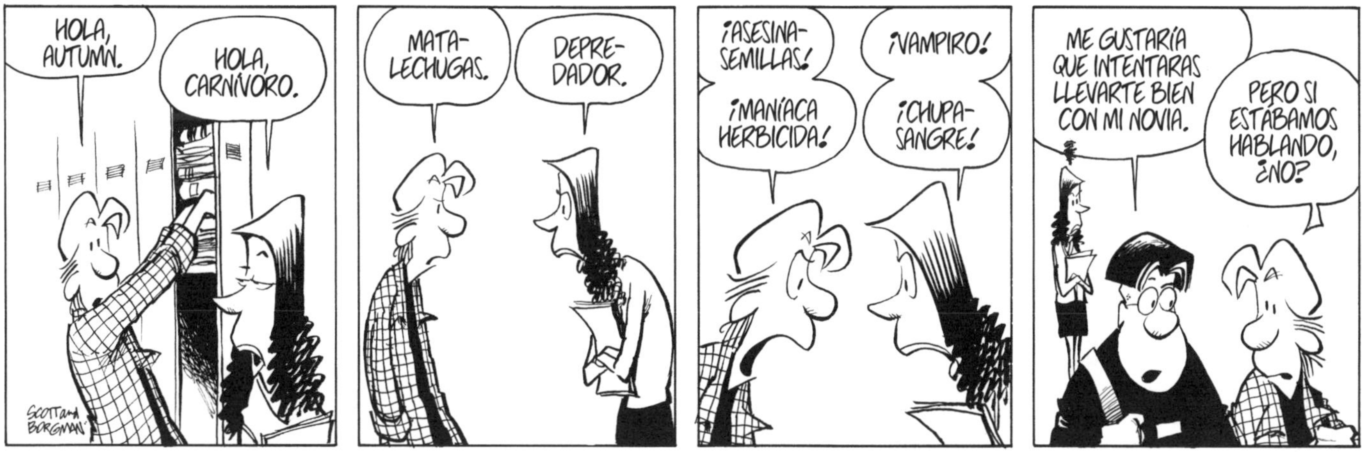
HOLA, AUTUMN.
HOLA, CARNÍVORO.
SCOTT and BORGMAN
MATA-LECHUGAS.
DEPREDADOR.
¡ASESINA-SEMILLAS!
¡MANÍACA HERBICIDA!
¡VAMPIRO!
¡CHUPA-SANGRE!
ME GUSTARÍA QUE INTENTARAS LLEVARTE BIEN CON MI NOVIA.
PERO SI ESTÁBAMOS HABLANDO, ¿NO?

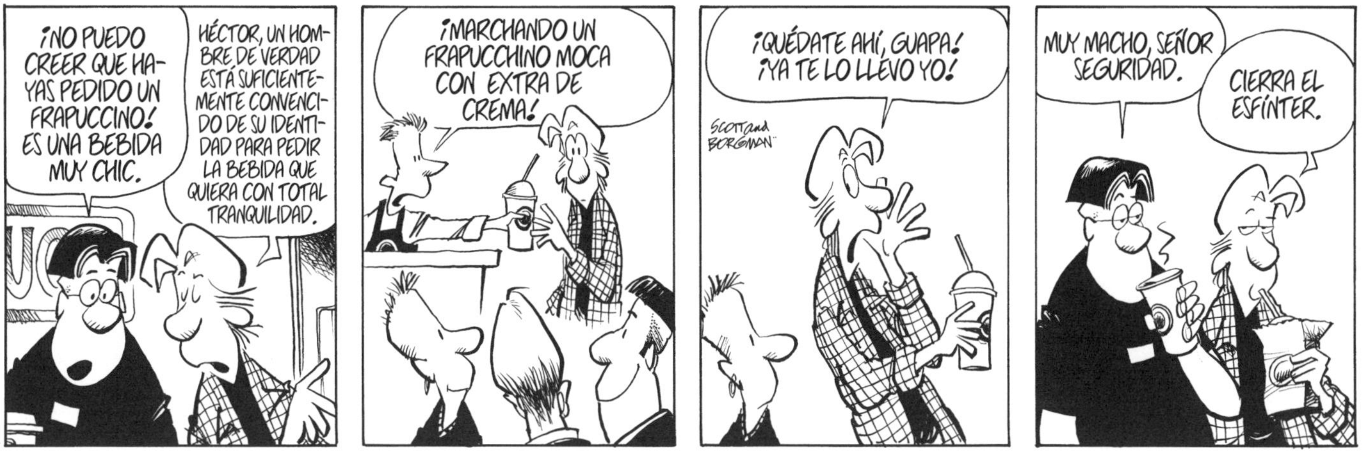
¡NO PUEDO CREER QUE HAYAS PEDIDO UN FRAPUCCINO! ES UNA BEBIDA MUY CHIC.
HÉCTOR, UN HOMBRE DE VERDAD ESTÁ SUFICIENTEMENTE CONVENCIDO DE SU IDENTIDAD PARA PEDIR LA BEBIDA QUE QUIERA CON TOTAL TRANQUILIDAD.
¡MARCHANDO UN FRAPUCCHINO MOCA CON EXTRA DE CREMA!
SCOTT and BORGMAN
¡QUÉDATE AHÍ, GUAPA! ¡YA TE LO LLEVO YO!
MUY MACHO, SEÑOR SEGURIDAD.
CIERRA EL ESFÍNTER.

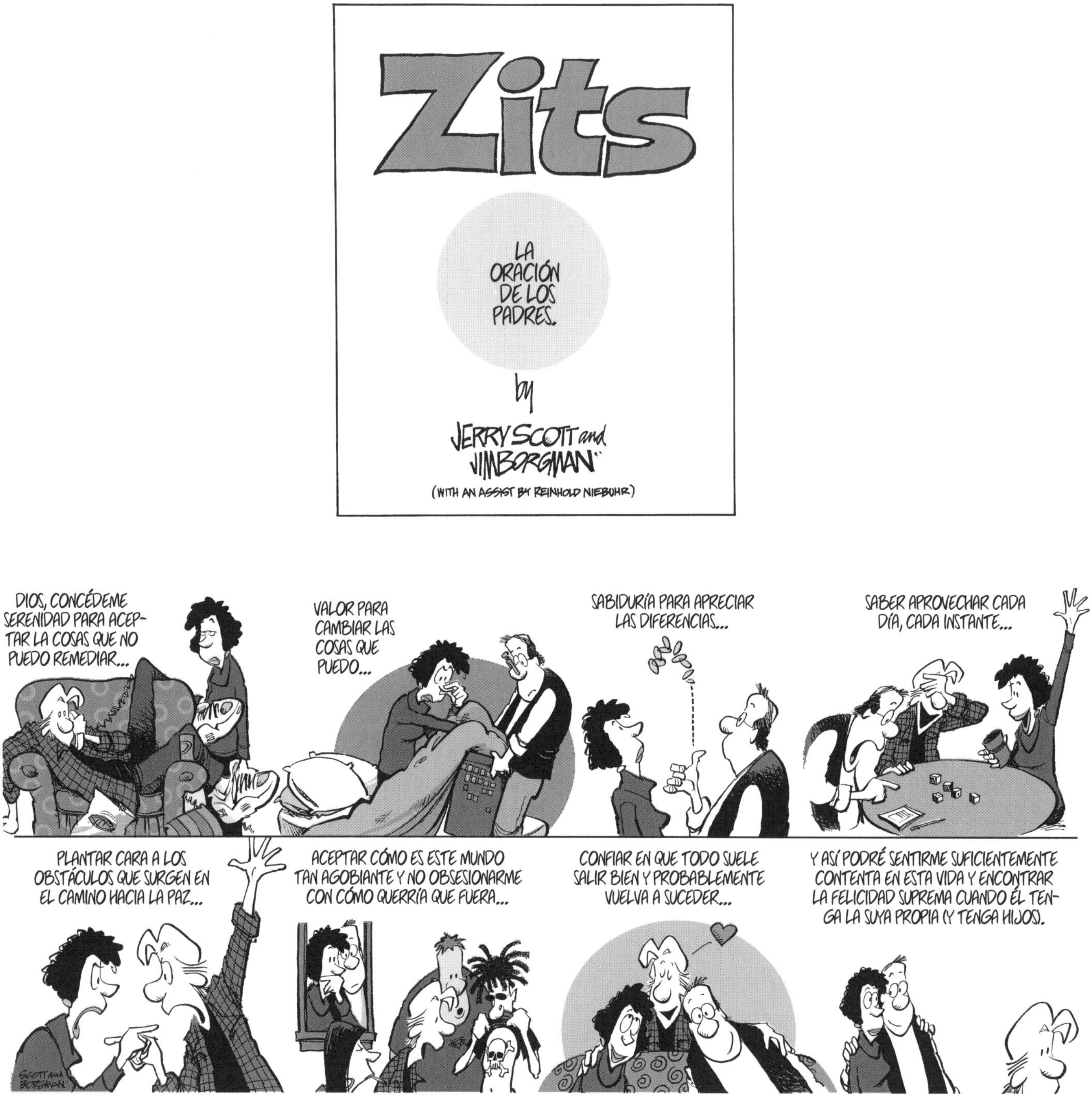
Zits
LA ORACIÓN DE LOS PADRES.
by
JERRY SCOTT and JIM BORGMAN
(WITH AN ASSIST BY REINHOLD NIEBUHR)
DIOS, CONCÉDEME SERENIDAD PARA ACEP-TAR LA COSAS QUE NO PUEDO REMEDIAR...
VALOR PARA CAMBIAR LAS COSAS QUE PUEDO...
SABIDURÍA PARA APRECIAR LAS DIFERENCIAS...
SABER APROVECHAR CADA DÍA, CADA INSTANTE...
PLANTAR CARA A LOS OBSTÁCULOS QUE SURGEN EN EL CAMINO HACIA LA PAZ...
ACEPTAR CÓMO ES ESTE MUNDO TAN AGOBIANTE Y NO OBSESIONARME CON CÓMO QUERRÍA QUE FUERA...
CONFIAR EN QUE TODO SUELE SALIR BIEN Y PROBABLEMENTE VUELVA A SUCEDER...
Y ASÍ PODRÉ SENTIRME SUFICIENTEMENTE CONTENTA EN ESTA VIDA Y ENCONTRAR LA FELICIDAD SUPREMA CUANDO ÉL TEN-GA LA SUYA PROPIA (Y TENGA HIJOS).
SCOTT AND BORGMAN

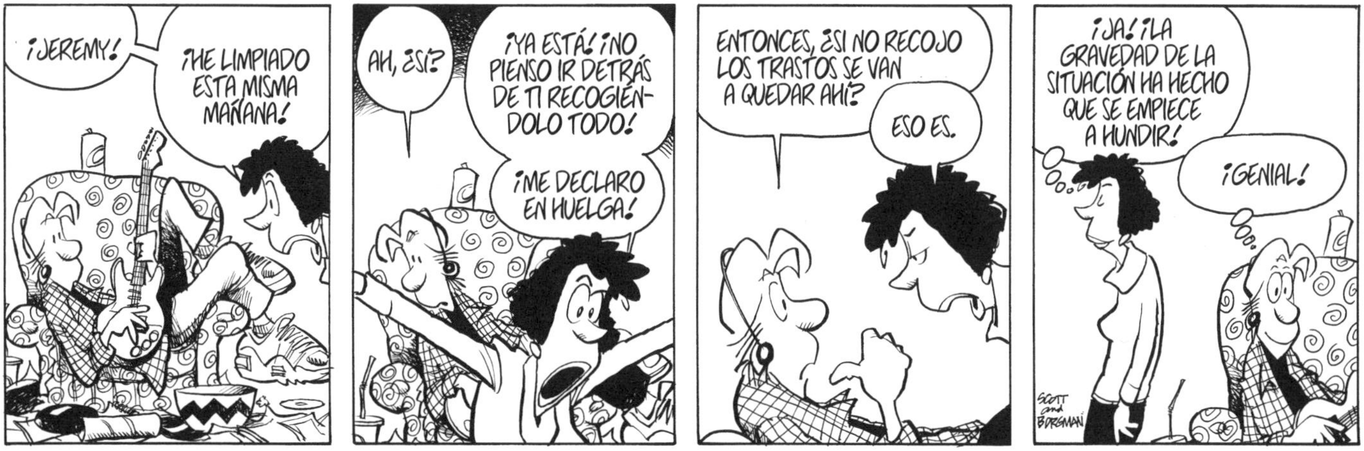
¡JEREMY!
¡HE LIMPIADO ESTA MISMA MAÑANA!
AH, ¿SÍ?
¡YA ESTÁ! ¡NO PIENSO IR DETRÁS DE TI RECOGIÉNDOLO TODO!
¡ME DECLARO EN HUELGA!
ENTONCES, ¿SI NO RECOJO LOS TRASTOS SE VAN A QUEDAR AHÍ?
ESO ES.
¡JA! ¡LA GRAVEDAD DE LA SITUACIÓN HA HECHO QUE SE EMPIECE A HUNDIR!
¡GENIAL!
SCOTT and BORGMAN

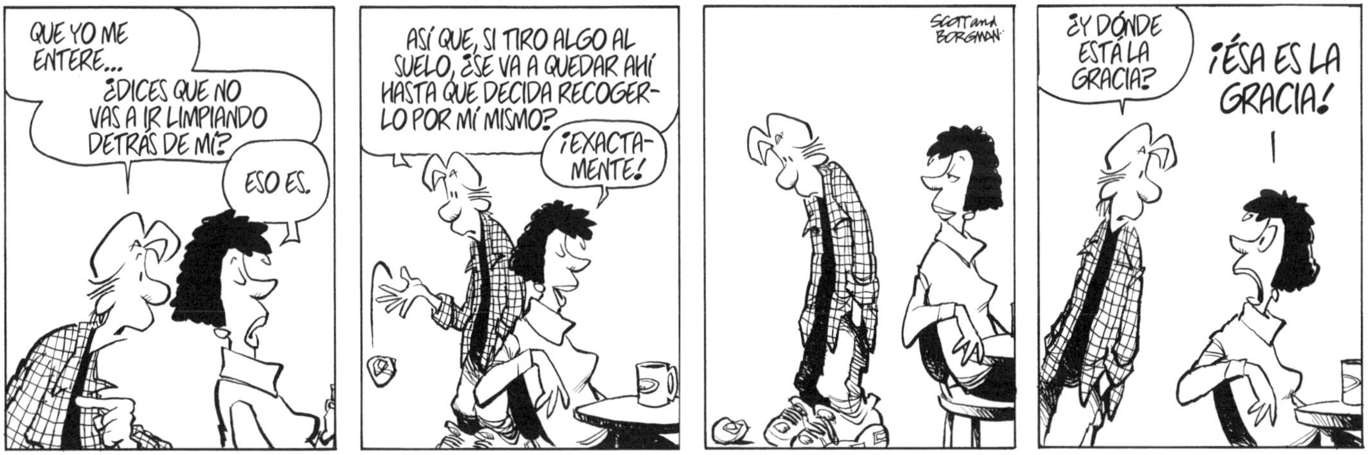
QUE YO ME ENTERE...
¿DICES QUE NO VAS A IR LIMPIANDO DETRÁS DE MÍ?
ESO ES.
ASÍ QUE, SI TIRO ALGO AL SUELO, ¿SE VA A QUEDAR AHÍ HASTA QUE DECIDA RECOGERLO POR MÍ MISMO?
¡EXACTAMENTE!
SCOTT and BORGMAN
¿Y DÓNDE ESTÁ LA GRACIA?
¡ÉSA ES LA GRACIA!

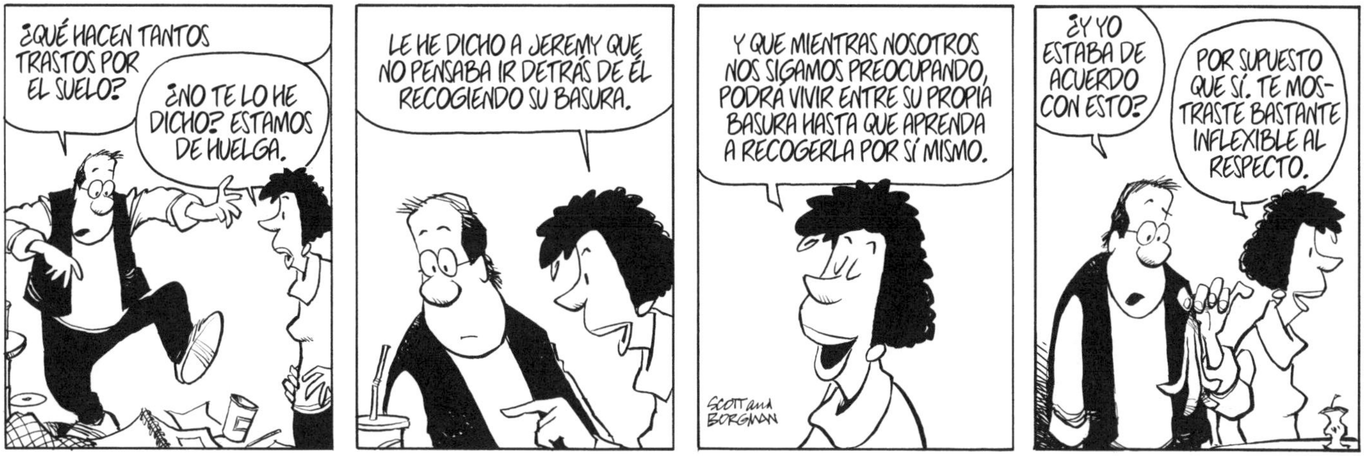
¿QUÉ HACEN TANTOS TRASTOS POR EL SUELO?
¿NO TE LO HE DICHO? ESTAMOS DE HUELGA.
LE HE DICHO A JEREMY QUE NO PENSABA IR DETRÁS DE ÉL RECOGIENDO SU BASURA.
Y QUE MIENTRAS NOSOTROS NOS SIGAMOS PREOCUPANDO, PODRÁ VIVIR ENTRE SU PROPIA BASURA HASTA QUE APRENDA A RECOGERLA POR SÍ MISMO.
SCOTT and BORGMAN
¿Y YO ESTABA DE ACUERDO CON ESTO?
POR SUPUESTO QUE SÍ. TE MOSTRASTE BASTANTE INFLEXIBLE AL RESPECTO.

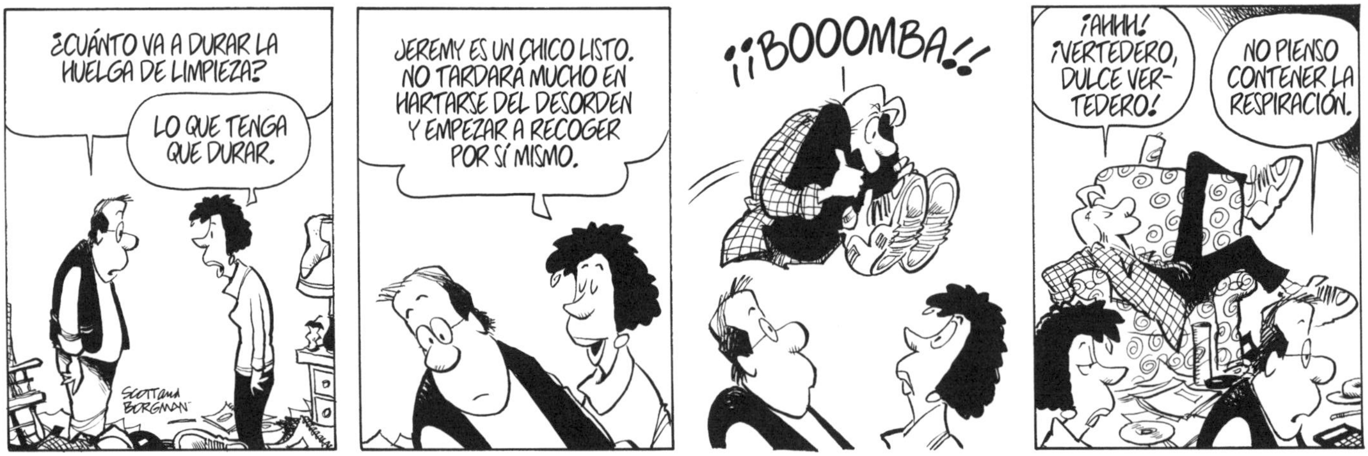
¿CUÁNTO VA A DURAR LA HUELGA DE LIMPIEZA?
LO QUE TENGA QUE DURAR.
JEREMY ES UN CHICO LISTO. NO TARDARÁ MUCHO EN HARTARSE DEL DESORDEN Y EMPEZAR A RECOGER POR SÍ MISMO.
¡¡BOOOMBA!!
¡AHHH! ¡VERTEDERO, DULCE VERTEDERO!
NO PIENSO CONTENER LA RESPIRACIÓN.

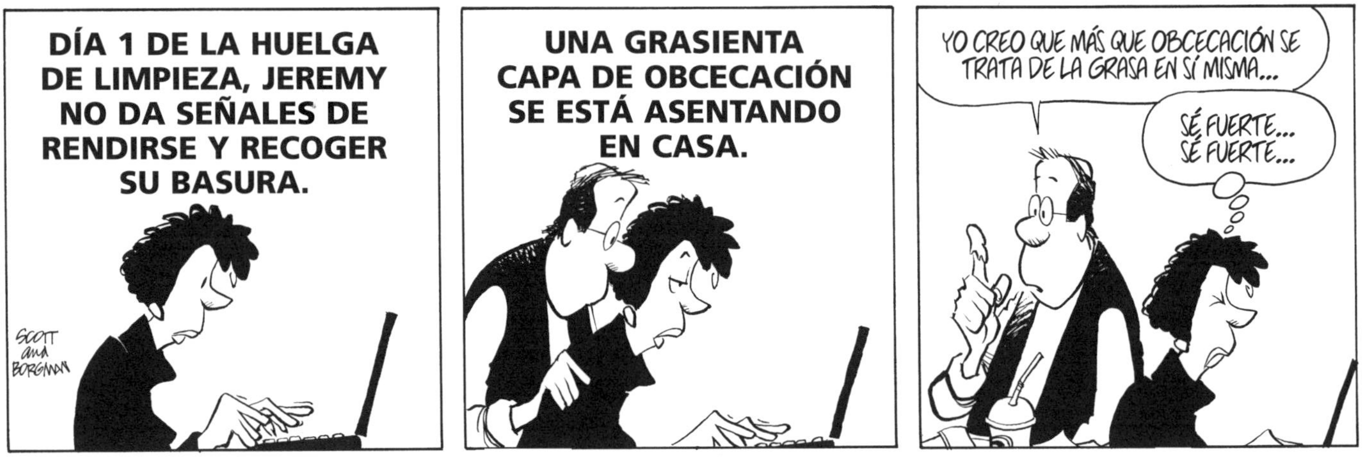
DÍA 1 DE LA HUELGA DE LIMPIEZA, JEREMY NO DA SEÑALES DE RENDIRSE Y RECOGER SU BASURA.
UNA GRASIENTA CAPA DE OBCECACIÓN SE ESTÁ ASENTANDO EN CASA.
YO CREO QUE MÁS QUE OBCECACIÓN SE TRATA DE LA GRASA EN SÍ MISMA...
SÉ FUERTE... SÉ FUERTE...

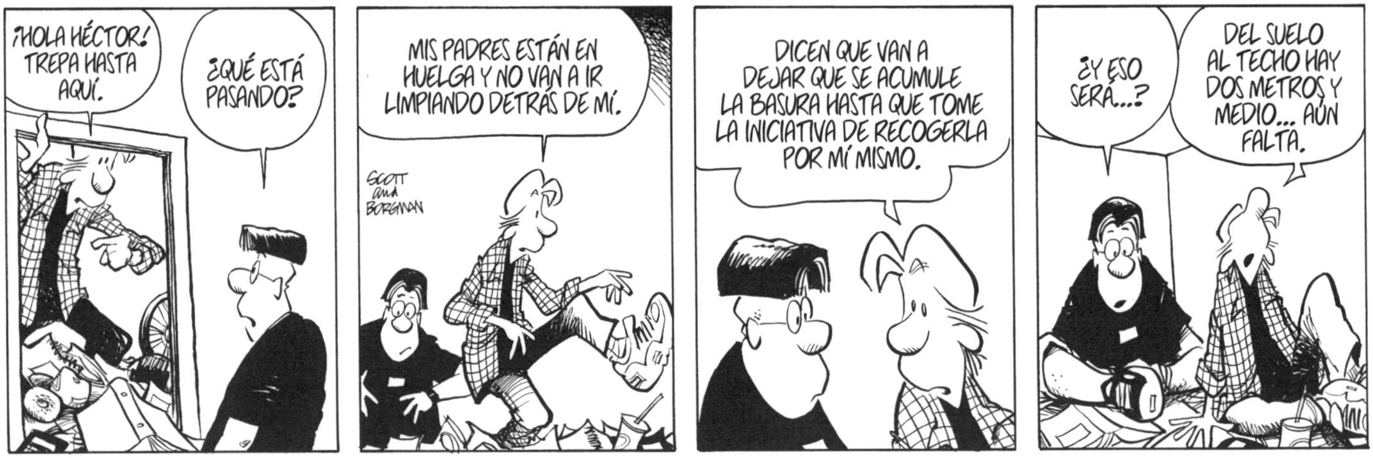
¡HOLA HÉCTOR! TREPA HASTA AQUÍ.
¿QUÉ ESTÁ PASANDO?
MIS PADRES ESTÁN EN HUELGA Y NO VAN A IR LIMPIANDO DETRÁS DE MÍ.
DICEN QUE VAN A DEJAR QUE SE ACUMULE LA BASURA HASTA QUE TOME LA INICIATIVA DE RECOGERLA POR MÍ MISMO.
¿Y ESO SERÁ...?
DEL SUELO AL TECHO HAY DOS METROS Y MEDIO... AÚN FALTA.

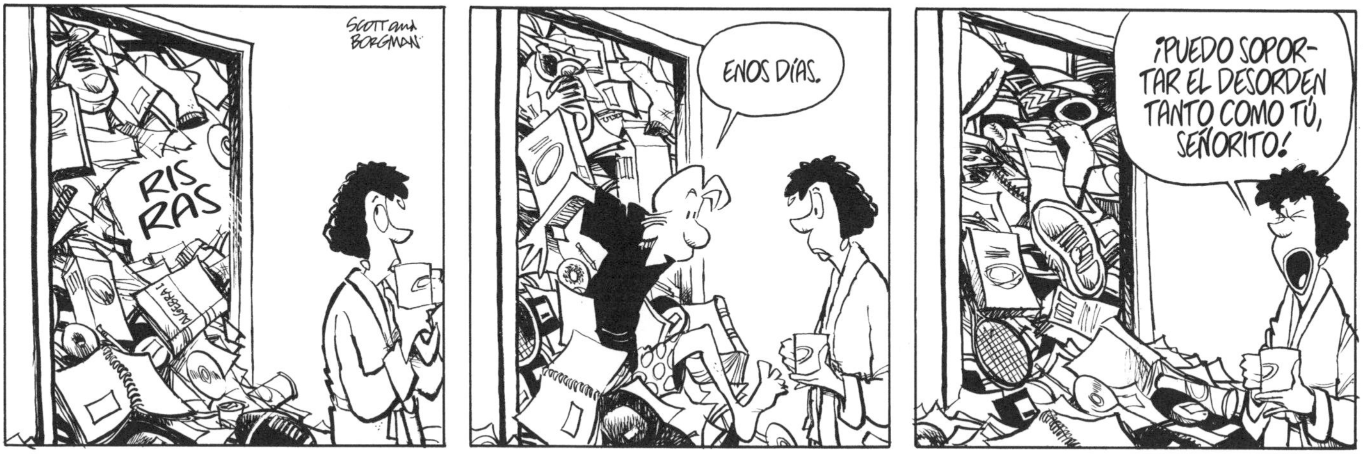
SCOTT and BORGMAN
RIS RAS
ENOS DÍAS.
¡PUEDO SOPORTAR EL DESORDEN TANTO COMO TÚ, SEÑORITO!

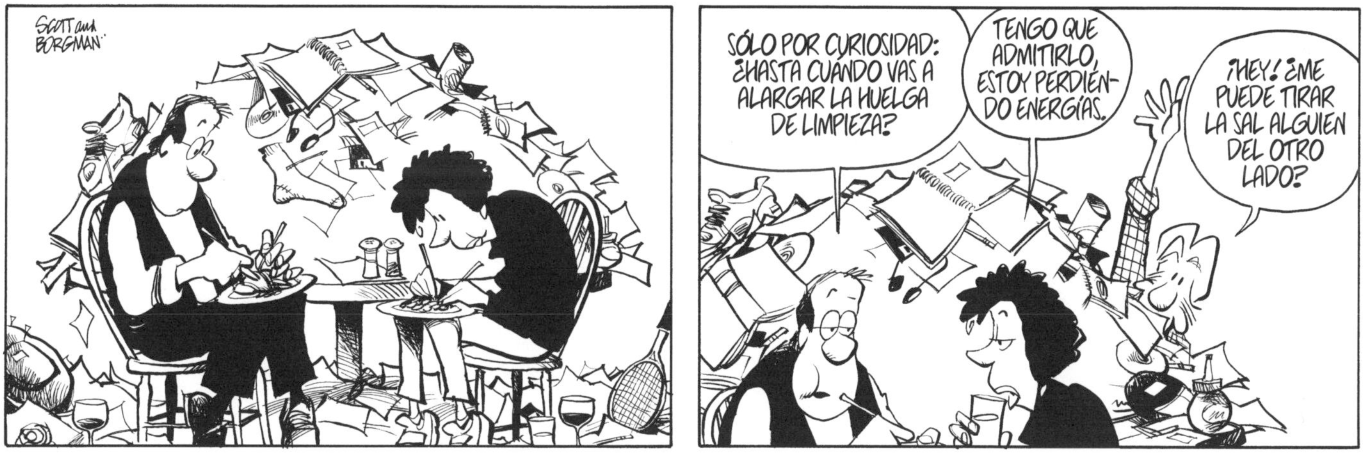
SCOTT and BORGMAN
SÓLO POR CURIOSIDAD: ¿HASTA CUÁNDO VAS A ALARGAR LA HUELGA DE LIMPIEZA?
TENGO QUE ADMITIRLO, ESTOY PERDIENDO ENERGÍAS.
¡HEY! ¿ME PUEDE TIRAR LA SAL ALGUIEN DEL OTRO LADO?

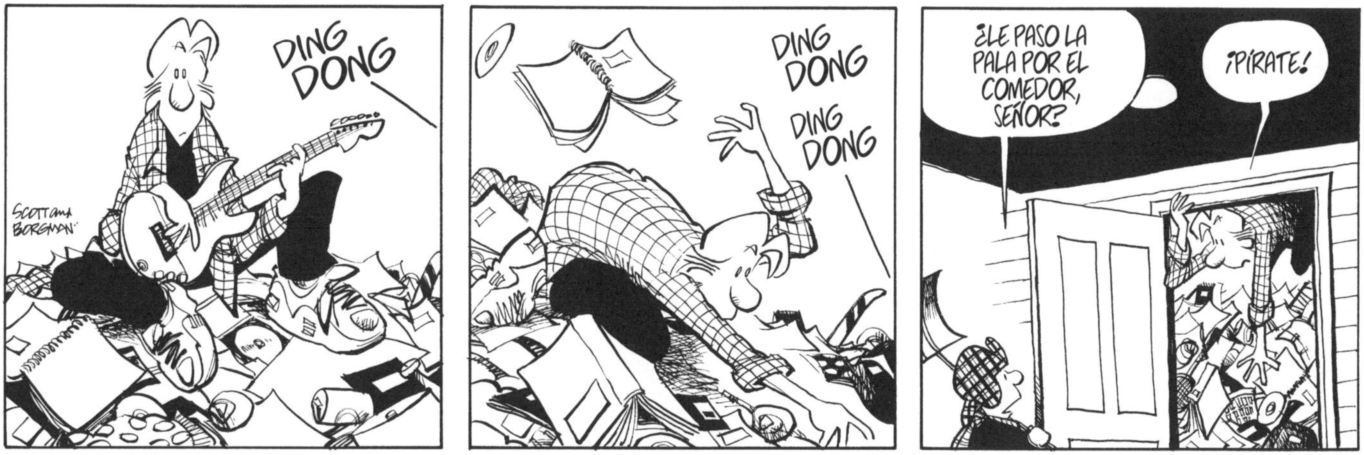
SCOTT and BORGMAN
DING DONG
DING DONG
DING DONG
¿LE PASO LA PALA POR EL COMEDOR, SEÑOR?
¡PÍRATE!

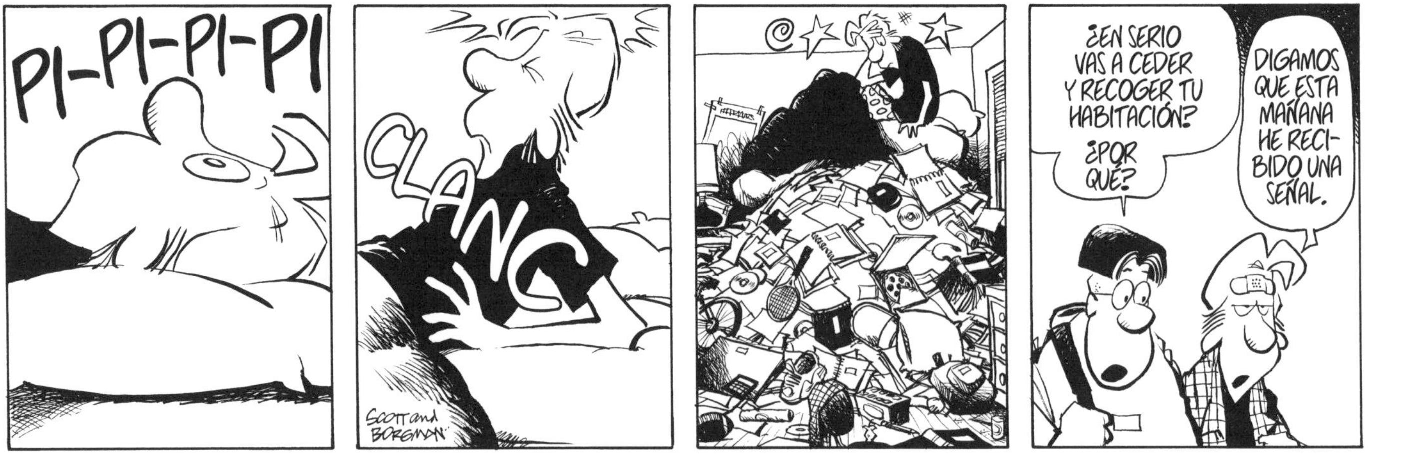
PI-PI-PI-PI
CLANG
¿EN SERIO VAS A CEDER Y RECOGER TU HABITACIÓN?
¿POR QUÉ?
DIGAMOS QUE ESTA MAÑANA HE RECIBIDO UNA SEÑAL.

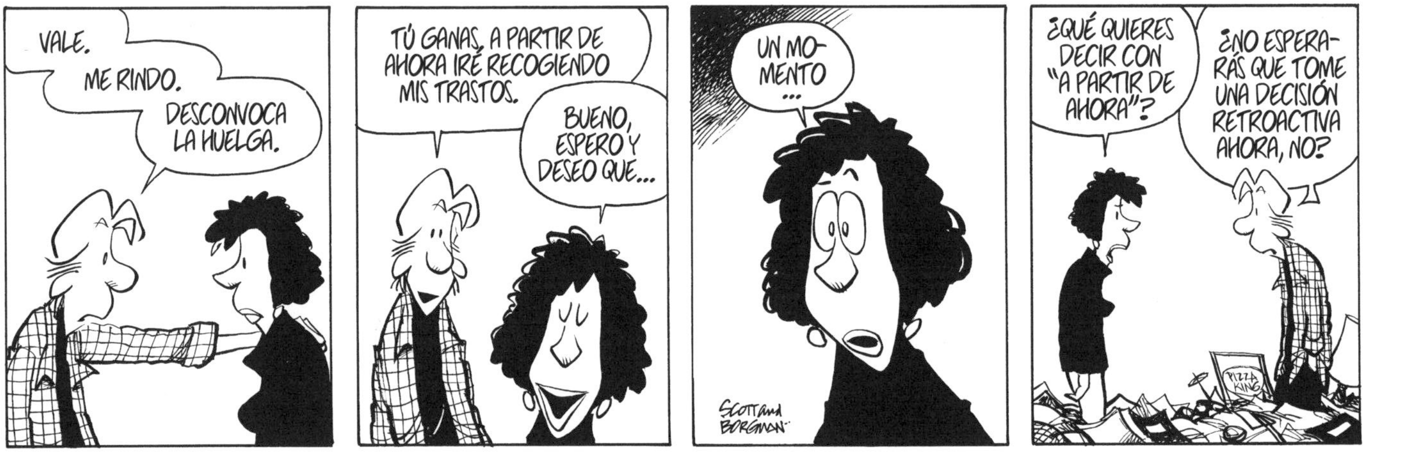
VALE.
ME RINDO.
DESCONVOCA LA HUELGA.
TÚ GANAS. A PARTIR DE AHORA IRÉ RECOGIENDO MIS TRASTOS.
BUENO, ESPERO Y DESEO QUE...
UN MOMENTO ...
¿QUÉ QUIERES DECIR CON "A PARTIR DE AHORA"?
¿NO ESPERARÁS QUE TOME UNA DECISIÓN RETROACTIVA AHORA, NO?
PIZZA KING

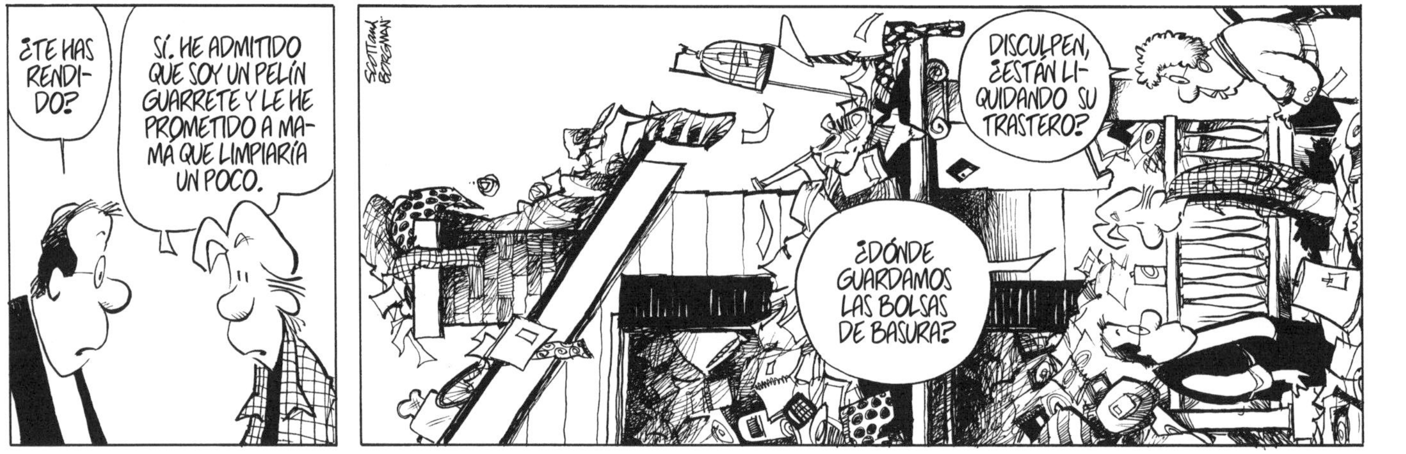
¿TE HAS RENDIDO?
SÍ. HE ADMITIDO QUE SOY UN PELÍN GUARRETE Y LE HE PROMETIDO A MAMÁ QUE LIMPIARÍA UN POCO.
DISCULPEN, ¿ESTÁN LIQUIDANDO SU TRASTERO?
¿DÓNDE GUARDAMOS LAS BOLSAS DE BASURA?

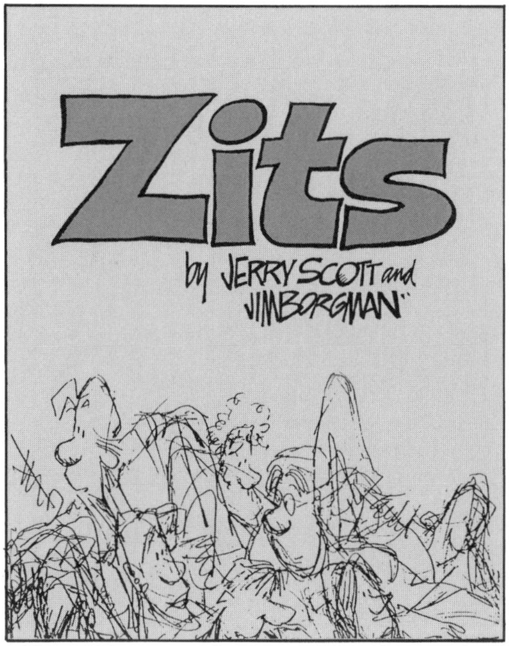
Zits
by JERRY SCOTT and JIM BORGMAN

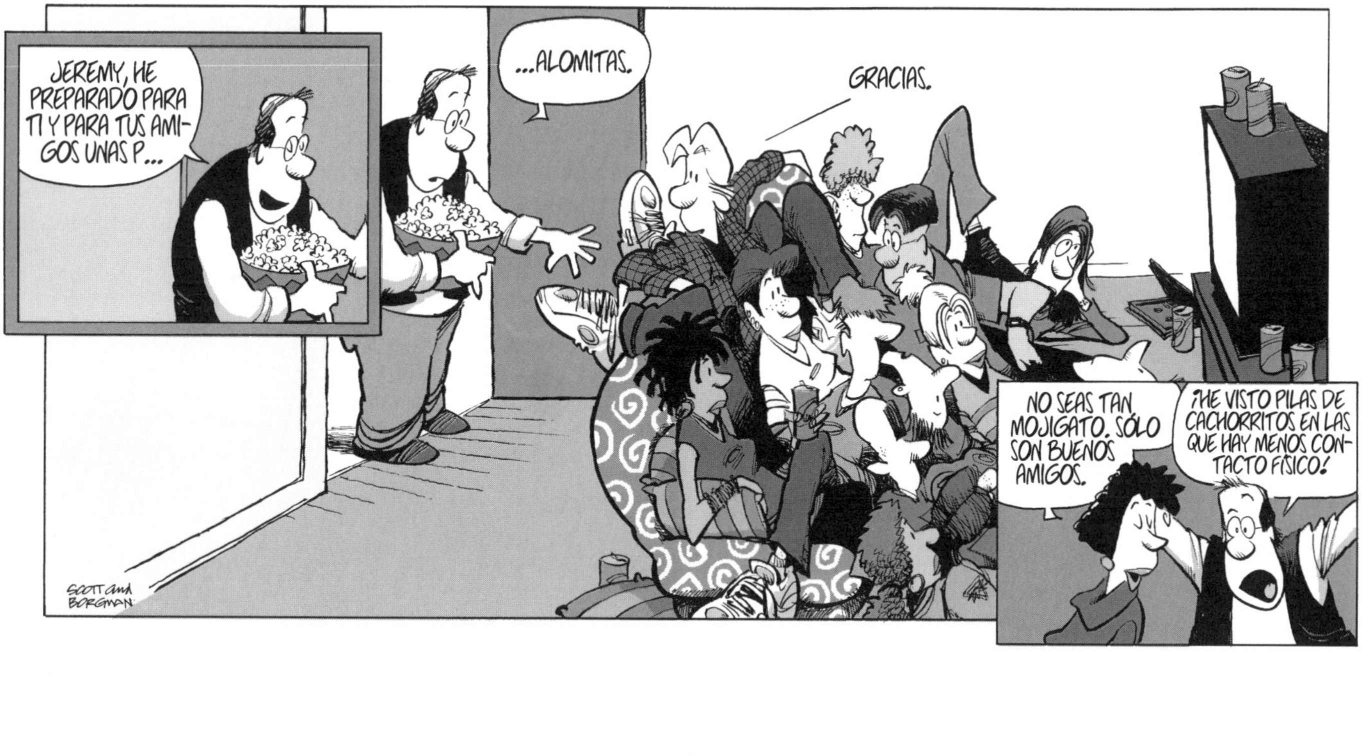
JEREMY, HE PREPARADO PARA TI Y PARA TUS AMIGOS UNAS P...
...ALOMITAS.
GRACIAS.
NO SEAS TAN MOJIGATO. SÓLO SON BUENOS AMIGOS.
¡HE VISTO PILAS DE CACHORRITOS EN LAS QUE HAY MENOS CONTACTO FÍSICO!
SCOTT and BORGMAN

Zits
by JERRY SCOTT and JIM BORGMAN

ZROMP
LLÉVAME A CASA DE HÉCTOR. LLEGO TARDE AL ENSAYO.
GRACIAS POR EL PASEO, MAMÁ.
NO HA SIDO UN PASEO... ¡HA SIDO UN SECUESTRO DE COCHE!
SCOTT and BORGMAN

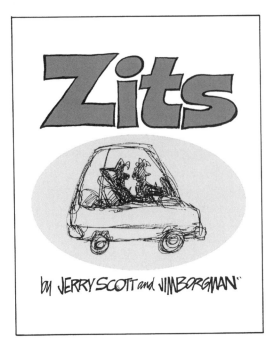

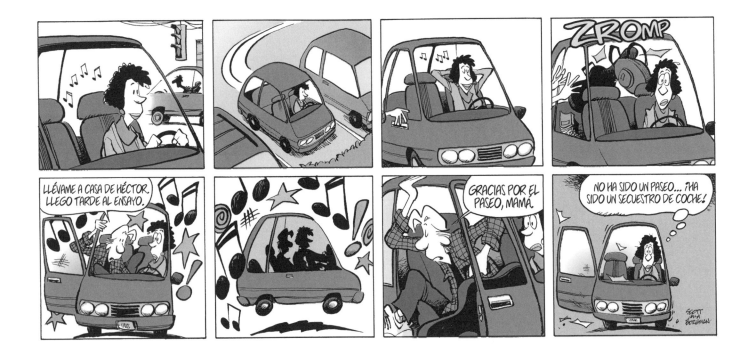

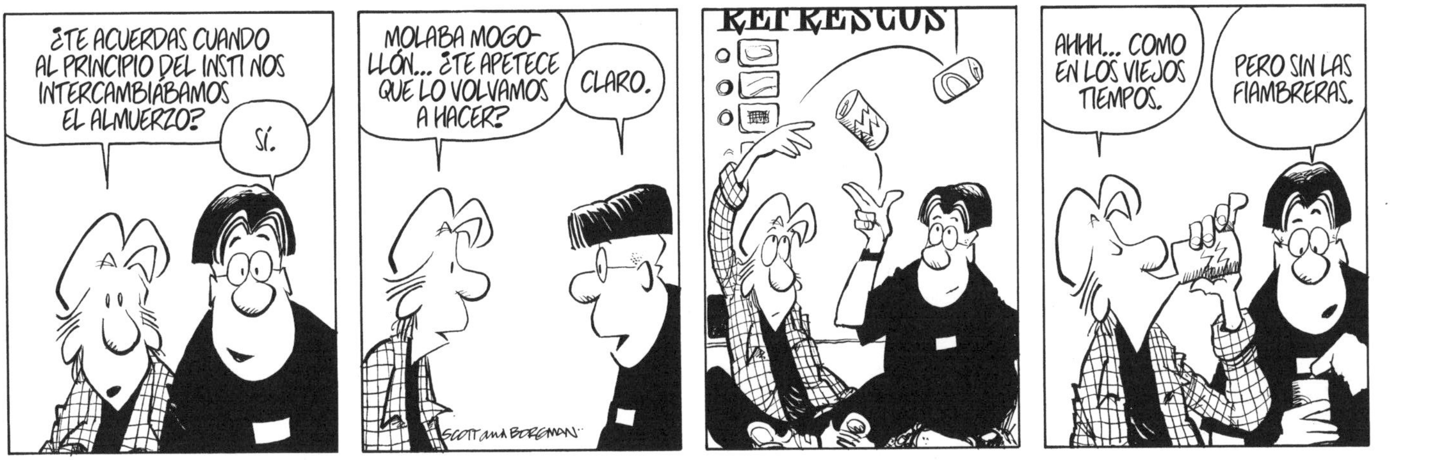
¿TE ACUERDAS CUANDO AL PRINCIPIO DEL INSTI NOS INTERCAMBIÁBAMOS EL ALMUERZO?
SÍ.
MOLABA MOGOLLÓN... ¿TE APETECE QUE LO VOLVAMOS A HACER?
CLARO.
SCOTT AND BORGMAN
REFRESCOS
AHHH... COMO EN LOS VIEJOS TIEMPOS.
PERO SIN LAS FIAMBRERAS.

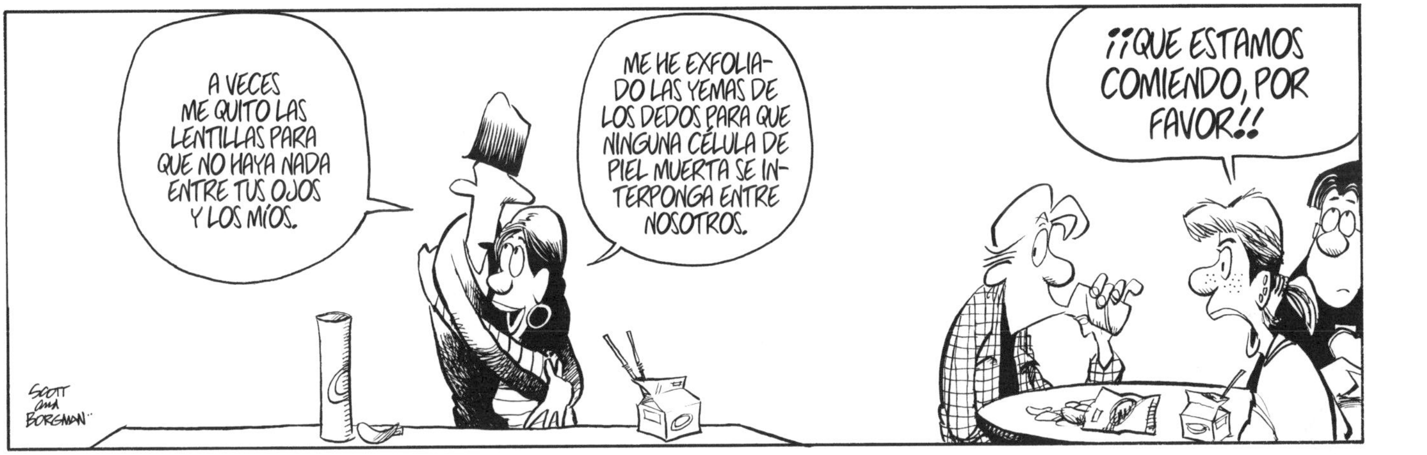
A VECES ME QUITO LAS LENTILLAS PARA QUE NO HAYA NADA ENTRE TUS OJOS Y LOS MÍOS.
ME HE EXFOLIADO LAS YEMAS DE LOS DEDOS PARA QUE NINGUNA CÉLULA DE PIEL MUERTA SE INTERPONGA ENTRE NOSOTROS.
¡¡QUE ESTAMOS COMIENDO, POR FAVOR!!
SCOTT AND BORGMAN

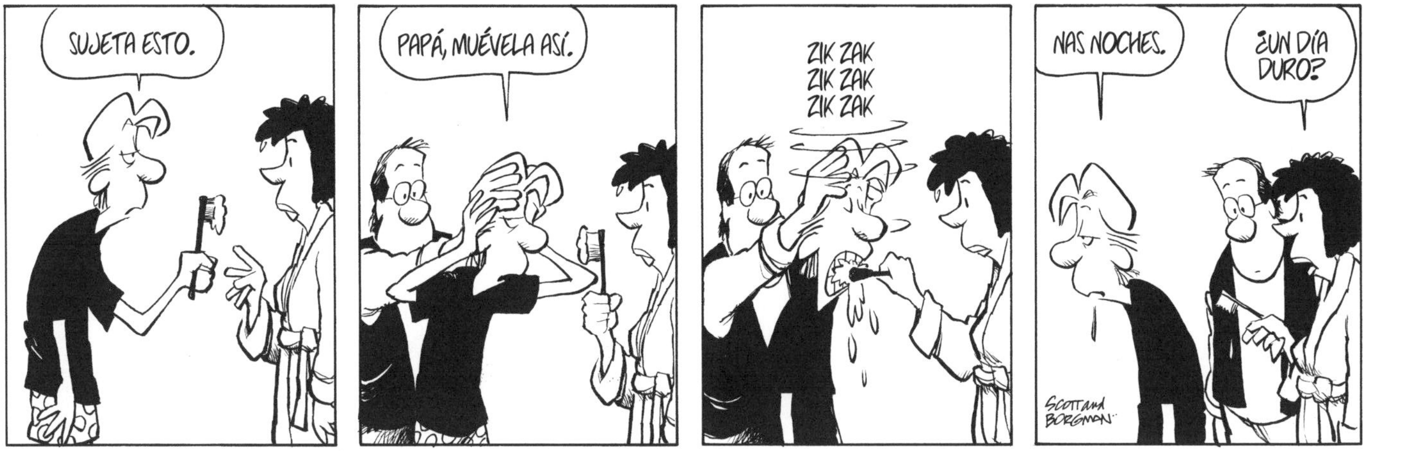
SUJETA ESTO.
PAPÁ, MUÉVELA ASÍ.
ZIK ZAK ZIK ZAK ZIK ZAK
NAS NOCHES.
¿UN DÍA DURO?
SCOTT AND BORGMAN

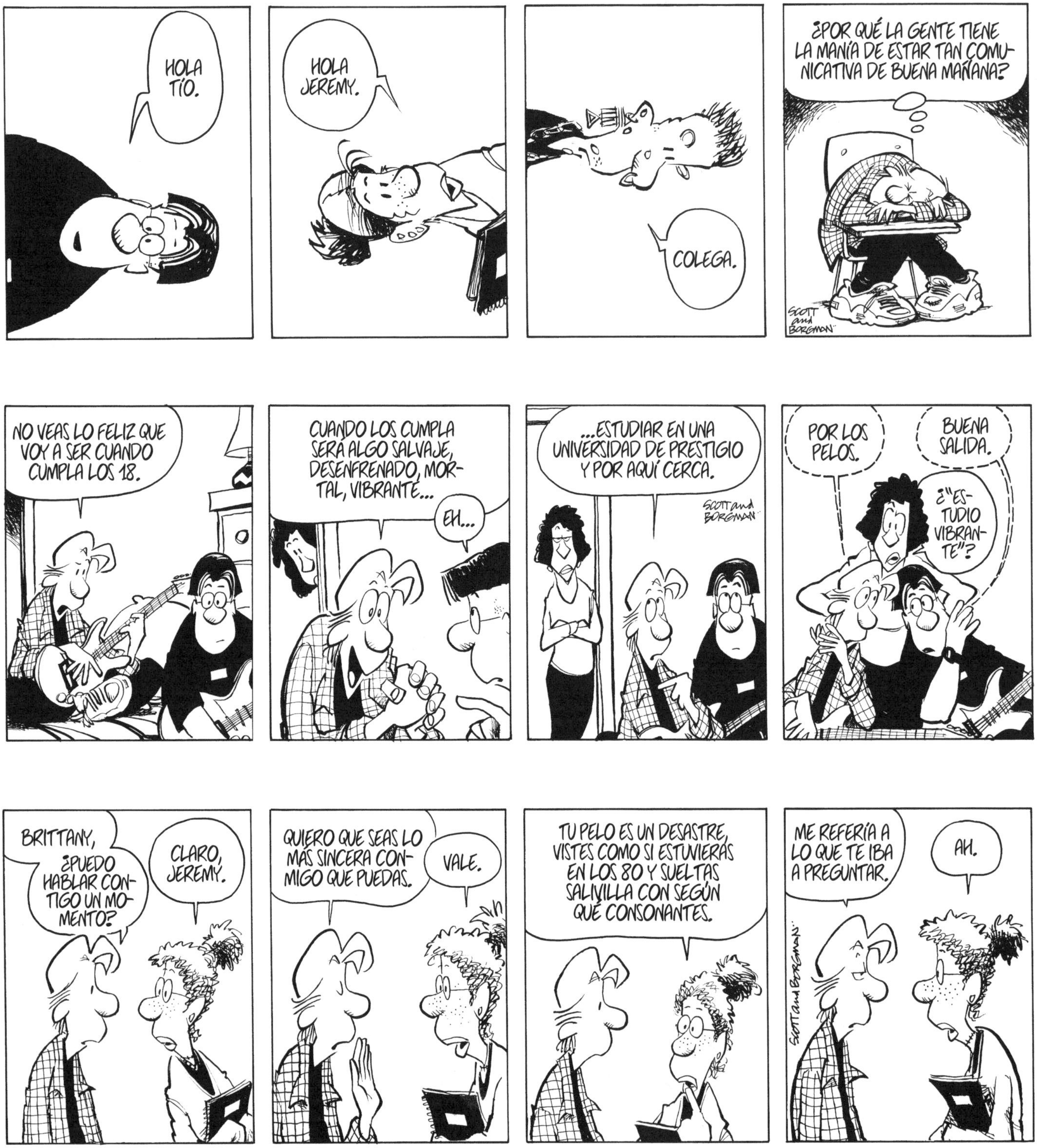
HOLA TÍO.
HOLA JEREMY.
COLEGA.
¿POR QUÉ LA GENTE TIENE LA MANÍA DE ESTAR TAN COMUNICATIVA DE BUENA MAÑANA?
SCOTT and BORGMAN
NO VEAS LO FELIZ QUE VOY A SER CUANDO CUMPLA LOS 18.
CUANDO LOS CUMPLA SERÁ ALGO SALVAJE, DESENFRENADO, MORTAL, VIBRANTE...
EH...
...ESTUDIAR EN UNA UNIVERSIDAD DE PRESTIGIO Y POR AQUÍ CERCA.
SCOTT and BORGMAN
POR LOS PELOS.
BUENA SALIDA.
¿"ESTUDIO VIBRANTE"?
BRITTANY,
¿PUEDO HABLAR CONTIGO UN MOMENTO?
CLARO, JEREMY.
QUIERO QUE SEAS LO MÁS SINCERA CONMIGO QUE PUEDAS.
VALE.
TU PELO ES UN DESASTRE, VISTES COMO SI ESTUVIERAS EN LOS 80 Y SUELTAS SALIVILLA CON SEGÚN QUÉ CONSONANTES.
SCOTT and BORGMAN
ME REFERÍA A LO QUE TE IBA A PREGUNTAR.
AH.

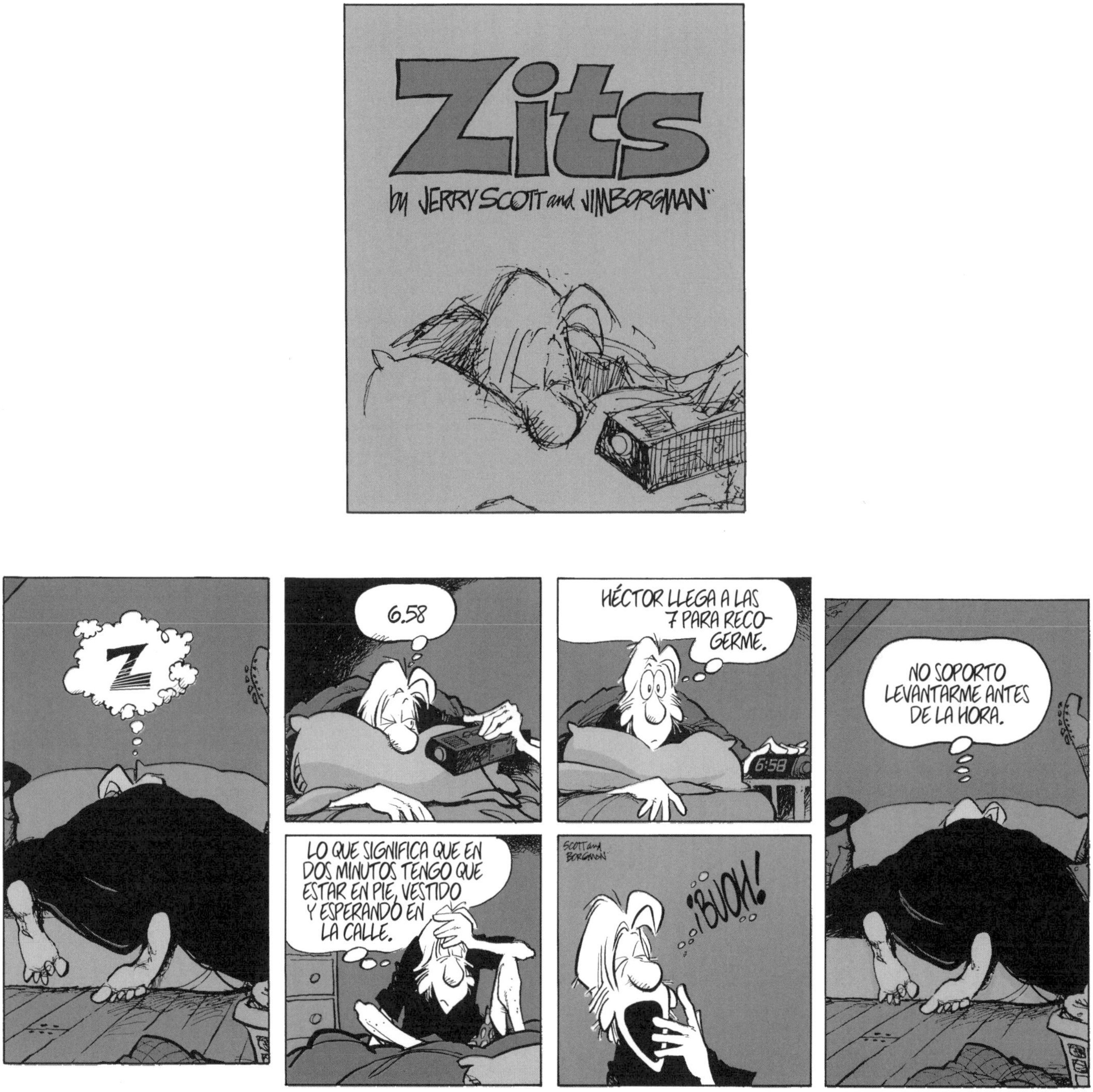
Zits
by JERRY SCOTT and JIM BORGMAN
Z
6.58
HÉCTOR LLEGA A LAS 7 PARA RECO-GERME.
6:58
LO QUE SIGNIFICA QUE EN DOS MINUTOS TENGO QUE ESTAR EN PIE, VESTIDO Y ESPERANDO EN LA CALLE.
SCOTT and BORGMAN
¡BUOH!
NO SOPORTO LEVANTARME ANTES DE LA HORA.

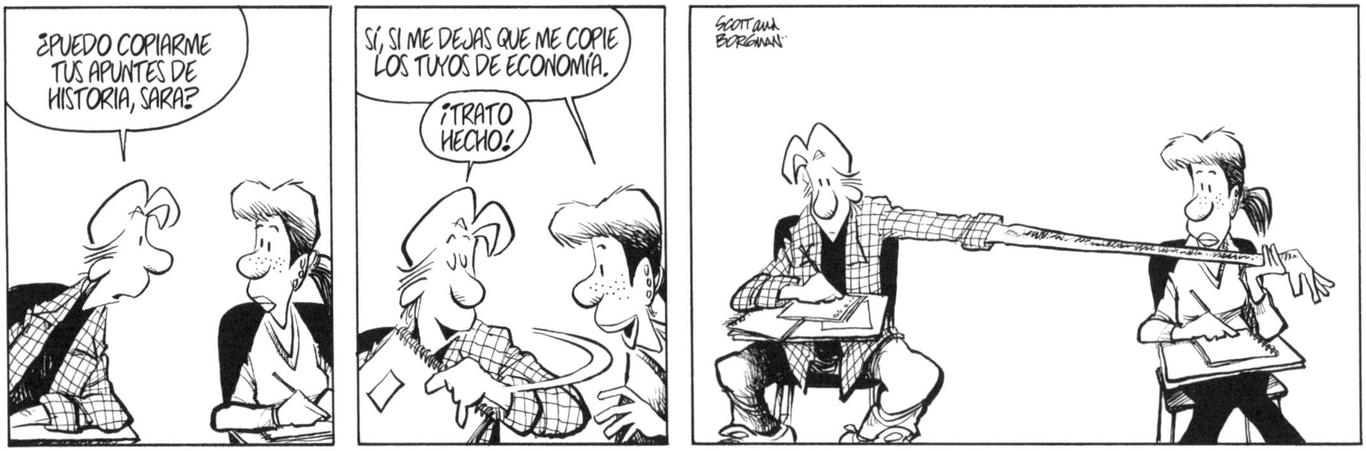
¿PUEDO COPIARME TUS APUNTES DE HISTORIA, SARA?
SÍ, SI ME DEJAS QUE ME COPIE LOS TUYOS DE ECONOMÍA.
¡TRATO HECHO!
SCOTT and BORGMAN

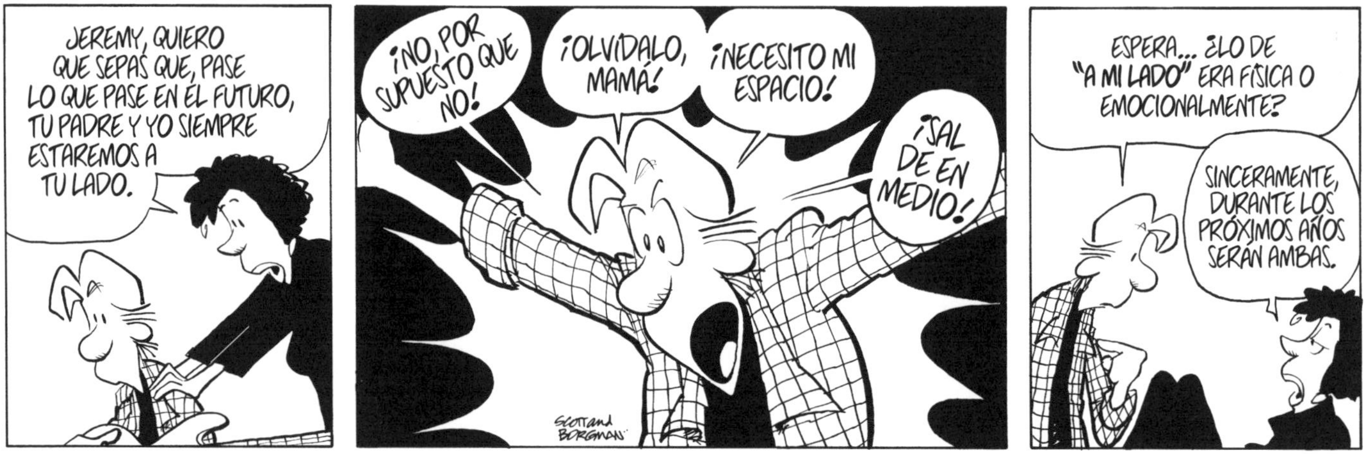
JEREMY, QUIERO QUE SEPAS QUE, PASE LO QUE PASE EN EL FUTURO, TU PADRE Y YO SIEMPRE ESTAREMOS A TU LADO.
¡NO, POR SUPUESTO QUE NO!
¡OLVÍDALO, MAMÁ!
¡NECESITO MI ESPACIO!
¡SAL DE EN MEDIO!
SCOTT and BORGMAN
ESPERA... ¿LO DE "A MI LADO" ERA FÍSICA O EMOCIONALMENTE?
SINCERAMENTE, DURANTE LOS PRÓXIMOS AÑOS SERÁN AMBAS.

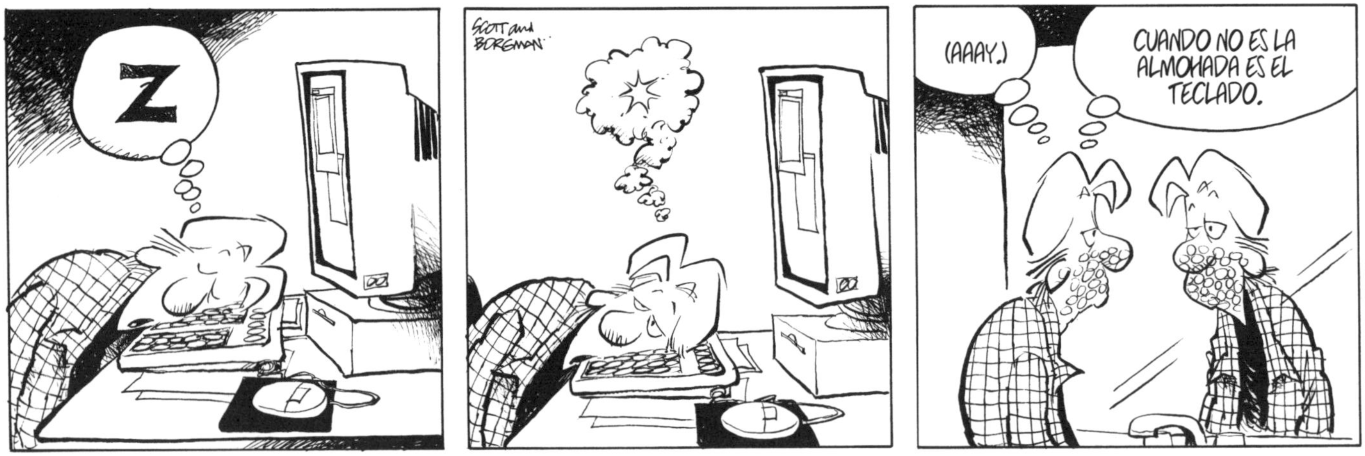
Z
SCOTT and BORGMAN
(AAAY.)
CUANDO NO ES LA ALMOHADA ES EL TECLADO.

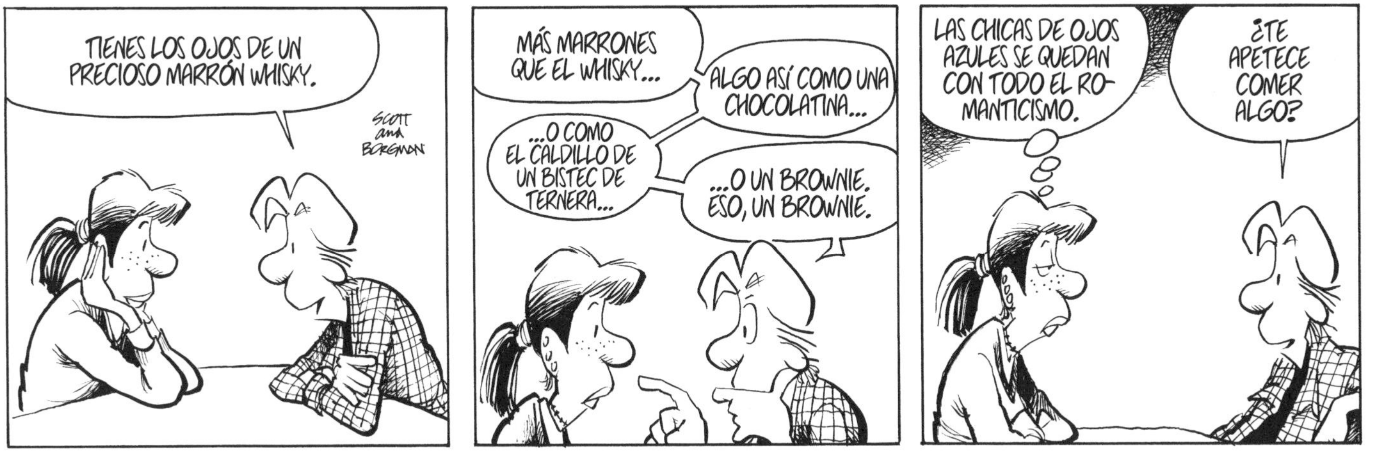
TIENES LOS OJOS DE UN PRECIOSO MARRÓN WHISKY.
MÁS MARRONES QUE EL WHISKY...
ALGO ASÍ COMO UNA CHOCOLATINA...
...O COMO EL CALDILLO DE UN BISTEC DE TERNERA...
...O UN BROWNIE. ESO, UN BROWNIE.
LAS CHICAS DE OJOS AZULES SE QUEDAN CON TODO EL ROMANTICISMO.
¿TE APETECE COMER ALGO?

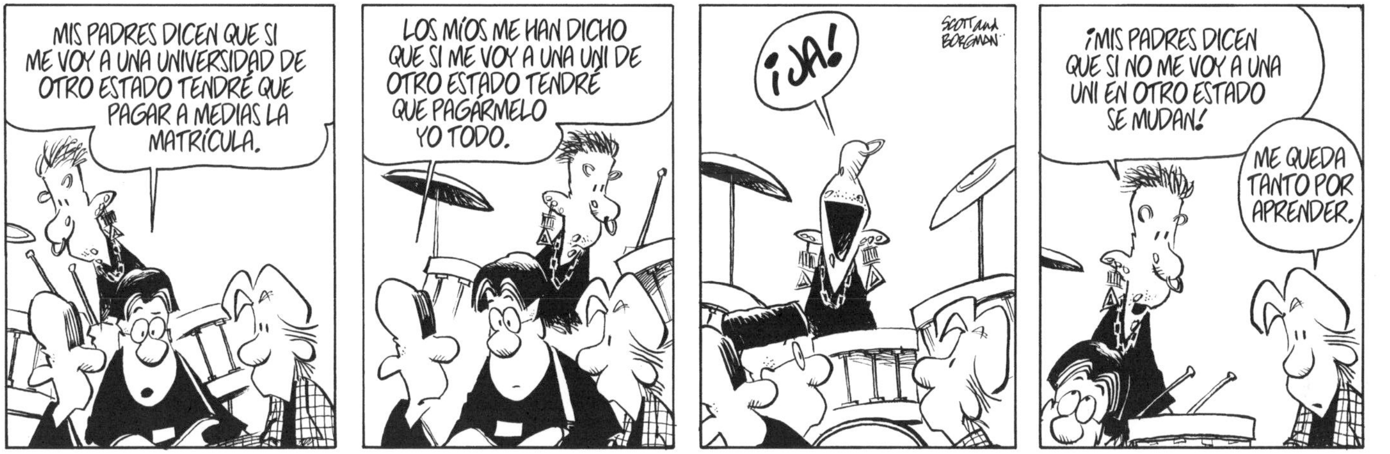
MIS PADRES DICEN QUE SI ME VOY A UNA UNIVERSIDAD DE OTRO ESTADO TENDRÉ QUE PAGAR A MEDIAS LA MATRÍCULA.
LOS MÍOS ME HAN DICHO QUE SI ME VOY A UNA UNI DE OTRO ESTADO TENDRÉ QUE PAGÁRMELO YO TODO.
¡JA!
¡MIS PADRES DICEN QUE SI NO ME VOY A UNA UNI EN OTRO ESTADO SE MUDAN!
ME QUEDA TANTO POR APRENDER.

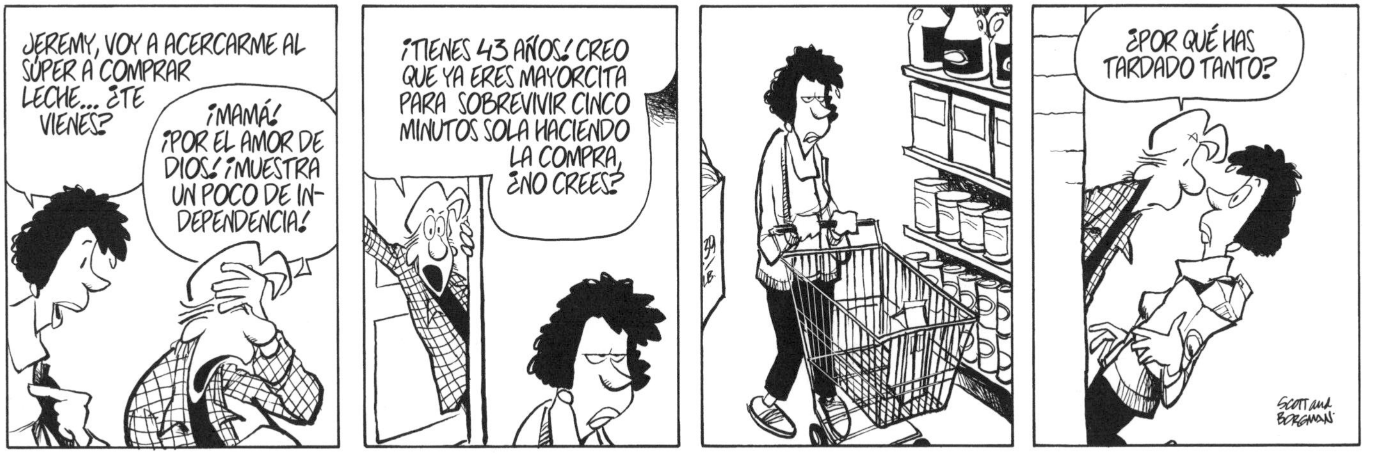
JEREMY, VOY A ACERCARME AL SÚPER A COMPRAR LECHE... ¿TE VIENES?
¡MAMÁ! ¡POR EL AMOR DE DIOS! ¡MUESTRA UN POCO DE INDEPENDENCIA!
¡TIENES 43 AÑOS! CREO QUE YA ERES MAYORCITA PARA SOBREVIVIR CINCO MINUTOS SOLA HACIENDO LA COMPRA, ¿NO CREES?
¿POR QUÉ HAS TARDADO TANTO?

Zits
by JERRY SCOTT and JIM BORGMAN

¡AYÚDAME, JEREMY!
SÓLO DALE AL RESET.
QUÉ RARO. A VECES CASI LOS PUEDES VER INVOLUCIONAR.
ME HORRORIZA PENSAR QUÉ SERÁ DE ELLOS CUANDO NOS VAYAMOS A LA UNIVERSIDAD.
SCOTT and BORGMAN

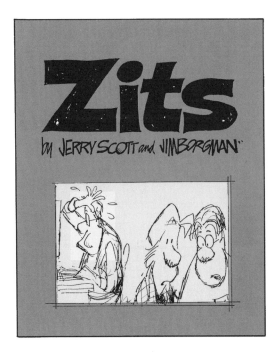

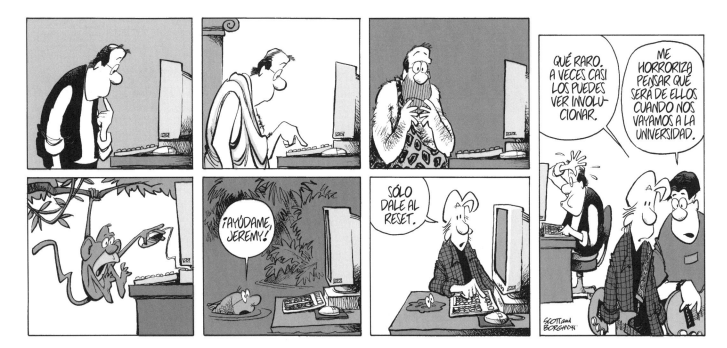

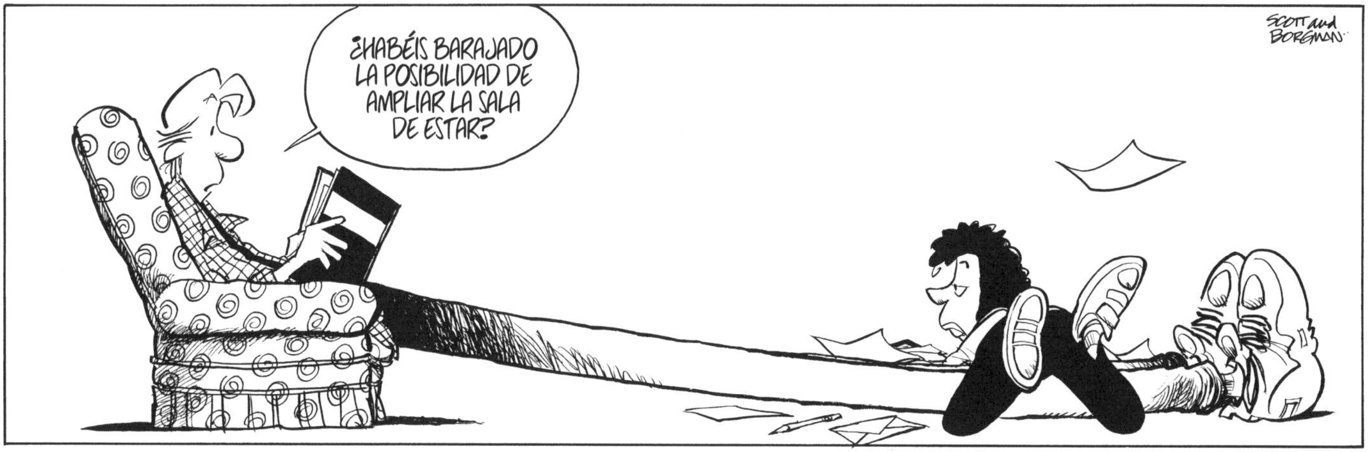
¿HABÉIS BARAJADO LA POSIBILIDAD DE AMPLIAR LA SALA DE ESTAR?
SCOTT and BORGMAN

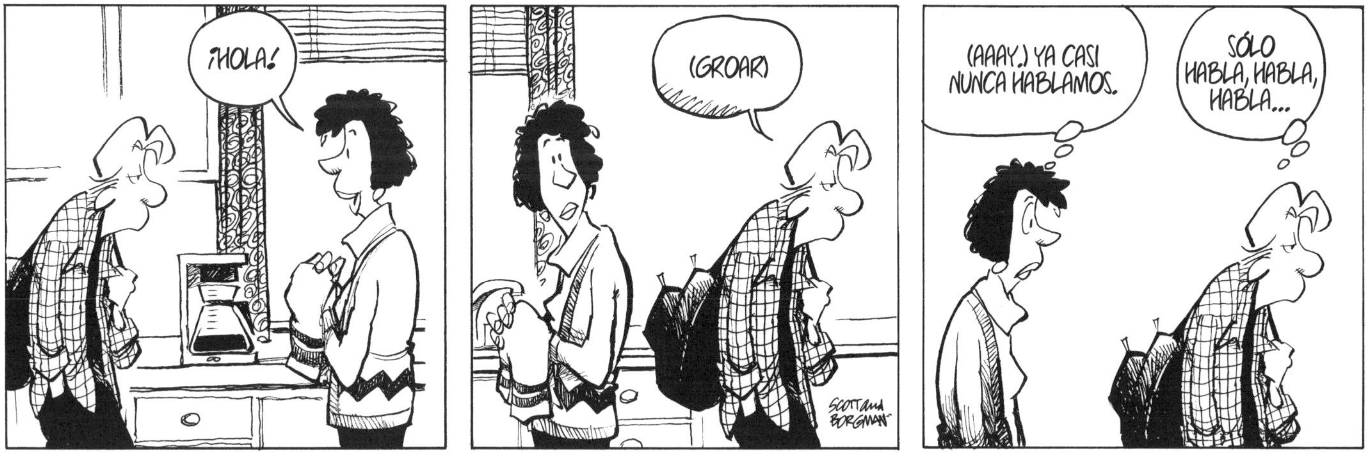
¡HOLA!
(GROAR)
SCOTT and BORGMAN
(AAAY.) YA CASI NUNCA HABLAMOS.
SÓLO HABLA, HABLA, HABLA...

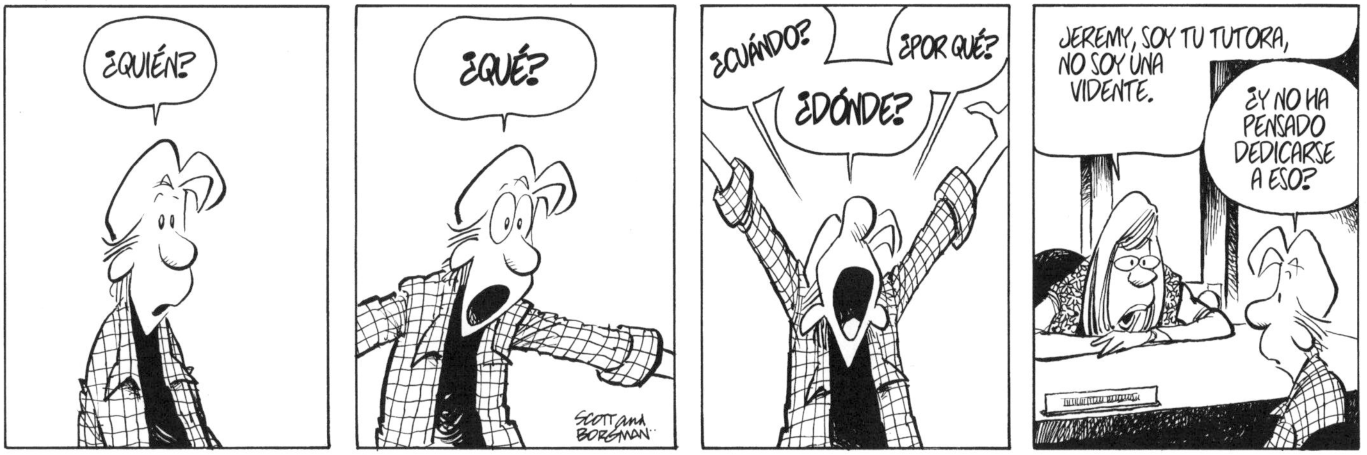
¿QUIÉN?
¿QUÉ?
SCOTT and BORGMAN
¿CUÁNDO?
¿POR QUÉ?
¿DÓNDE?
JEREMY, SOY TU TUTORA, NO SOY UNA VIDENTE.
¿Y NO HA PENSADO DEDICARSE A ESO?

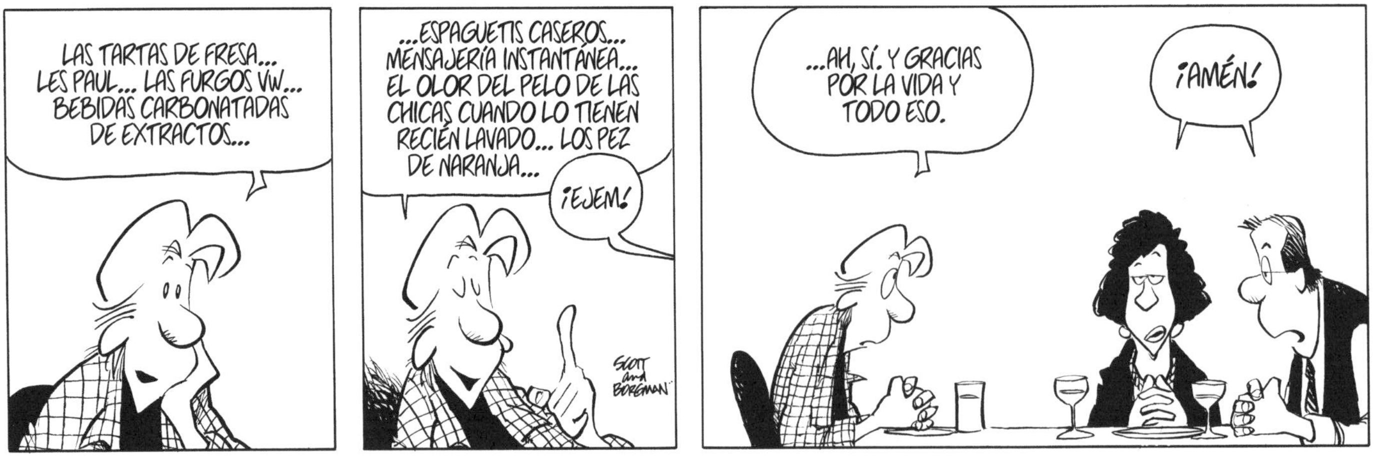
LAS TARTAS DE FRESA... LES PAUL... LAS FURGOS VW... BEBIDAS CARBONATADAS DE EXTRACTOS...
...ESPAGUETIS CASEROS... MENSAJERÍA INSTANTÁNEA... EL OLOR DEL PELO DE LAS CHICAS CUANDO LO TIENEN RECIÉN LAVADO... LOS PEZ DE NARANJA...
¡EJEM!
SCOTT and BORGMAN
...AH, SÍ. Y GRACIAS POR LA VIDA Y TODO ESO.
¡AMÉN!

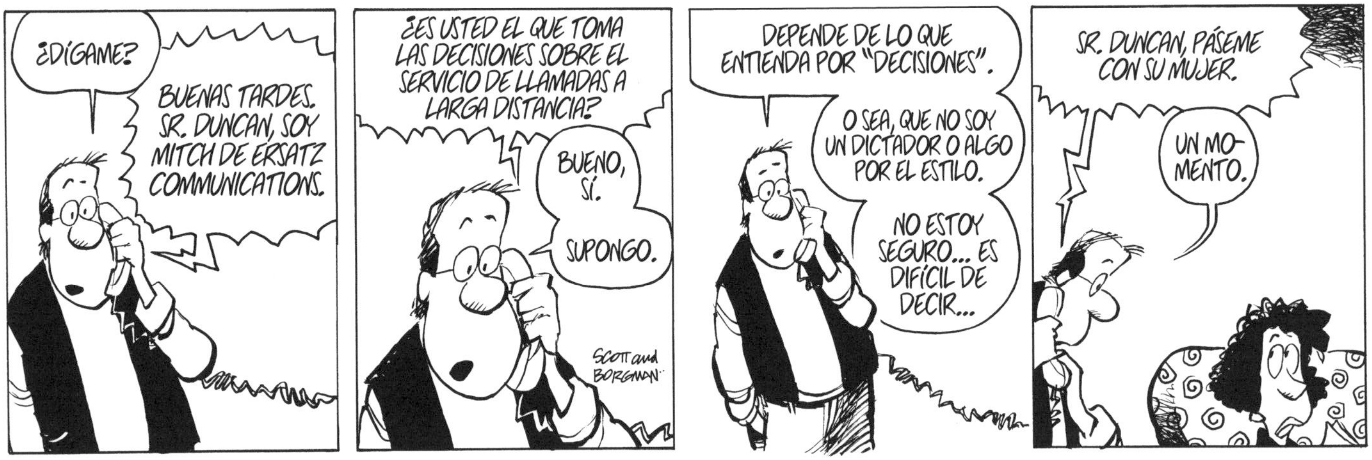
¿DÍGAME?
BUENAS TARDES. SR. DUNCAN, SOY MITCH DE ERSATZ COMMUNICATIONS.
¿ES USTED EL QUE TOMA LAS DECISIONES SOBRE EL SERVICIO DE LLAMADAS A LARGA DISTANCIA?
BUENO, SÍ.
SUPONGO.
SCOTT and BORGMAN
DEPENDE DE LO QUE ENTIENDA POR "DECISIONES".
O SEA, QUE NO SOY UN DICTADOR O ALGO POR EL ESTILO.
NO ESTOY SEGURO... ES DIFÍCIL DE DECIR...
SR. DUNCAN, PÁSEME CON SU MUJER.
UN MOMENTO.

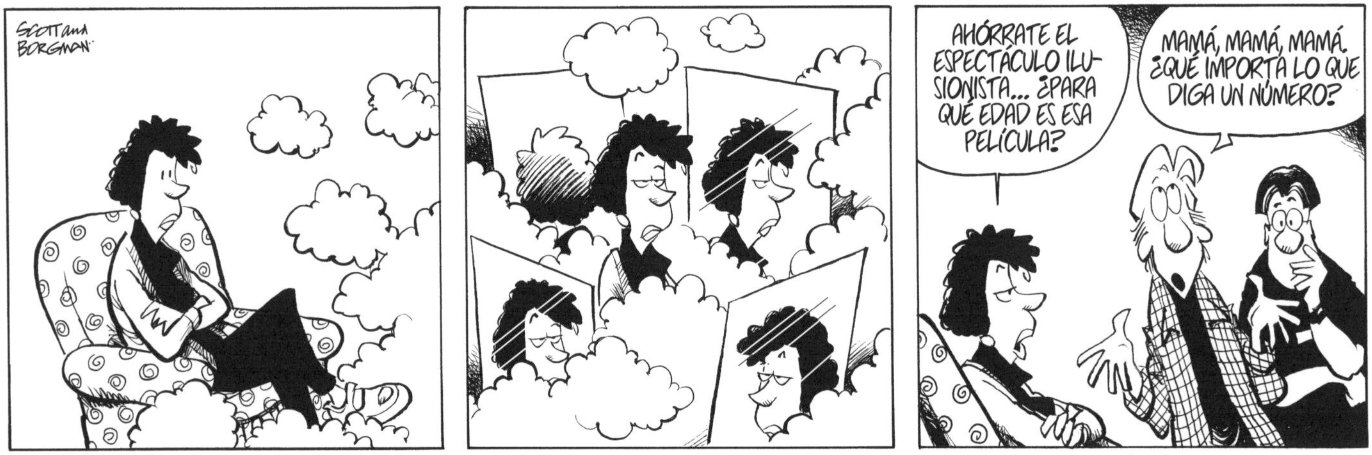
SCOTT and BORGMAN
AHÓRRATE EL ESPECTÁCULO ILUSIONISTA... ¿PARA QUÉ EDAD ES ESA PELÍCULA?
MAMÁ, MAMÁ, MAMÁ. ¿QUÉ IMPORTA LO QUE DIGA UN NÚMERO?

Zits
by JERRY SCOTT and JIM BORGMAN

¿QUÉ DEMO...?
1
NO SE ADMITE PROPAGANDA
BIENVENIDOS
DING DONG
¡YA VOY!
¿TE PUEDO AYUDAR EN ALGO?
JEREMY, ¿QUÉ ESTÁ PASANDO AQUÍ? ¿DE DÓNDE HAS SACADO EL TIMBRE DE LA PUERTA Y ESA...
...MESA DE TÉ?
HE ARREGLADO MI CUARTO COMO SI FUERA UN APARTAMENTO.
¿UN MONTAIN DEW?
VALE, ME RINDO. ¿DE QUÉ VA TODO ESTO?
AUTOSUFICIENCIA.
DENTRO DE POCO EMPEZARÉ A VIVIR POR MI CUENTA, ASÍ QUE ME HE DICHO A MÍ MISMO: ¿POR QUÉ NO EMPIEZO A INDEPENDIZARME?
SLURP
SCOTT and BORGMAN
VISTO ASÍ... AQUÍ TIENES TU COLADA Y LOS DEBERES QUE TE HE CORREGIDO.
GRACIAS. ¿QUÉ HAY PARA COMER?

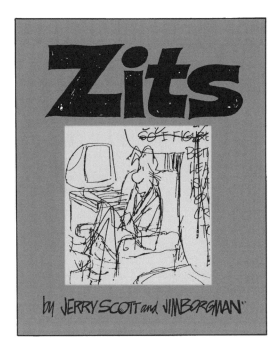

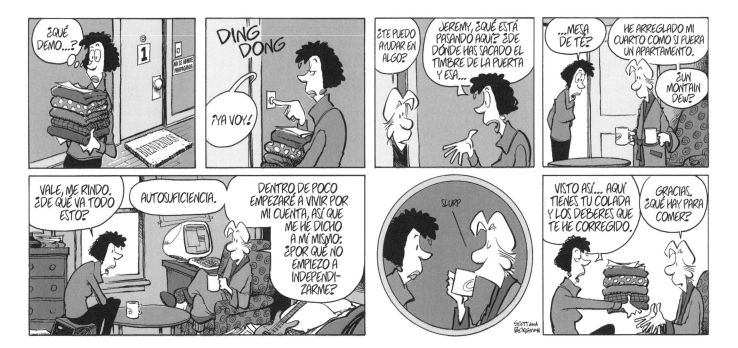

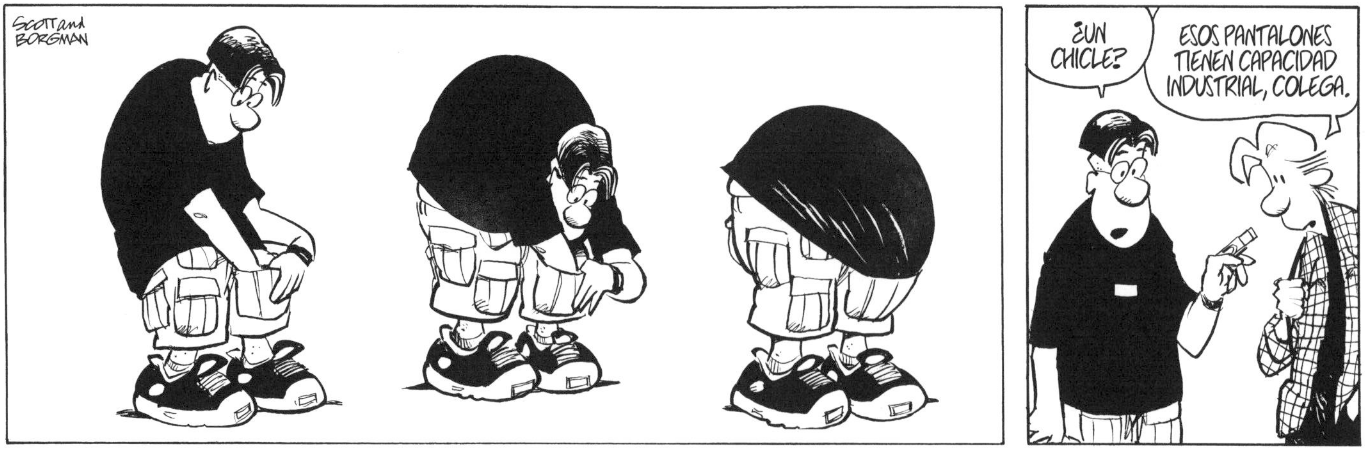
SCOTT and BORGMAN
¿UN CHICLE?
ESOS PANTALONES TIENEN CAPACIDAD INDUSTRIAL, COLEGA.

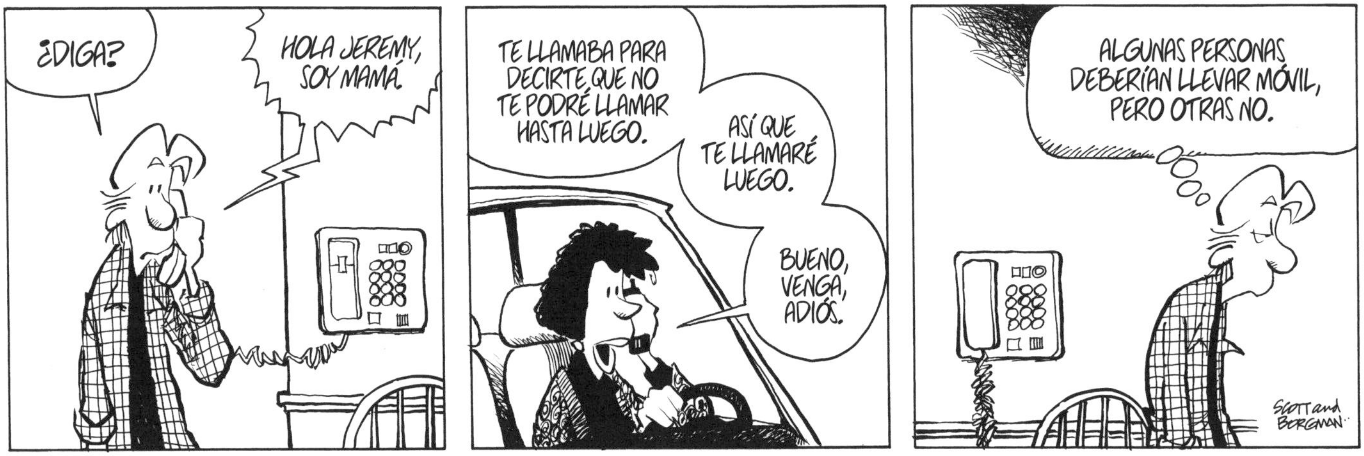
¿DIGA?
HOLA JEREMY, SOY MAMÁ.
TE LLAMABA PARA DECIRTE QUE NO TE PODRÉ LLAMAR HASTA LUEGO.
ASÍ QUE TE LLAMARÉ LUEGO.
BUENO, VENGA, ADIÓS.
ALGUNAS PERSONAS DEBERÍAN LLEVAR MÓVIL, PERO OTRAS NO.
SCOTT and BORGMAN

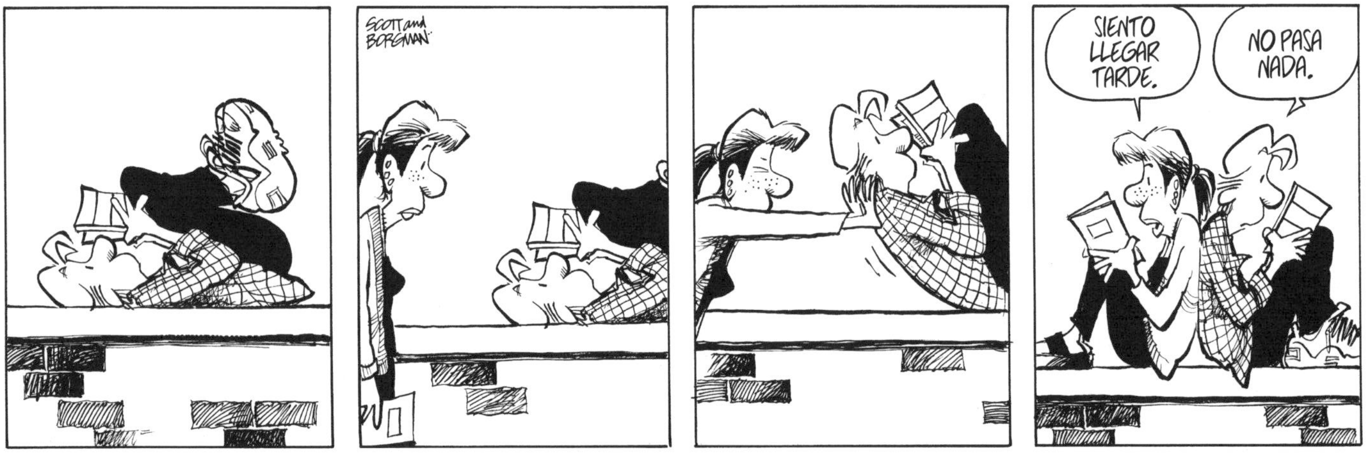
SCOTT and BORGMAN
SIENTO LLEGAR TARDE.
NO PASA NADA.

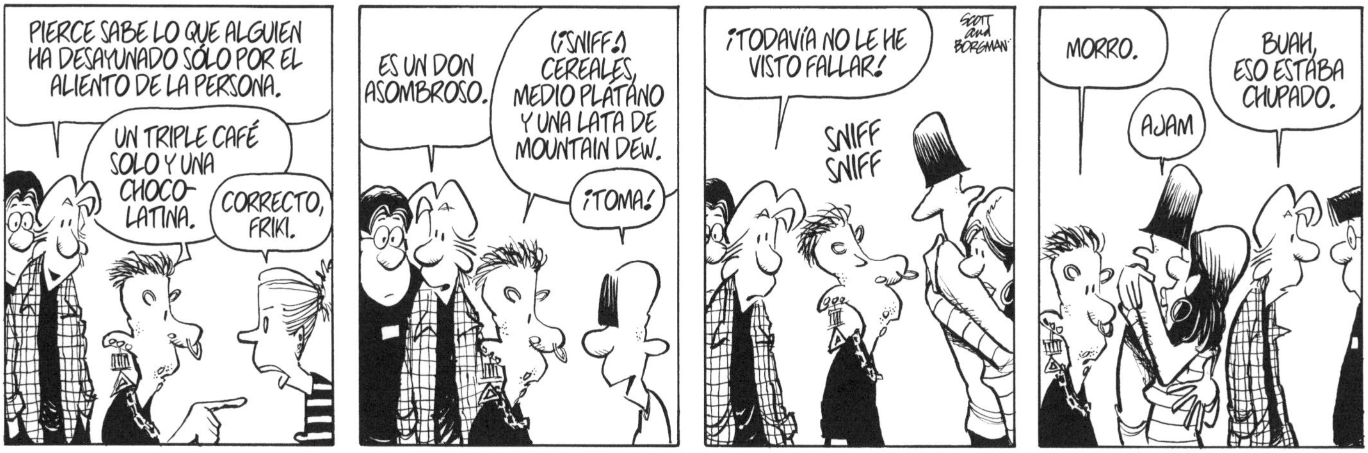
PIERCE SABE LO QUE ALGUIEN HA DESAYUNADO SÓLO POR EL ALIENTO DE LA PERSONA.
UN TRIPLE CAFÉ SOLO Y UNA CHOCO-LATINA.
CORRECTO, FRIKI.
ES UN DON ASOMBROSO.
(¡SNIFF!) CEREALES, MEDIO PLÁTANO Y UNA LATA DE MOUNTAIN DEW.
¡TOMA!
¡TODAVÍA NO LE HE VISTO FALLAR!
SCOTT and BORGMAN
SNIFF SNIFF
MORRO.
AJAM
BUAH, ESO ESTABA CHUPADO.

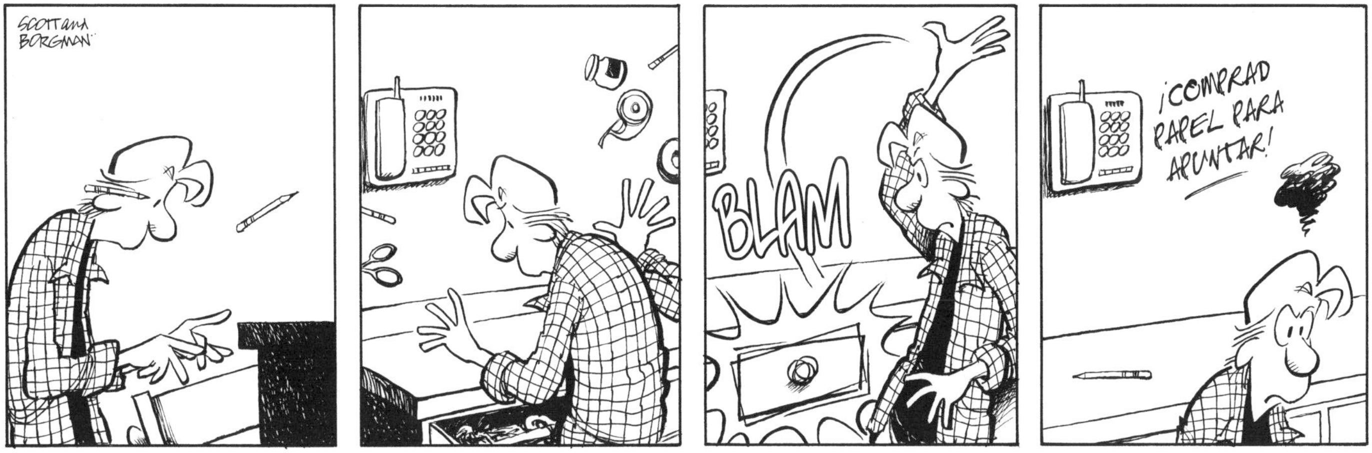
SCOTT and BORGMAN
BLAM
¡COMPRAD PAPEL PARA APUNTAR!

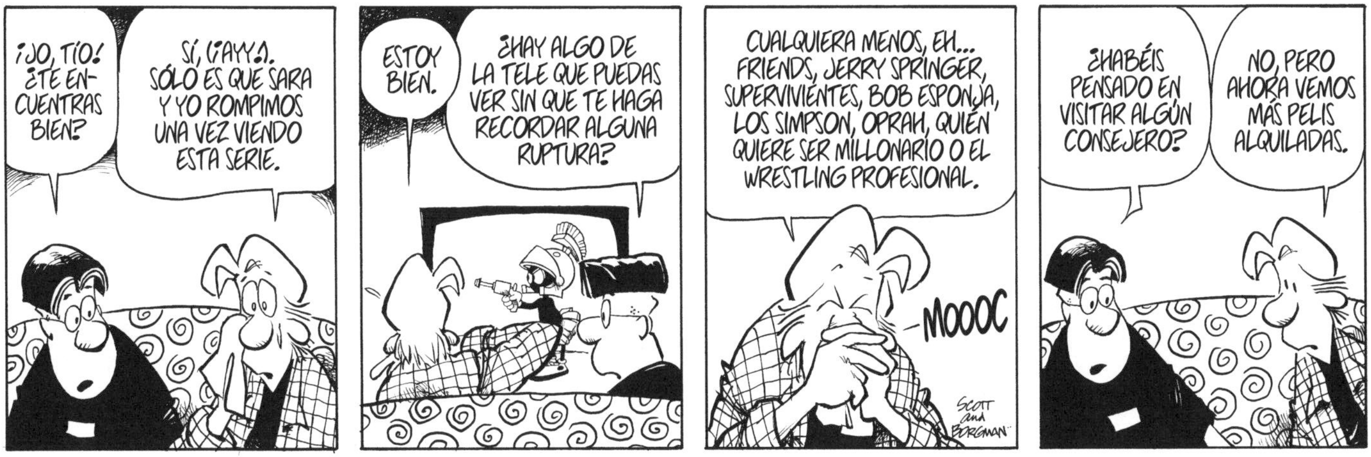
¡JO, TÍO! ¿TE ENCUENTRAS BIEN?
SÍ, (¡AYY!). SÓLO ES QUE SARA Y YO ROMPIMOS UNA VEZ VIENDO ESTA SERIE.
ESTOY BIEN.
¿HAY ALGO DE LA TELE QUE PUEDAS VER SIN QUE TE HAGA RECORDAR ALGUNA RUPTURA?
CUALQUIERA MENOS, EH... FRIENDS, JERRY SPRINGER, SUPERVIVIENTES, BOB ESPONJA, LOS SIMPSON, OPRAH, QUIÉN QUIERE SER MILLONARIO O EL WRESTLING PROFESIONAL.
MOOOC
SCOTT and BORGMAN
¿HABÉIS PENSADO EN VISITAR ALGÚN CONSEJERO?
NO, PERO AHORA VEMOS MÁS PELIS ALQUILADAS.

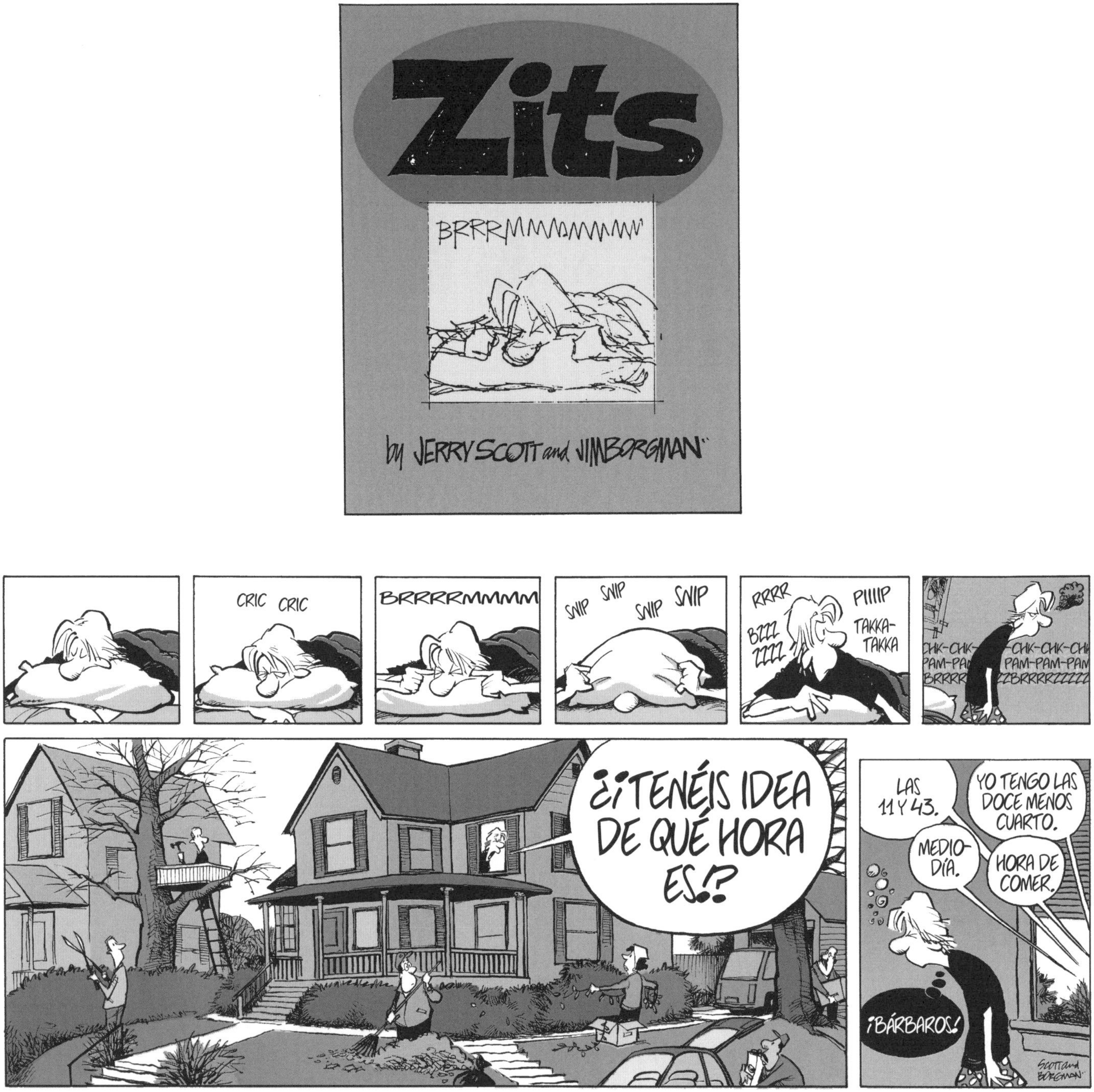
Zits
BRRRMMMMMMMM
by JERRY SCOTT and JIM BORGMAN
CRIC CRIC
BRRRRMMMMM
SNIP SNIP SNIP SNIP
RRRR
PIIIIP
BZZZ ZZZZ
TAKKA-TAKKA
CHK-CHK-CHK-CHK-CHK
PAM-PAM-PAM-PAM-PAM
BRRRRZZZZBRRRRZZZZZ
¿¡TENÉIS IDEA DE QUÉ HORA ES!?
LAS 11 Y 43.
YO TENGO LAS DOCE MENOS CUARTO.
MEDIO-DÍA.
HORA DE COMER.
¡BÁRBAROS!
SCOTT and BORGMAN

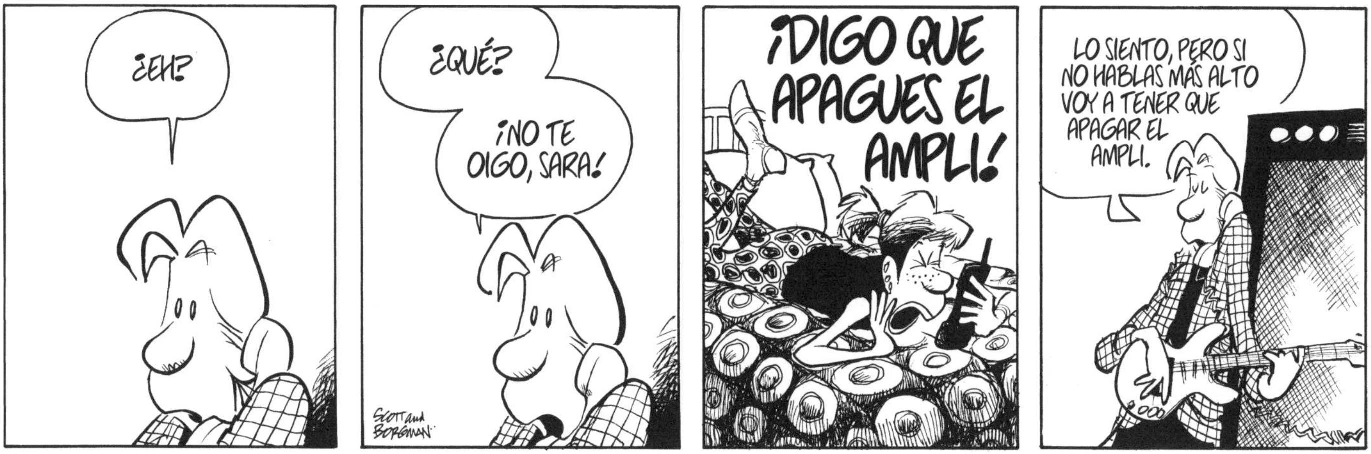
¿EH?
¿QUÉ?
¡NO TE OIGO, SARA!
¡DIGO QUE APAGUES EL AMPLI!
LO SIENTO, PERO SI NO HABLAS MÁS ALTO VOY A TENER QUE APAGAR EL AMPLI.

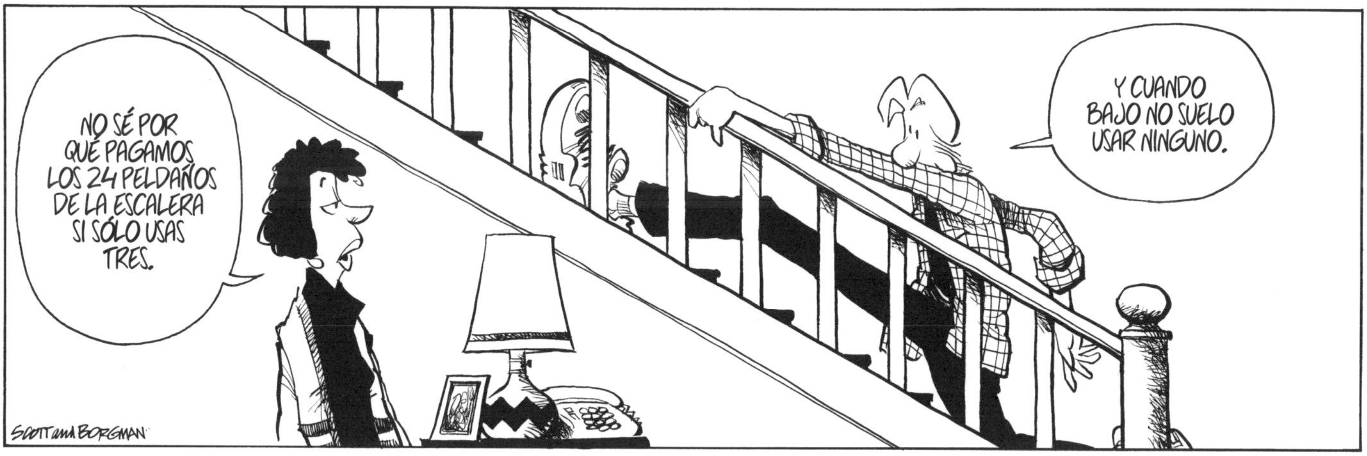
NO SÉ POR QUÉ PAGAMOS LOS 24 PELDAÑOS DE LA ESCALERA SI SÓLO USAS TRES.
Y CUANDO BAJO NO SUELO USAR NINGUNO.

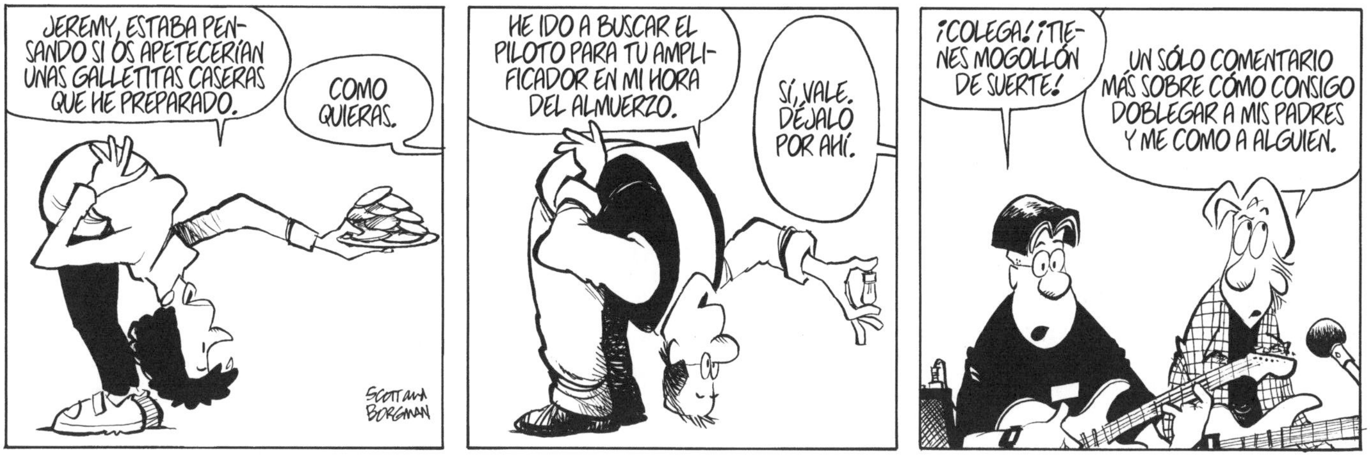
JEREMY, ESTABA PENSANDO SI OS APETECERÍAN UNAS GALLETITAS CASERAS QUE HE PREPARADO.
COMO QUIERAS.
HE IDO A BUSCAR EL PILOTO PARA TU AMPLIFICADOR EN MI HORA DEL ALMUERZO.
SÍ, VALE. DÉJALO POR AHÍ.
¡COLEGA! ¡TIENES MOGOLLÓN DE SUERTE!
UN SÓLO COMENTARIO MÁS SOBRE CÓMO CONSIGO DOBLEGAR A MIS PADRES Y ME COMO A ALGUIEN.

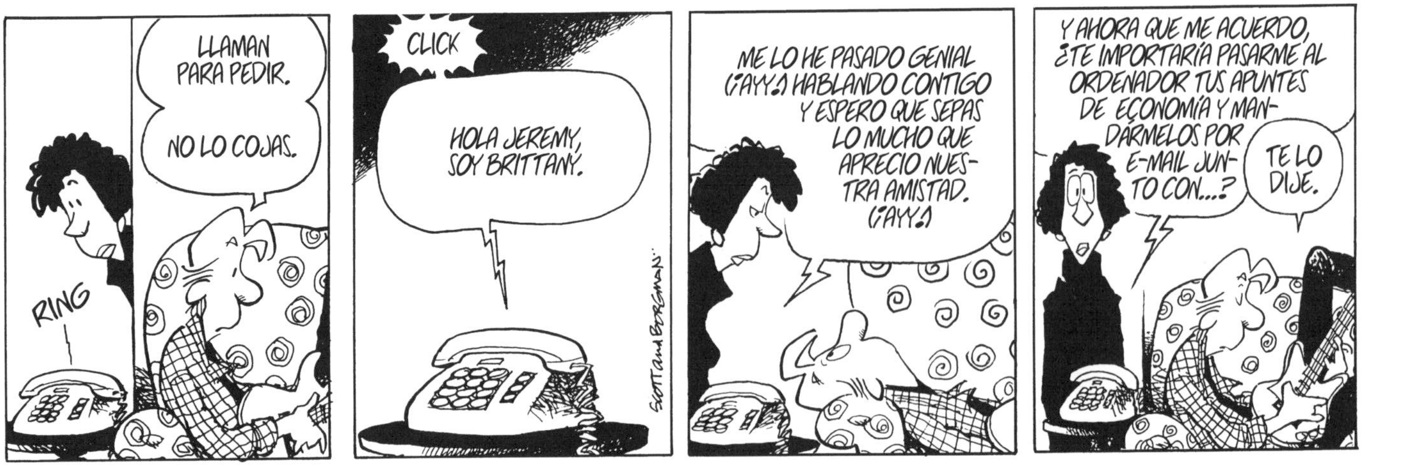
RING
LLAMAN PARA PEDIR.
NO LO COJAS.
CLICK
HOLA JEREMY, SOY BRITTANY.
SCOTT and BORGMAN
ME LO HE PASADO GENIAL (¡AYY!) HABLANDO CONTIGO Y ESPERO QUE SEPAS LO MUCHO QUE APRECIO NUESTRA AMISTAD. (¡AYY!)
Y AHORA QUE ME ACUERDO, ¿TE IMPORTARÍA PASARME AL ORDENADOR TUS APUNTES DE ECONOMÍA Y MANDÁRMELOS POR E-MAIL JUNTO CON...?
TE LO DIJE.

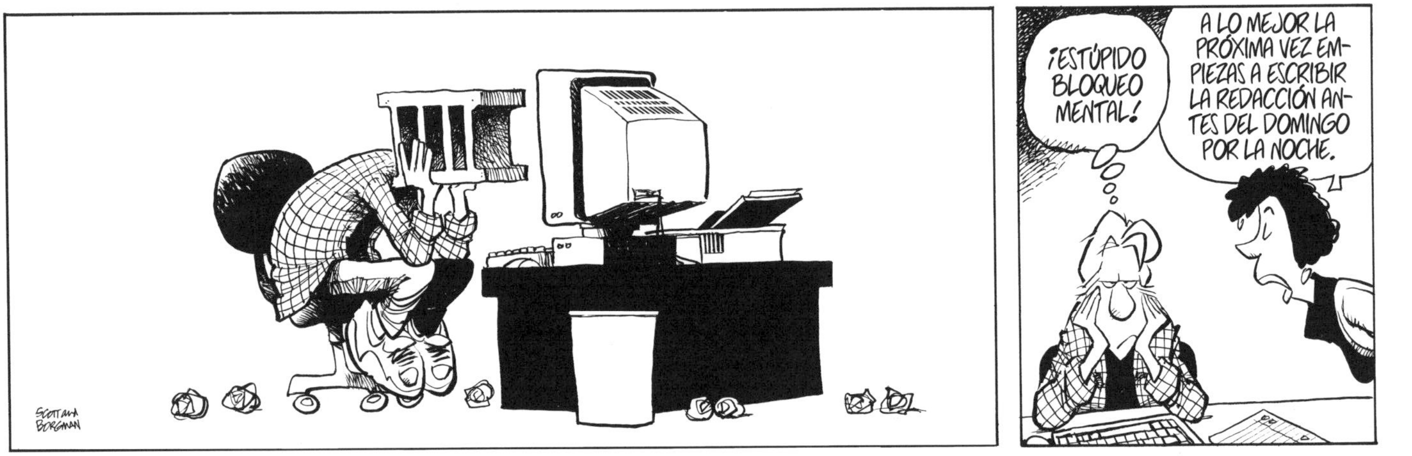
SCOTT and BORGMAN
¡ESTÚPIDO BLOQUEO MENTAL!
A LO MEJOR LA PRÓXIMA VEZ EMPIEZAS A ESCRIBIR LA REDACCIÓN ANTES DEL DOMINGO POR LA NOCHE.

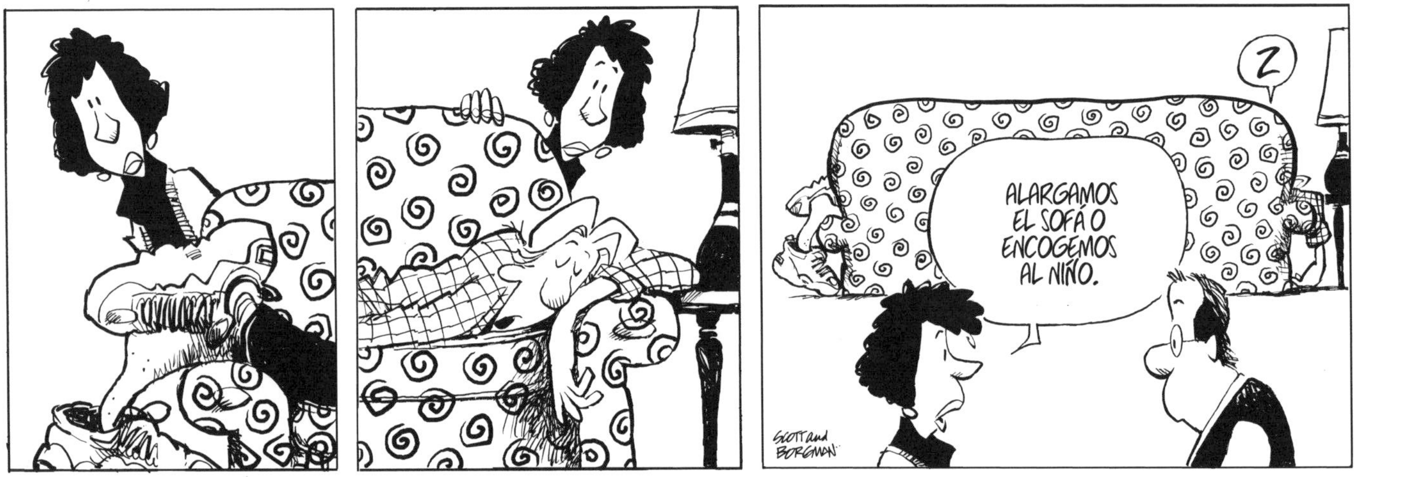
Z
ALARGAMOS EL SOFÁ O ENCOGEMOS AL NIÑO.
SCOTT and BORGMAN

Zits
by
JERRY SCOTT and
JIM BORGMAN

JEREMY, TU MADRE Y YO QUEREMOS QUE SEPAS QUE PUEDES HABLAR CON NOSOTROS DE CUALQUIER COSA QUE SE TE PASE POR LA CABEZA.
SEXO
¡HEY!
SERÉIS LOS PRIMEROS EN SABERLO.
¿VES? TE DIJE QUE ESTABA BIEN.
SIGO SIN PODER DEJAR DE PREOCUPARME...

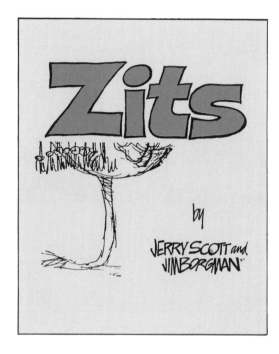

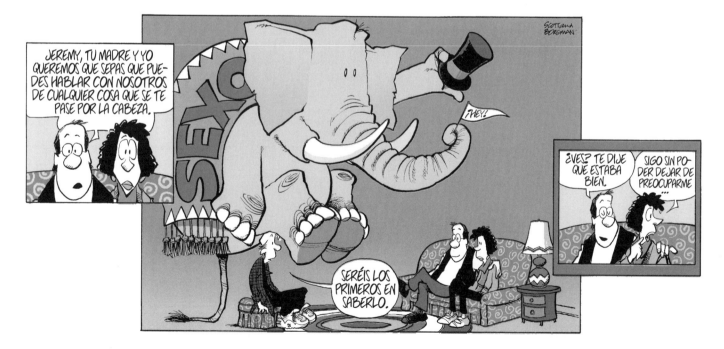

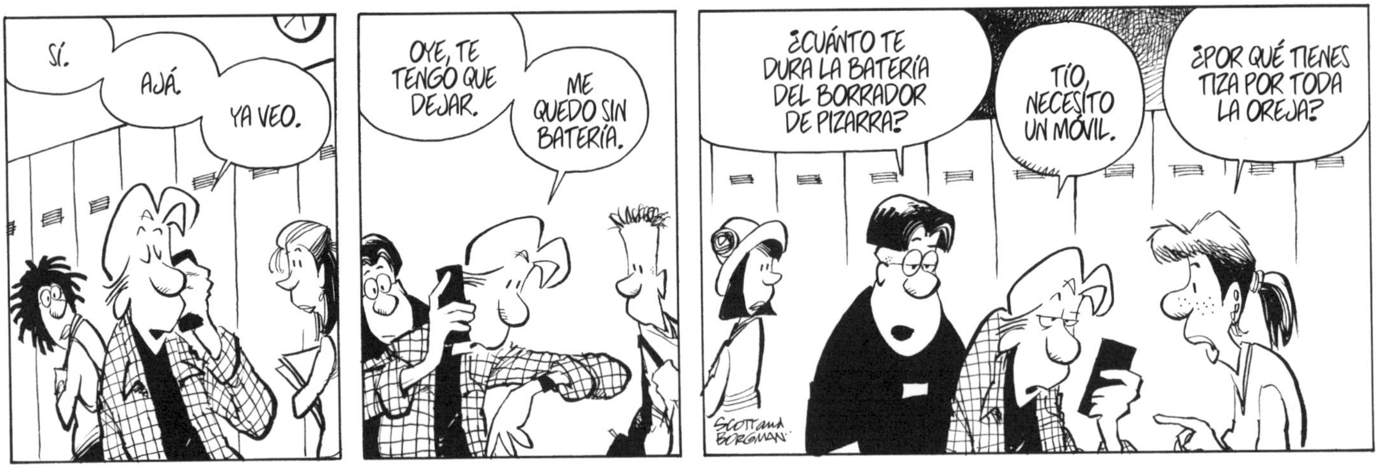
SÍ.
AJÁ.
YA VEO.
OYE, TE TENGO QUE DEJAR.
ME QUEDO SIN BATERÍA.
¿CUÁNTO TE DURA LA BATERÍA DEL BORRADOR DE PIZARRA?
TÍO, NECESITO UN MÓVIL.
¿POR QUÉ TIENES TIZA POR TODA LA OREJA?
SCOTT AND BORGMAN

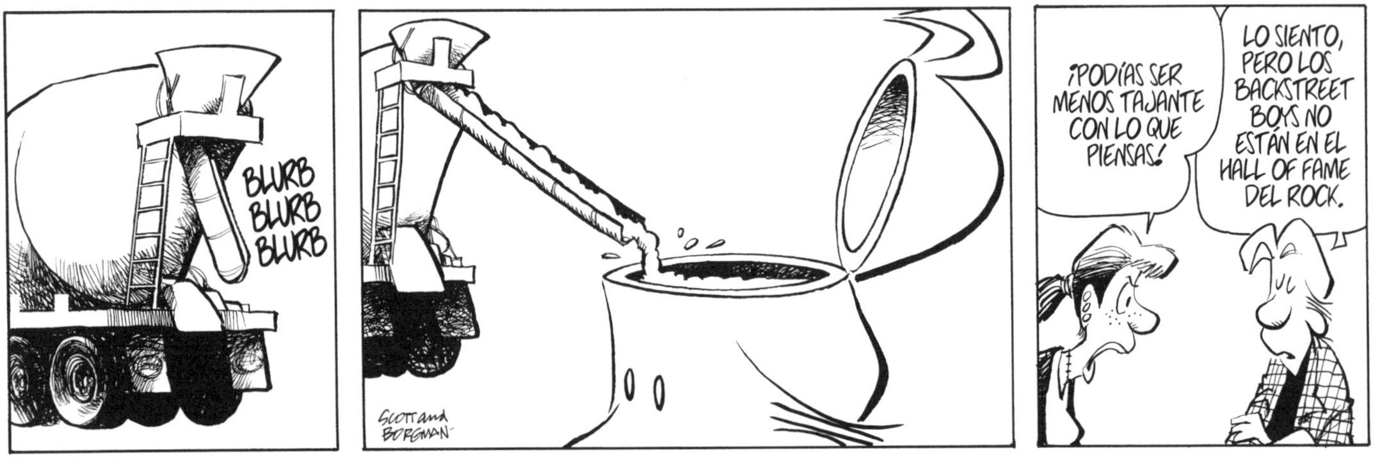
BLURB BLURB BLURB
SCOTT AND BORGMAN
¡PODÍAS SER MENOS TAJANTE CON LO QUE PIENSAS!
LO SIENTO, PERO LOS BACKSTREET BOYS NO ESTÁN EN EL HALL OF FAME DEL ROCK.

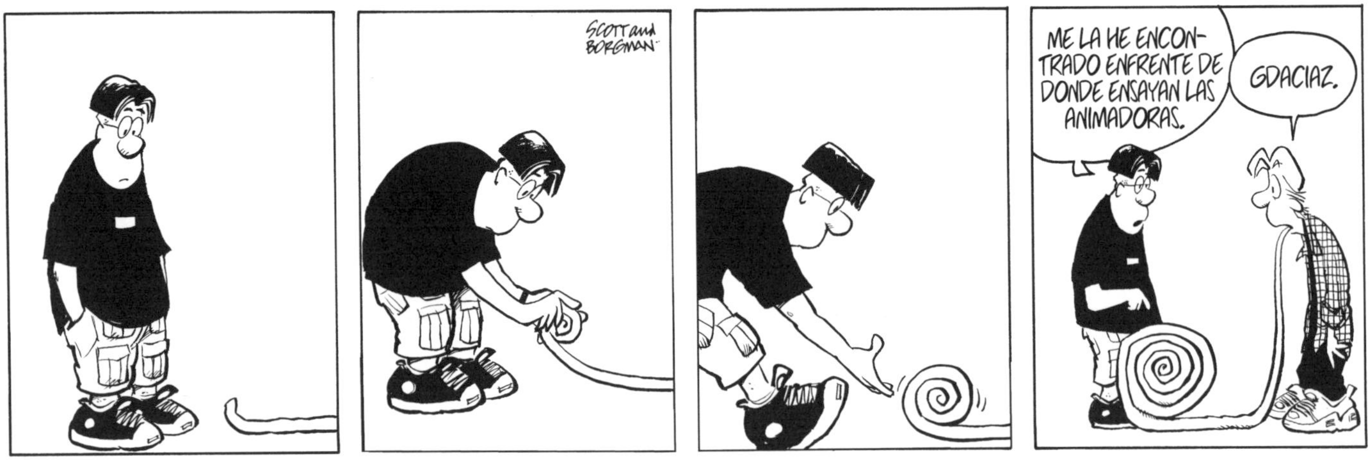
SCOTT AND BORGMAN
ME LA HE ENCONTRADO ENFRENTE DE DONDE ENSAYAN LAS ANIMADORAS.
GDACIAZ.

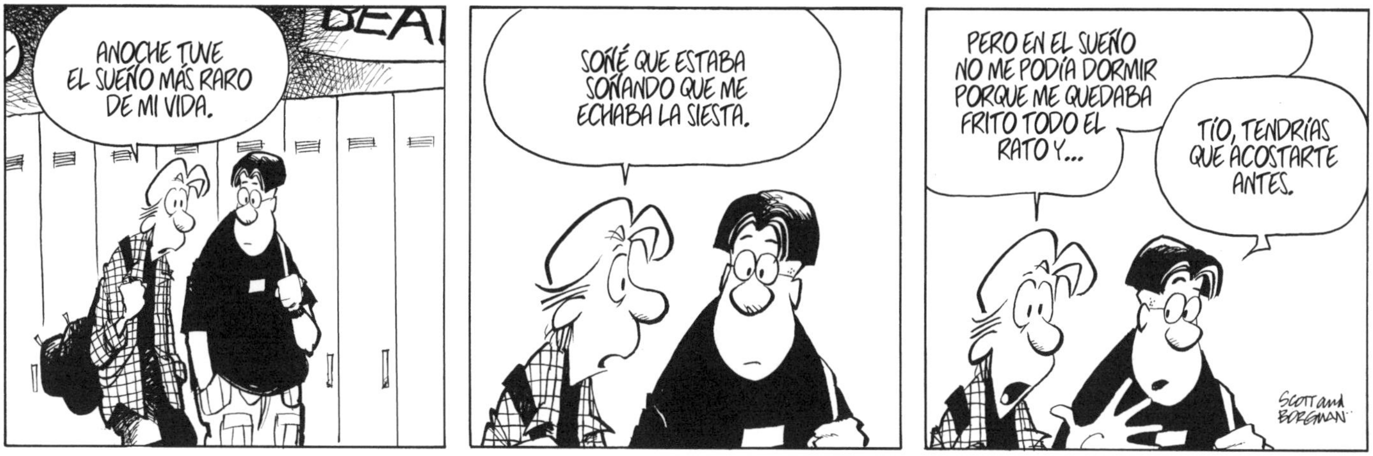
ANOCHE TUVE EL SUEÑO MÁS RARO DE MI VIDA.
SOÑÉ QUE ESTABA SOÑANDO QUE ME ECHABA LA SIESTA.
PERO EN EL SUEÑO NO ME PODÍA DORMIR PORQUE ME QUEDABA FRITO TODO EL RATO Y...
TÍO, TENDRÍAS QUE ACOSTARTE ANTES.

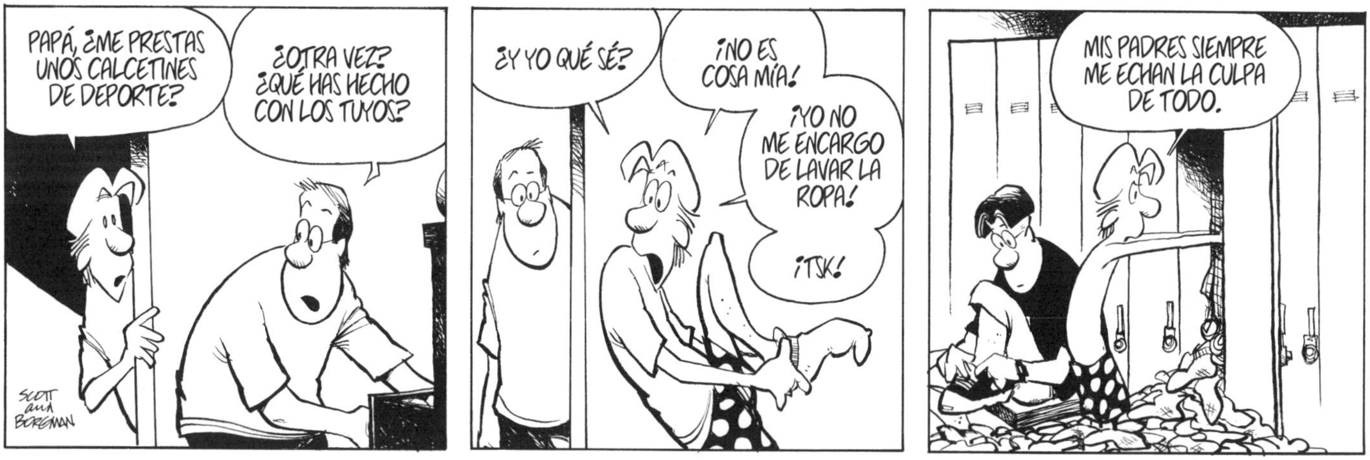
PAPÁ, ¿ME PRESTAS UNOS CALCETINES DE DEPORTE?
¿OTRA VEZ? ¿QUÉ HAS HECHO CON LOS TUYOS?
¿Y YO QUÉ SÉ?
¡NO ES COSA MÍA!
¡YO NO ME ENCARGO DE LAVAR LA ROPA!
¡TSK!
MIS PADRES SIEMPRE ME ECHAN LA CULPA DE TODO.

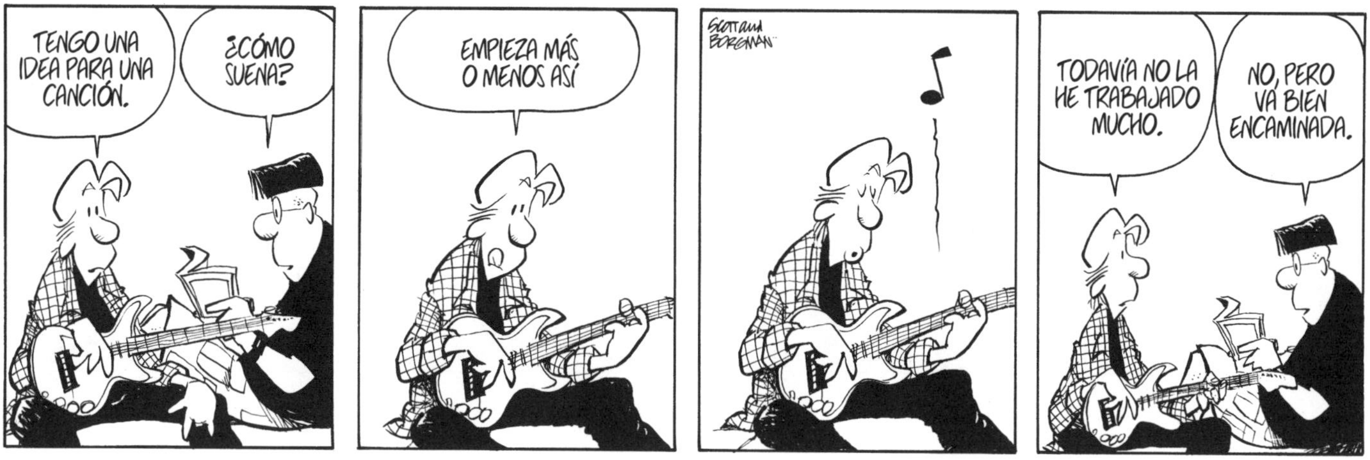
TENGO UNA IDEA PARA UNA CANCIÓN.
¿CÓMO SUENA?
EMPIEZA MÁS O MENOS ASÍ
TODAVÍA NO LA HE TRABAJADO MUCHO.
NO, PERO VA BIEN ENCAMINADA.

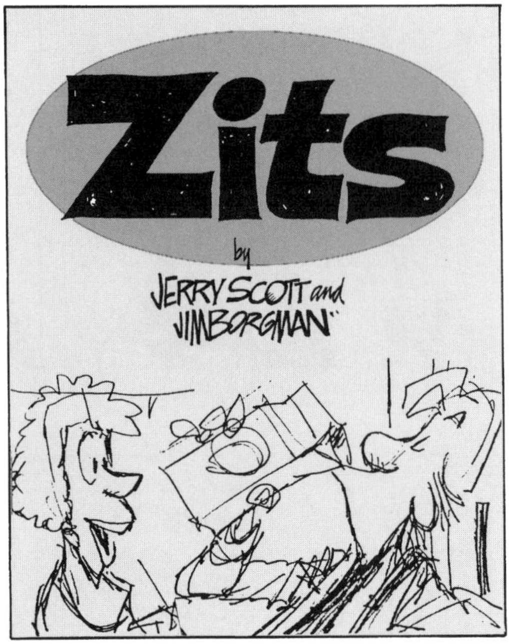
Zits
by
JERRY SCOTT and
JIM BORGMAN

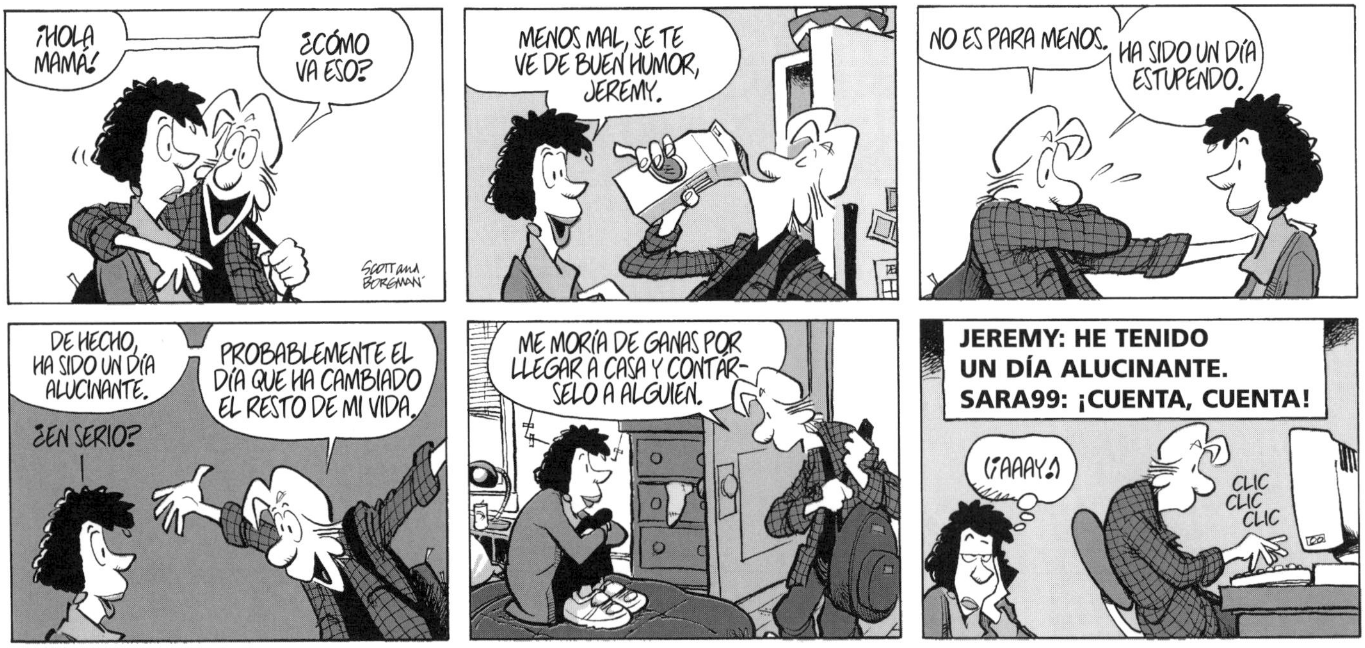
¡HOLA MAMÁ!
¿CÓMO VA ESO?
SCOTT and BORGMAN
MENOS MAL, SE TE VE DE BUEN HUMOR, JEREMY.
NO ES PARA MENOS.
HA SIDO UN DÍA ESTUPENDO.
DE HECHO, HA SIDO UN DÍA ALUCINANTE.
PROBABLEMENTE EL DÍA QUE HA CAMBIADO EL RESTO DE MI VIDA.
¿EN SERIO?
ME MORÍA DE GANAS POR LLEGAR A CASA Y CONTARSELO A ALGUIEN.
JEREMY: HE TENIDO UN DÍA ALUCINANTE.
SARA99: ¡CUENTA, CUENTA!
(¡AAAY!)
CLIC CLIC CLIC

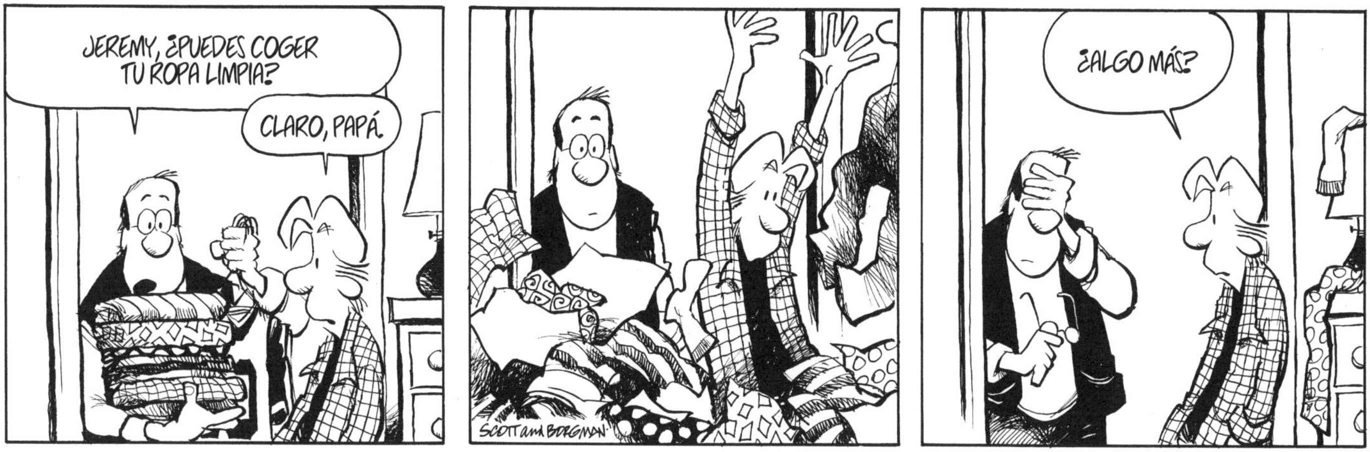
JEREMY, ¿PUEDES COGER TU ROPA LIMPIA?
CLARO, PAPÁ.
SCOTT and BORGMAN
¿ALGO MÁS?

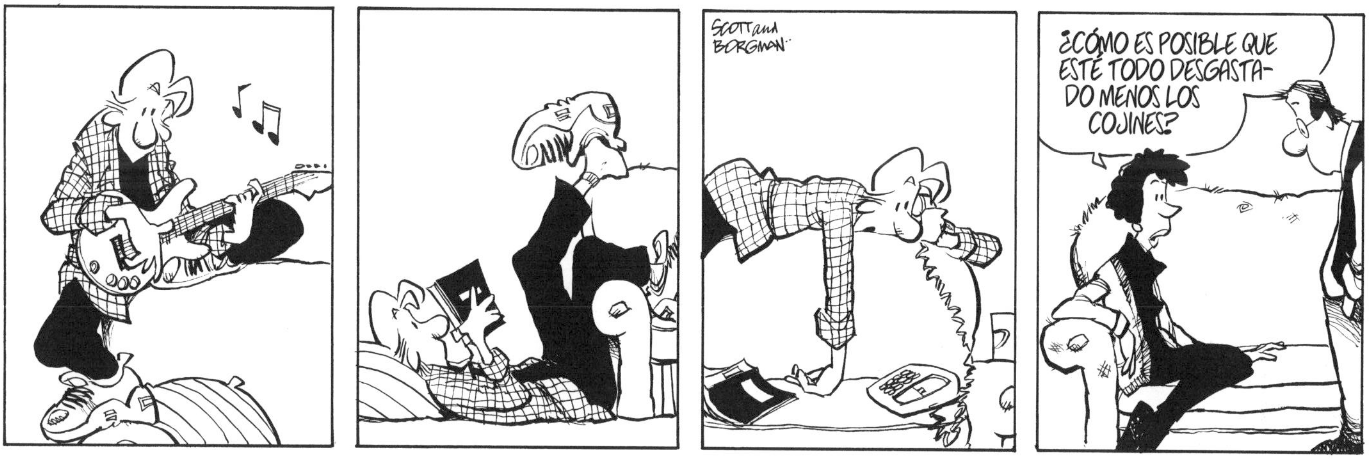
SCOTT and BORGMAN
¿CÓMO ES POSIBLE QUE ESTÉ TODO DESGASTADO MENOS LOS COJINES?

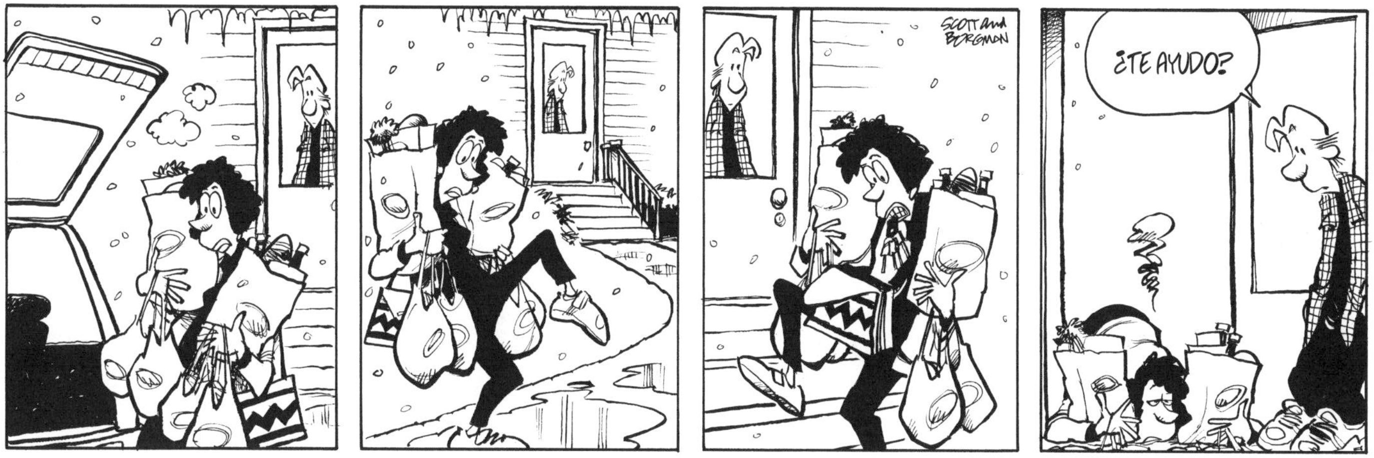
SCOTT and BORGMAN
¿TE AYUDO?

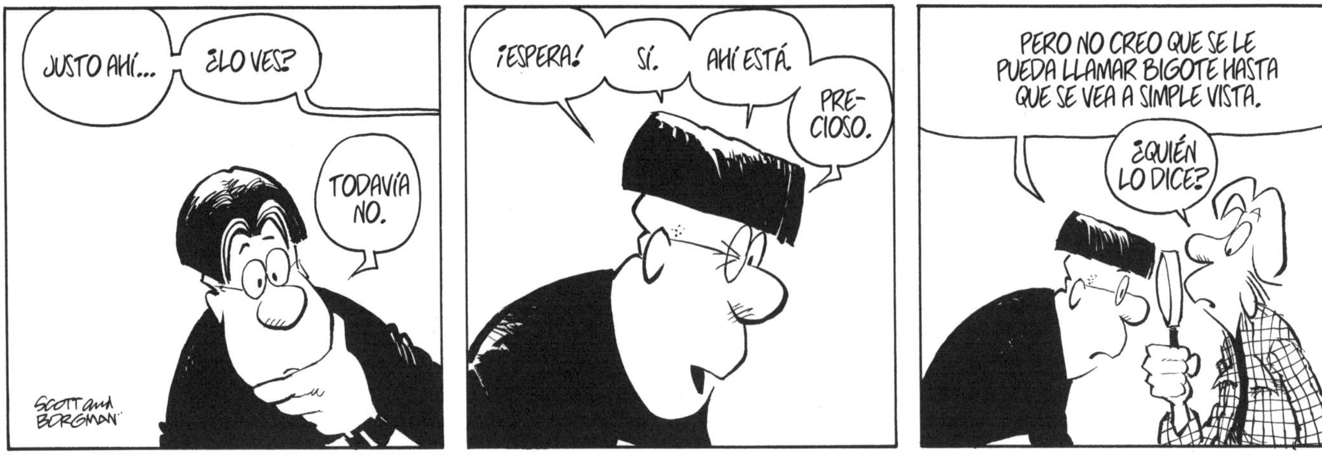
JUSTO AHÍ...
¿LO VES?
TODAVÍA NO.
¡ESPERA!
SÍ.
AHÍ ESTÁ.
PRECIOSO.
PERO NO CREO QUE SE LE PUEDA LLAMAR BIGOTE HASTA QUE SE VEA A SIMPLE VISTA.
¿QUIÉN LO DICE?
SCOTT AND BORGMAN

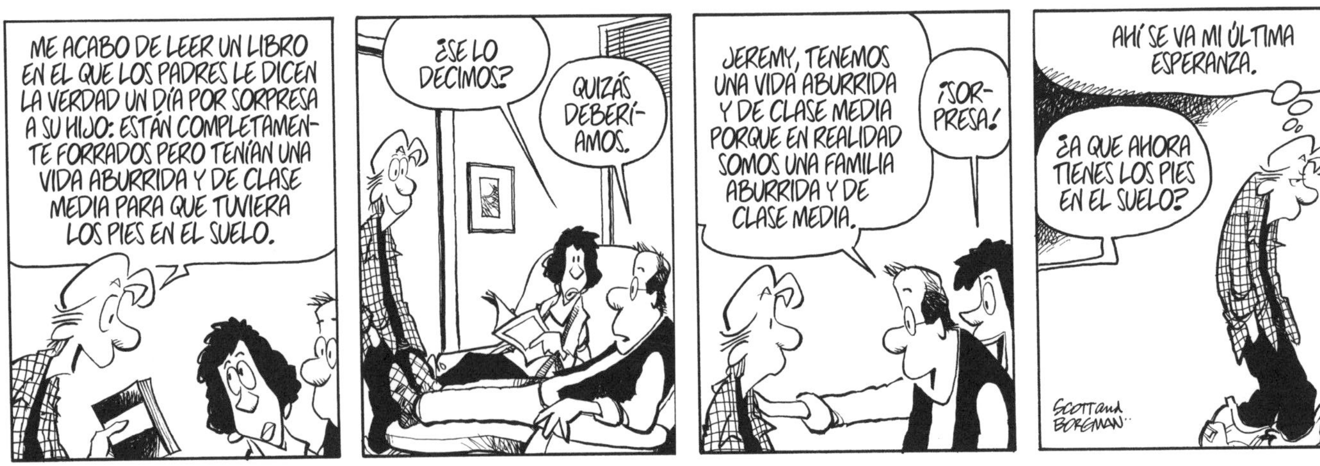
ME ACABO DE LEER UN LIBRO EN EL QUE LOS PADRES LE DICEN LA VERDAD UN DÍA POR SORPRESA A SU HIJO: ESTÁN COMPLETAMENTE FORRADOS PERO TENÍAN UNA VIDA ABURRIDA Y DE CLASE MEDIA PARA QUE TUVIERA LOS PIES EN EL SUELO.
¿SE LO DECIMOS?
QUIZÁS DEBERÍAMOS.
JEREMY, TENEMOS UNA VIDA ABURRIDA Y DE CLASE MEDIA PORQUE EN REALIDAD SOMOS UNA FAMILIA ABURRIDA Y DE CLASE MEDIA.
¡SORPRESA!
AHÍ SE VA MI ÚLTIMA ESPERANZA.
¿A QUE AHORA TIENES LOS PIES EN EL SUELO?
SCOTT AND BORGMAN

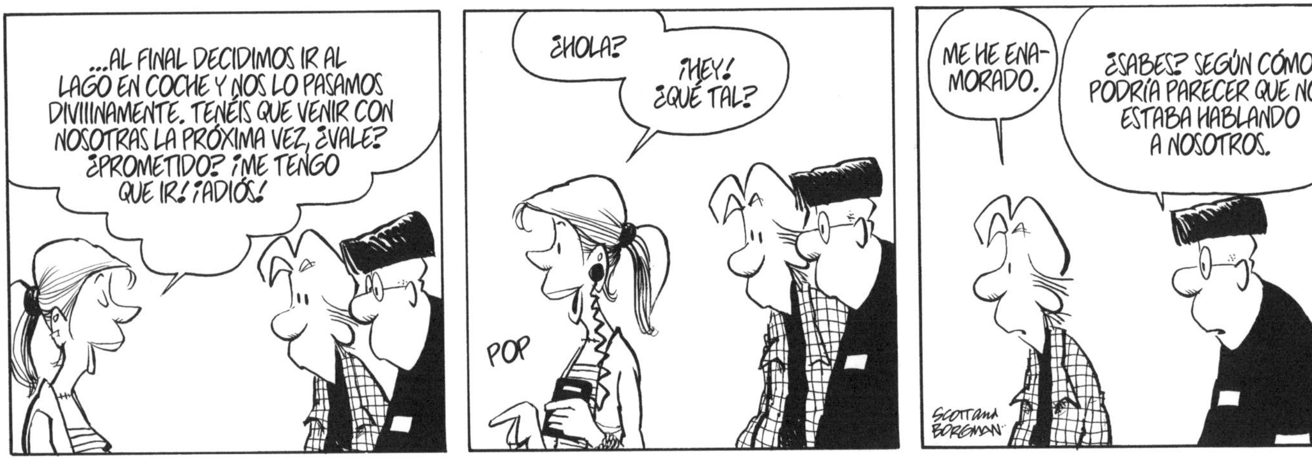
...AL FINAL DECIDIMOS IR AL LAGO EN COCHE Y NOS LO PASAMOS DIVIIINAMENTE. TENÉIS QUE VENIR CON NOSOTRAS LA PRÓXIMA VEZ, ¿VALE? ¿PROMETIDO? ¡ME TENGO QUE IR! ¡ADIÓS!
¿HOLA?
¡HEY! ¿QUÉ TAL?
POP
ME HE ENAMORADO.
¿SABES? SEGÚN CÓMO PODRÍA PARECER QUE NOS ESTABA HABLANDO A NOSOTROS.
SCOTT AND BORGMAN

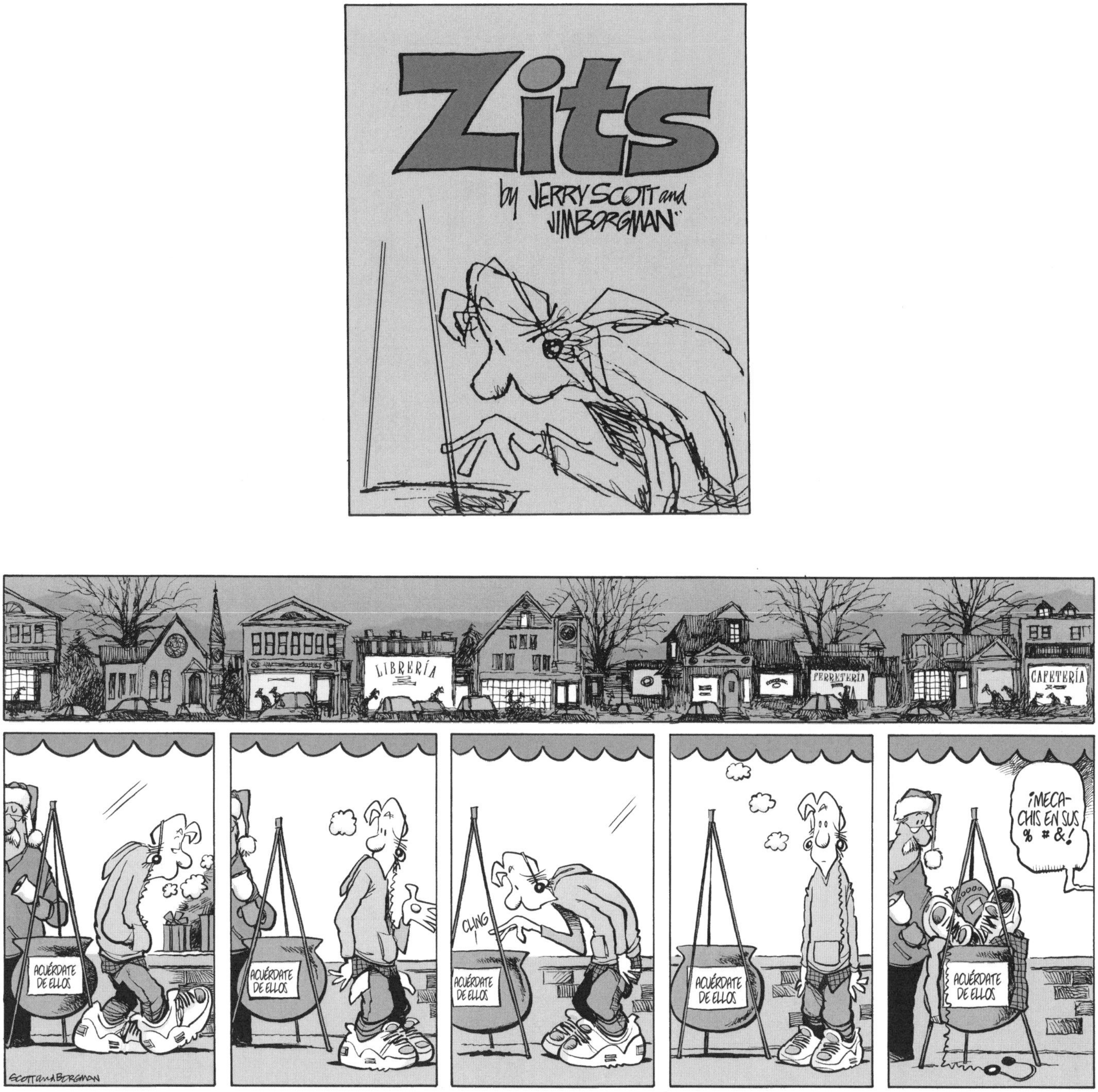
Zits
by JERRY SCOTT and JIM BORGMAN
LIBRERÍA
FERRETERÍA
CAFETERÍA
ACUÉRDATE DE ELLOS
ACUÉRDATE DE ELLOS
CLING
ACUÉRDATE DE ELLOS
ACUÉRDATE DE ELLOS
¡MECA-CHIS EN SUS % # &!
ACUÉRDATE DE ELLOS
SCOTT and BORGMAN

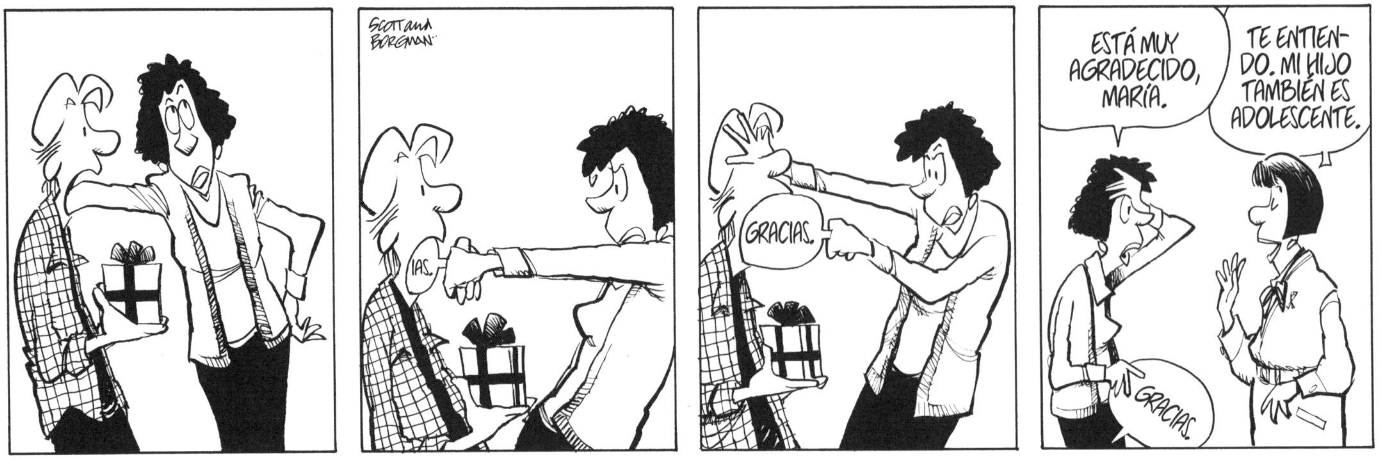
IAS.
GRACIAS.
ESTÁ MUY AGRADECIDO, MARÍA.
TE ENTIENDO. MI HIJO TAMBIÉN ES ADOLESCENTE.
GRACIAS.

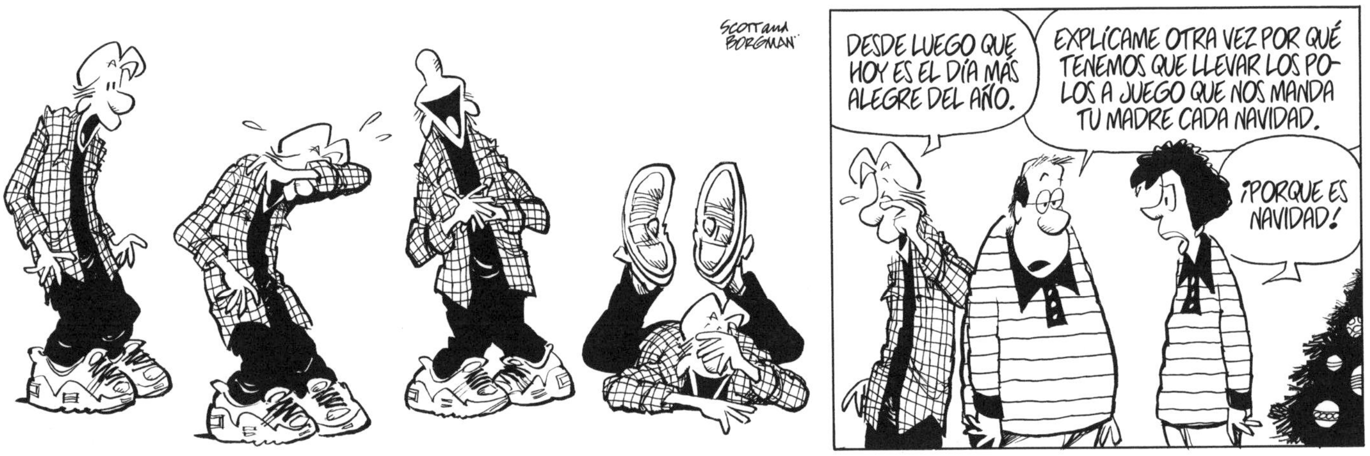
DESDE LUEGO QUE HOY ES EL DÍA MÁS ALEGRE DEL AÑO.
EXPLÍCAME OTRA VEZ POR QUÉ TENEMOS QUE LLEVAR LOS POLOS A JUEGO QUE NOS MANDA TU MADRE CADA NAVIDAD.
¡PORQUE ES NAVIDAD!

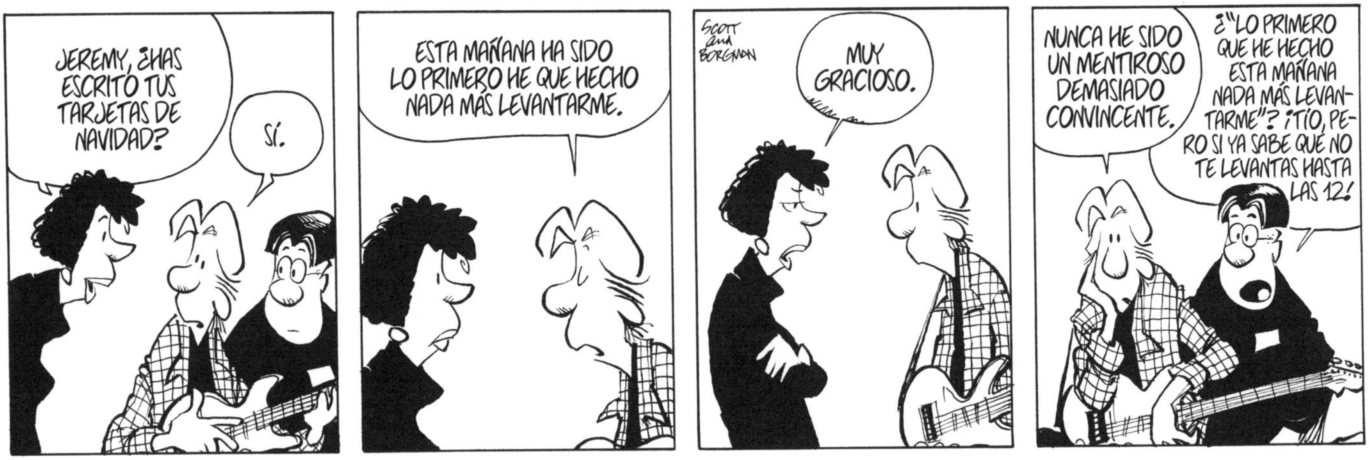
JEREMY, ¿HAS ESCRITO TUS TARJETAS DE NAVIDAD?
SÍ.
ESTA MAÑANA HA SIDO LO PRIMERO HE QUE HECHO NADA MÁS LEVANTARME.
MUY GRACIOSO.
NUNCA HE SIDO UN MENTIROSO DEMASIADO CONVINCENTE.
¿"LO PRIMERO QUE HE HECHO ESTA MAÑANA NADA MÁS LEVANTARME"? ¡TÍO, PERO SI YA SABE QUE NO TE LEVANTAS HASTA LAS 12!

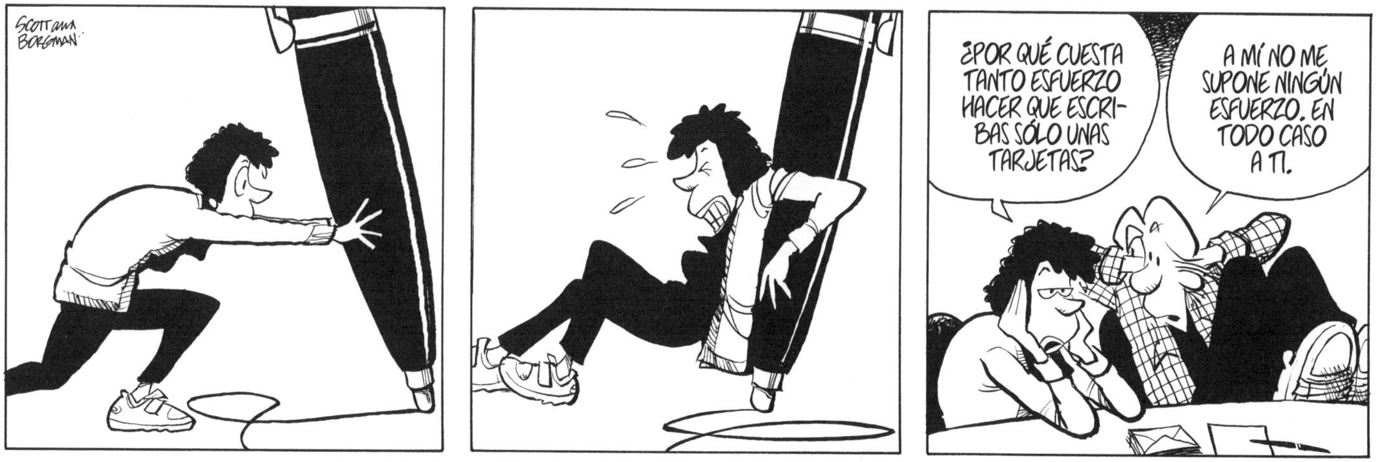
¿POR QUÉ CUESTA TANTO ESFUERZO HACER QUE ESCRIBAS SÓLO UNAS TARJETAS?
A MÍ NO ME SUPONE NINGÚN ESFUERZO. EN TODO CASO A TI.

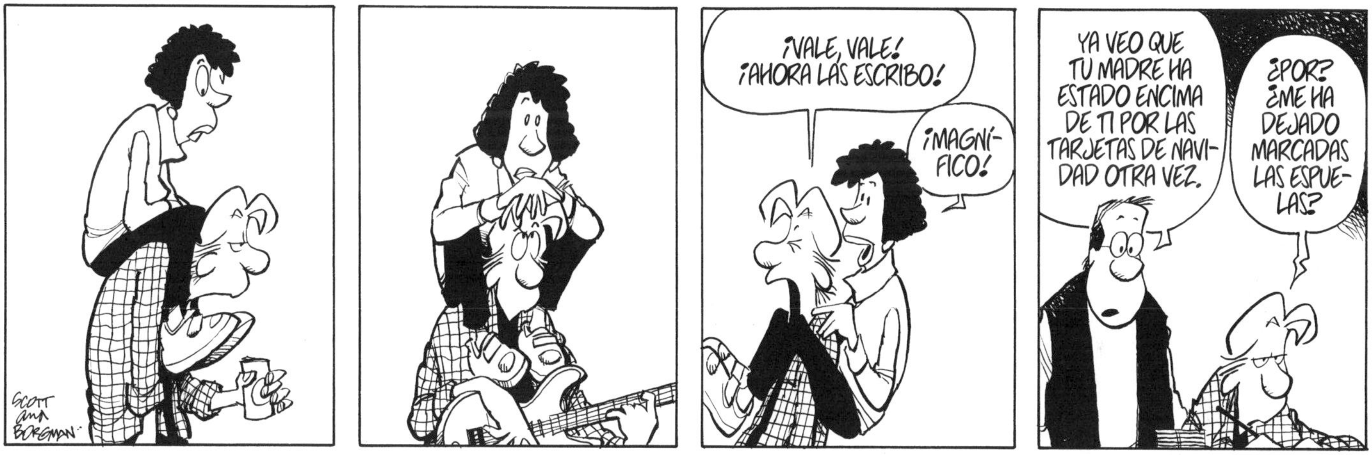
¡VALE, VALE! ¡AHORA LAS ESCRIBO!
¡MAGNÍFICO!
YA VEO QUE TU MADRE HA ESTADO ENCIMA DE TI POR LAS TARJETAS DE NAVIDAD OTRA VEZ.
¿POR? ¿ME HA DEJADO MARCADAS LAS ESPUELAS?

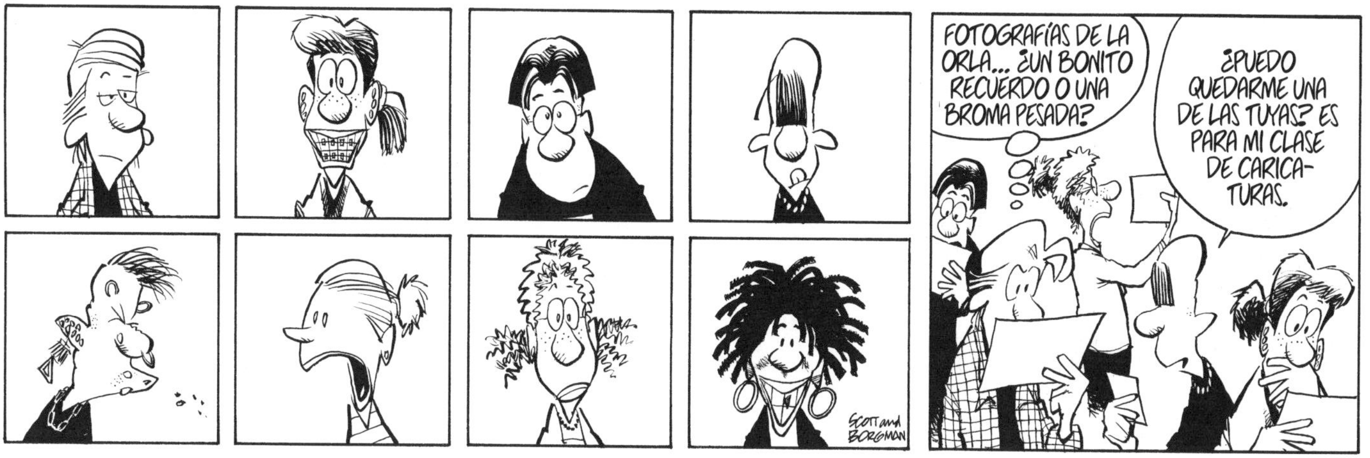
FOTOGRAFÍAS DE LA ORLA... ¿UN BONITO RECUERDO O UNA BROMA PESADA?
¿PUEDO QUEDARME UNA DE LAS TUYAS? ES PARA MI CLASE DE CARICATURAS.

Zits
E FACTURA
DEL TEL-
NO?
ENSAYAR.
by
JERRY SCOTT and JIMBORGMAN

¿PODRÍA EXPLICARME ALGUIEN POR QUÉ RECIBIMOS SEMEJANTE FACTURA DEL TELÉFONO?
QUIZÁS TENGA ALGO QUE VER EL POCO ESPACIO QUE TENEMOS EN CASA PARA ENSAYAR.
SCOTT and BORGMAN

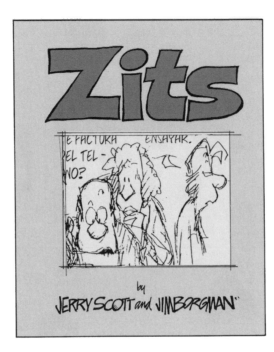

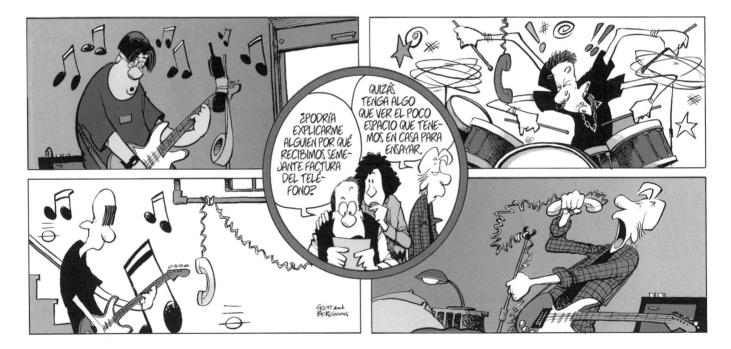

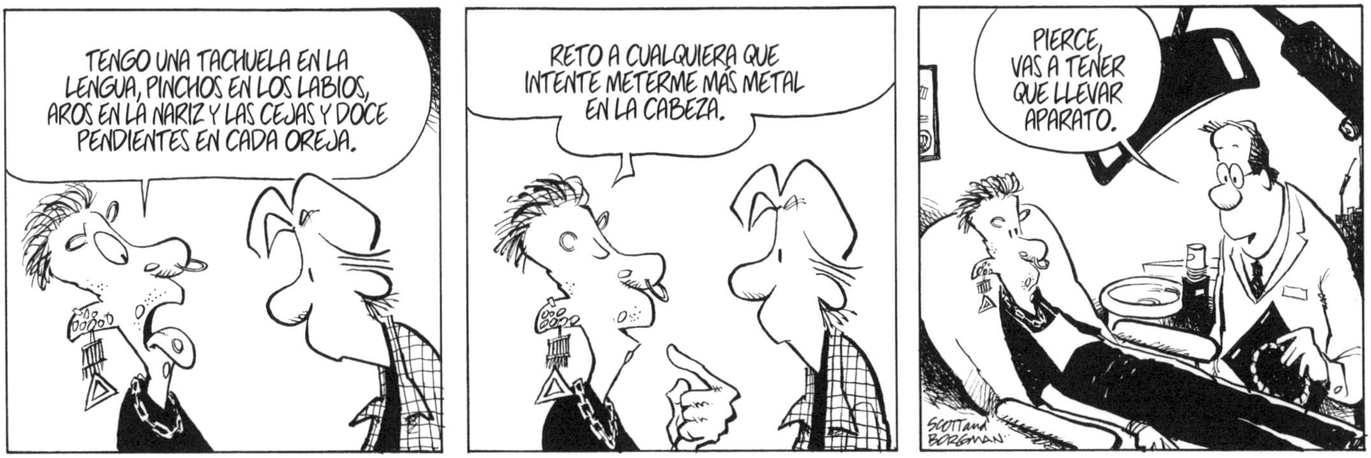
TENGO UNA TACHUELA EN LA LENGUA, PINCHOS EN LOS LABIOS, AROS EN LA NARIZ Y LAS CEJAS Y DOCE PENDIENTES EN CADA OREJA.
RETO A CUALQUIERA QUE INTENTE METERME MÁS METAL EN LA CABEZA.
PIERCE, VAS A TENER QUE LLEVAR APARATO.
SCOTT and BORGMAN

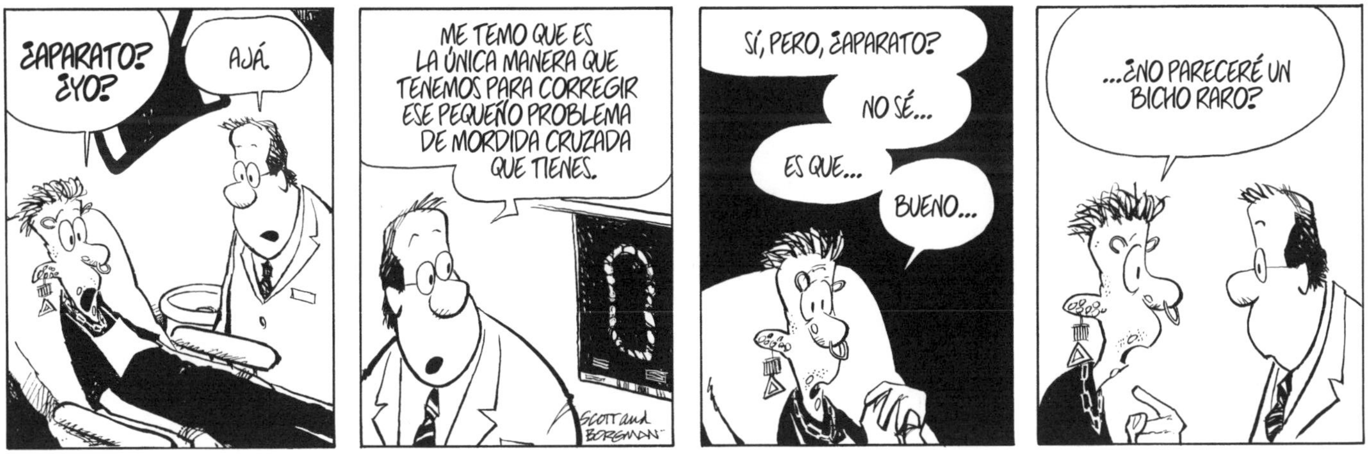
¿APARATO? ¿YO?
AJÁ.
ME TEMO QUE ES LA ÚNICA MANERA QUE TENEMOS PARA CORREGIR ESE PEQUEÑO PROBLEMA DE MORDIDA CRUZADA QUE TIENES.
SCOTT and BORGMAN
SÍ, PERO, ¿APARATO?
NO SÉ...
ES QUE...
BUENO...
...¿NO PARECERÉ UN BICHO RARO?

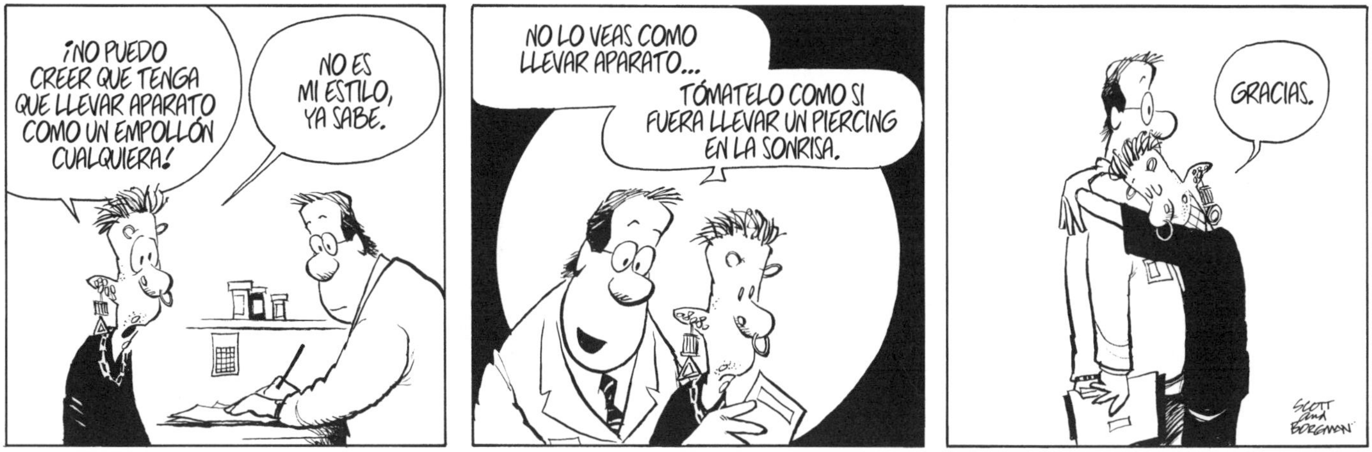
¡NO PUEDO CREER QUE TENGA QUE LLEVAR APARATO COMO UN EMPOLLÓN CUALQUIERA!
NO ES MI ESTILO, YA SABE.
NO LO VEAS COMO LLEVAR APARATO...
TÓMATELO COMO SI FUERA LLEVAR UN PIERCING EN LA SONRISA.
GRACIAS.
SCOTT and BORGMAN

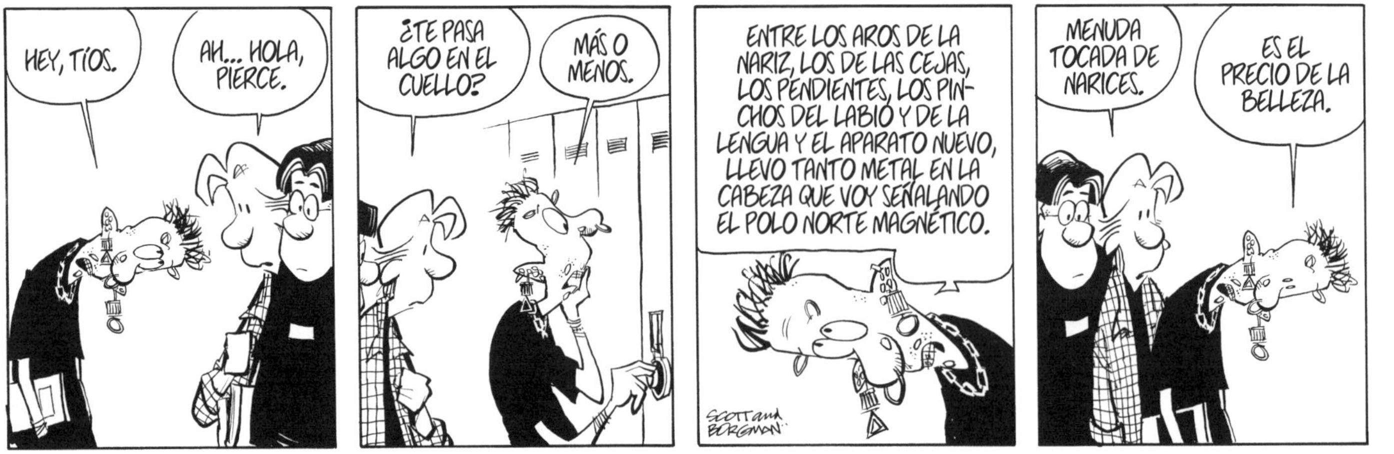
HEY, TÍOS.
AH... HOLA, PIERCE.
¿TE PASA ALGO EN EL CUELLO?
MÁS O MENOS.
ENTRE LOS AROS DE LA NARIZ, LOS DE LAS CEJAS, LOS PENDIENTES, LOS PINCHOS DEL LABIO Y DE LA LENGUA Y EL APARATO NUEVO, LLEVO TANTO METAL EN LA CABEZA QUE VOY SEÑALANDO EL POLO NORTE MAGNÉTICO.
SCOTT AND BORGMAN
MENUDA TOCADA DE NARICES.
ES EL PRECIO DE LA BELLEZA.

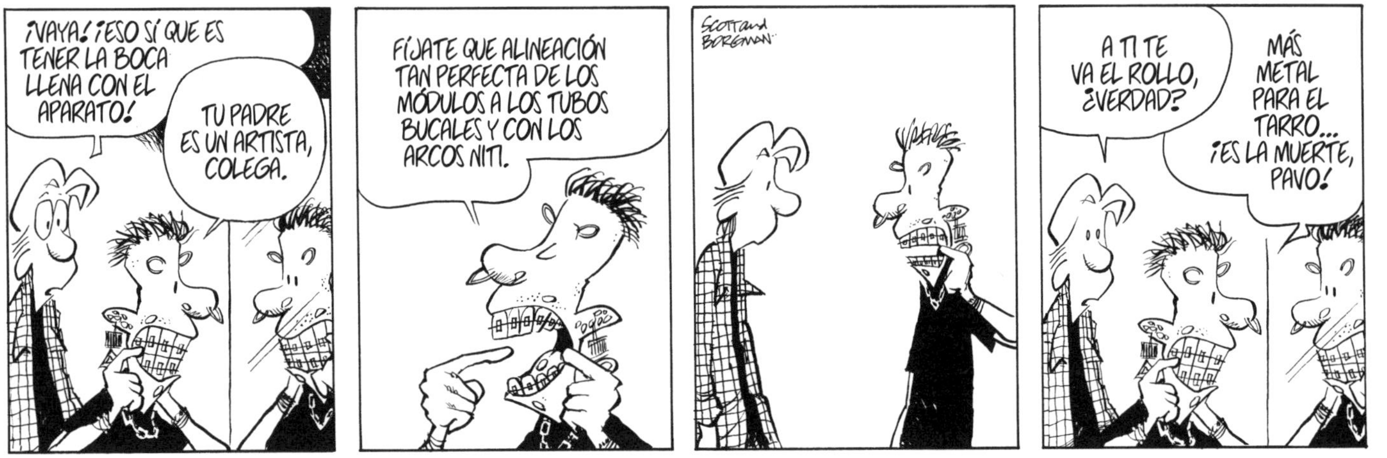
¡VAYA! ¡ESO SÍ QUE ES TENER LA BOCA LLENA CON EL APARATO!
TU PADRE ES UN ARTISTA, COLEGA.
FÍJATE QUE ALINEACIÓN TAN PERFECTA DE LOS MÓDULOS A LOS TUBOS BUCALES Y CON LOS ARCOS NITI.
SCOTT AND BORGMAN
A TI TE VA EL ROLLO, ¿VERDAD?
MÁS METAL PARA EL TARRO... ¡ES LA MUERTE, PAVO!

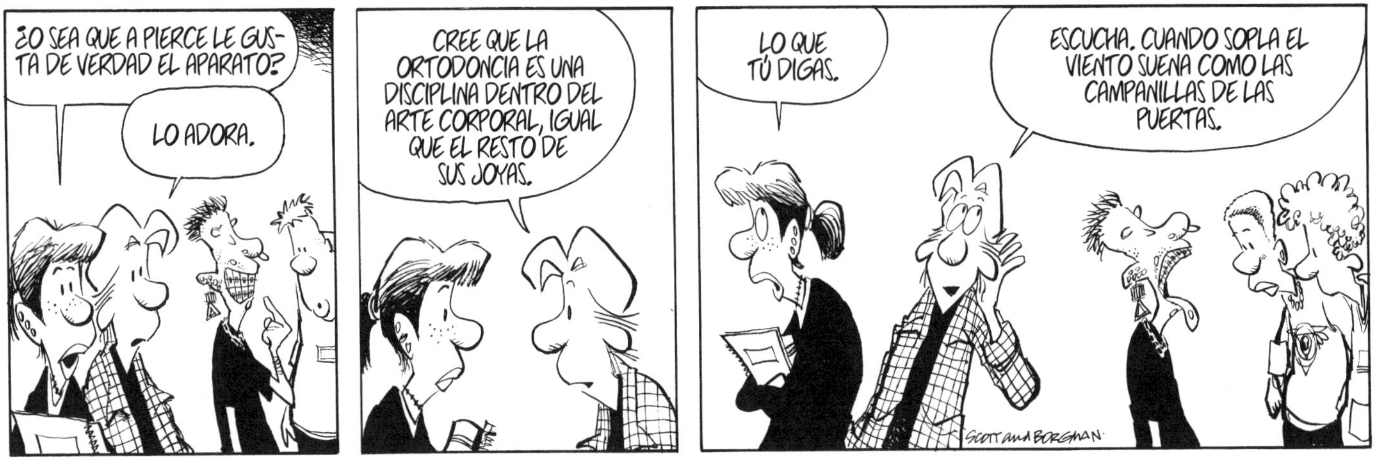
¿O SEA QUE A PIERCE LE GUSTA DE VERDAD EL APARATO?
LO ADORA.
CREE QUE LA ORTODONCIA ES UNA DISCIPLINA DENTRO DEL ARTE CORPORAL, IGUAL QUE EL RESTO DE SUS JOYAS.
LO QUE TÚ DIGAS.
ESCUCHA. CUANDO SOPLA EL VIENTO SUENA COMO LAS CAMPANILLAS DE LAS PUERTAS.
SCOTT AND BORGMAN

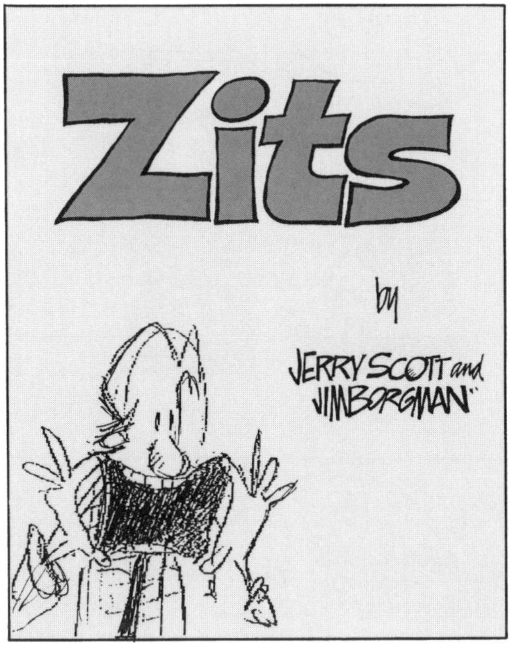
Zits
by
JERRY SCOTT and
JIM BORGMAN

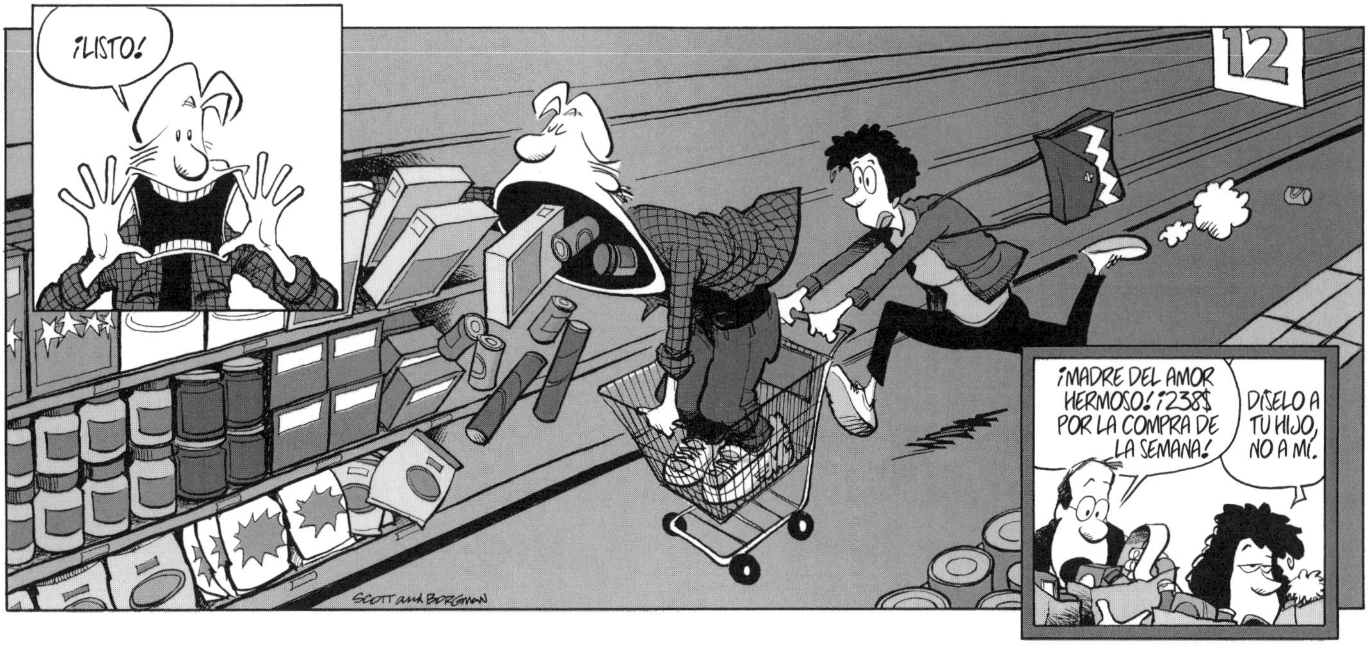
¡LISTO!
12
SCOTT and BORGMAN
¡MADRE DEL AMOR HERMOSO! ¡238$ POR LA COMPRA DE LA SEMANA!
DÍSELO A TU HIJO, NO A MÍ.

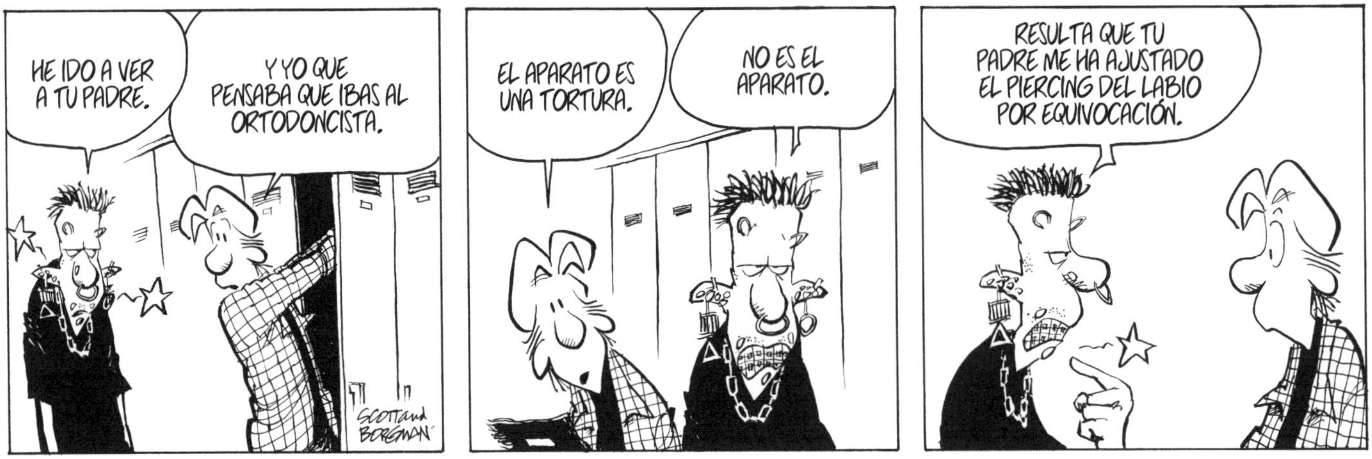
HE IDO A VER A TU PADRE.
Y YO QUE PENSABA QUE IBAS AL ORTODONCISTA.
SCOTT and BORGMAN
EL APARATO ES UNA TORTURA.
NO ES EL APARATO.
RESULTA QUE TU PADRE ME HA AJUSTADO EL PIERCING DEL LABIO POR EQUIVOCACIÓN.

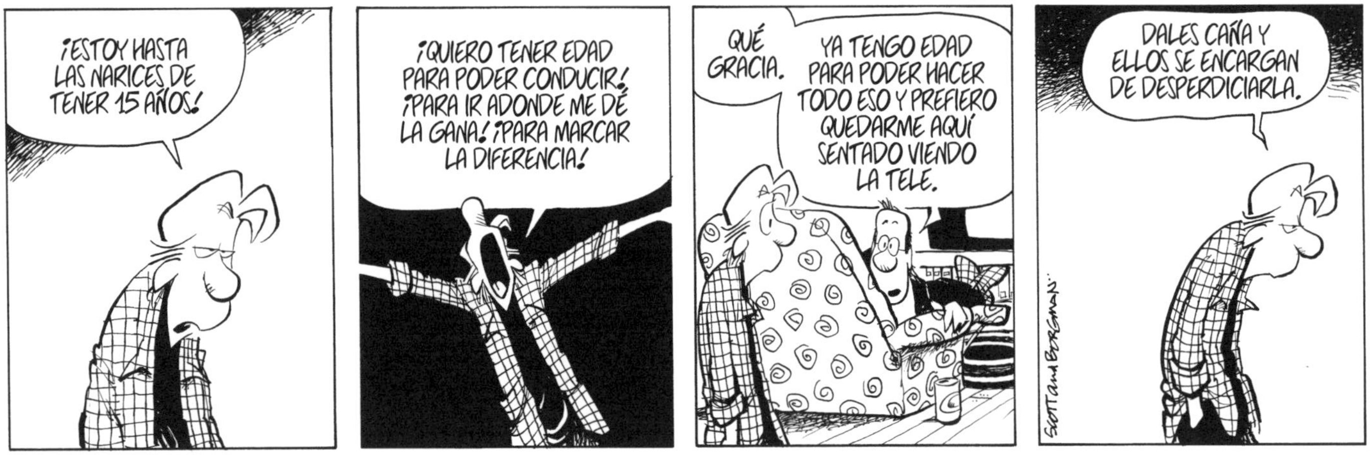
¡ESTOY HASTA LAS NARICES DE TENER 15 AÑOS!
¡QUIERO TENER EDAD PARA PODER CONDUCIR! ¡PARA IR ADONDE ME DÉ LA GANA! ¡PARA MARCAR LA DIFERENCIA!
QUÉ GRACIA.
YA TENGO EDAD PARA PODER HACER TODO ESO Y PREFIERO QUEDARME AQUÍ SENTADO VIENDO LA TELE.
SCOTT and BORGMAN
DALES CAÑA Y ELLOS SE ENCARGAN DE DESPERDICIARLA.

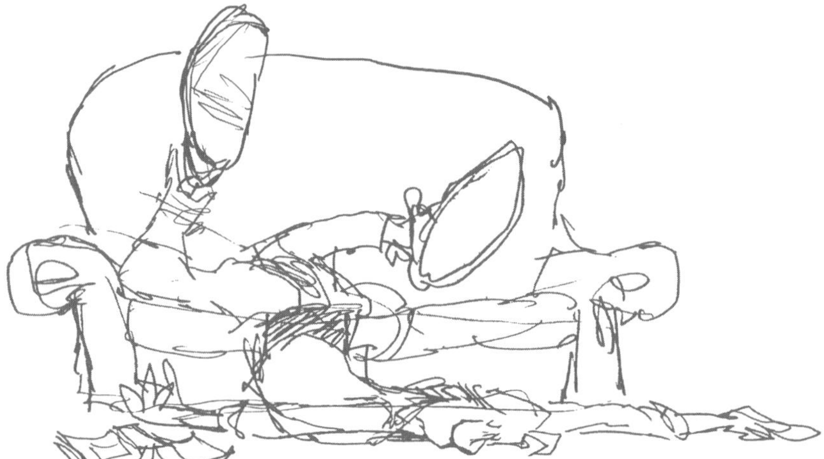

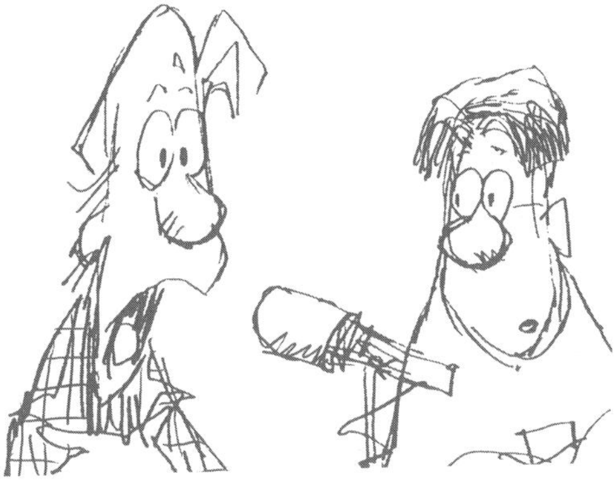

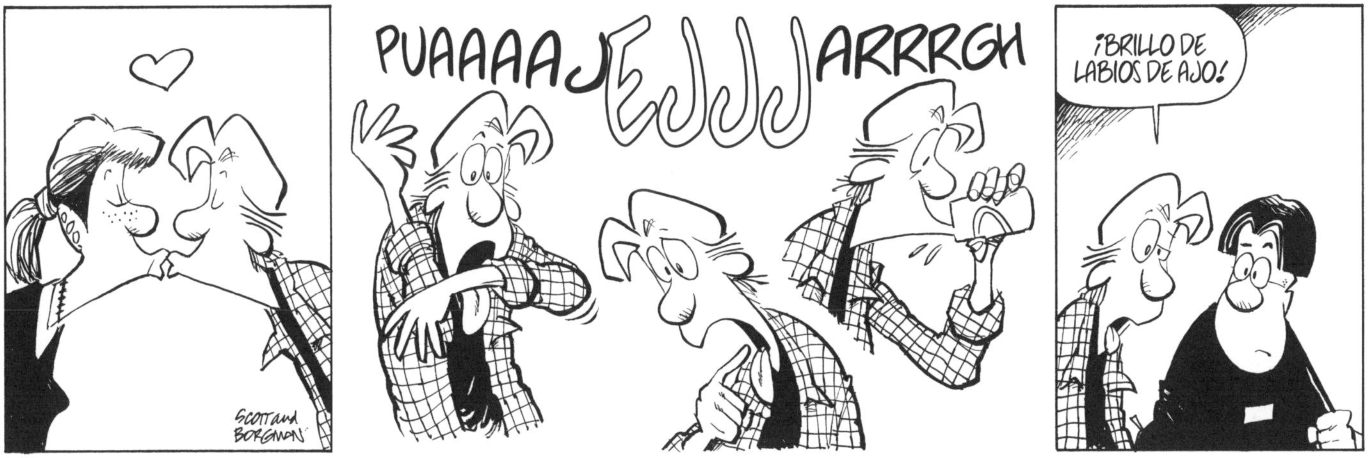
PUAAAAJEJJJARRRGH
¡BRILLO DE LABIOS DE AJO!
SCOTT and BORGMAN

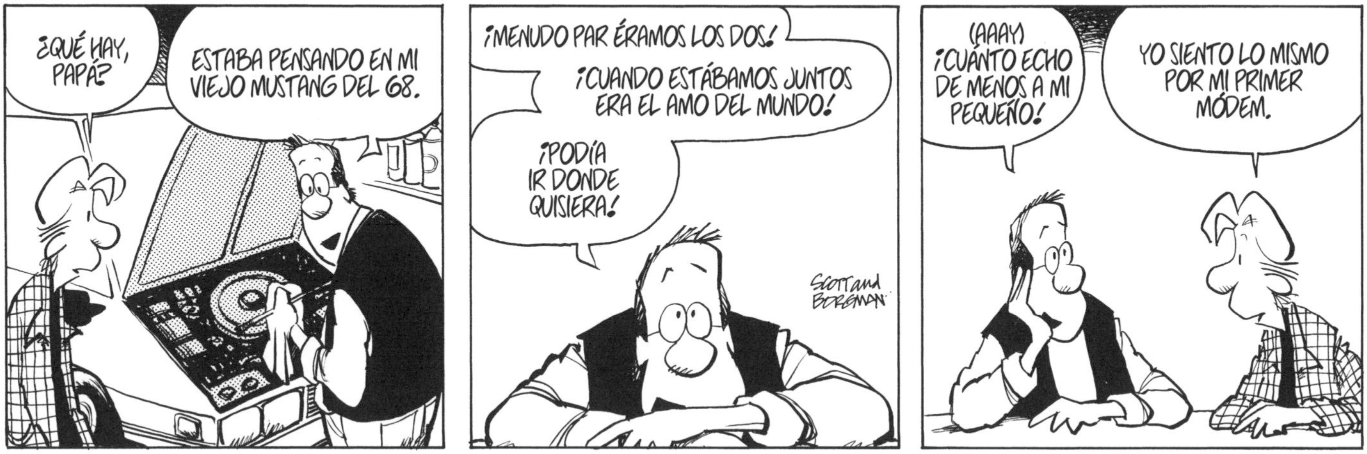
¿QUÉ HAY, PAPÁ?
ESTABA PENSANDO EN MI VIEJO MUSTANG DEL 68.
¡MENUDO PAR ÉRAMOS LOS DOS!
¡CUANDO ESTÁBAMOS JUNTOS ERA EL AMO DEL MUNDO!
¡PODÍA IR DONDE QUISIERA!
SCOTT and BORGMAN
(AAAY) ¡CUÁNTO ECHO DE MENOS A MI PEQUEÑO!
YO SIENTO LO MISMO POR MI PRIMER MÓDEM.

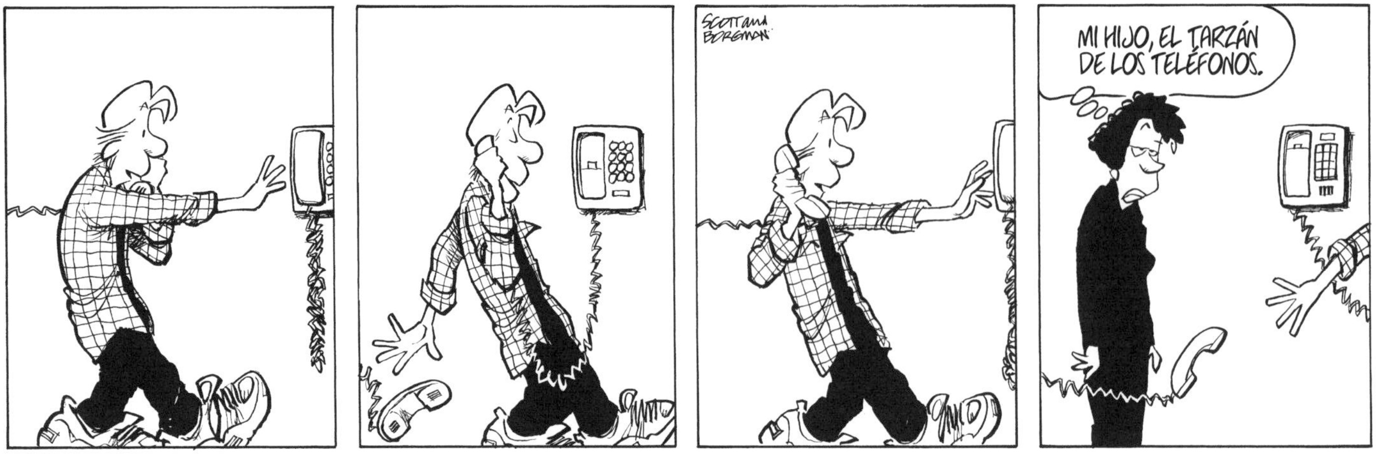
MI HIJO, EL TARZÁN DE LOS TELÉFONOS.

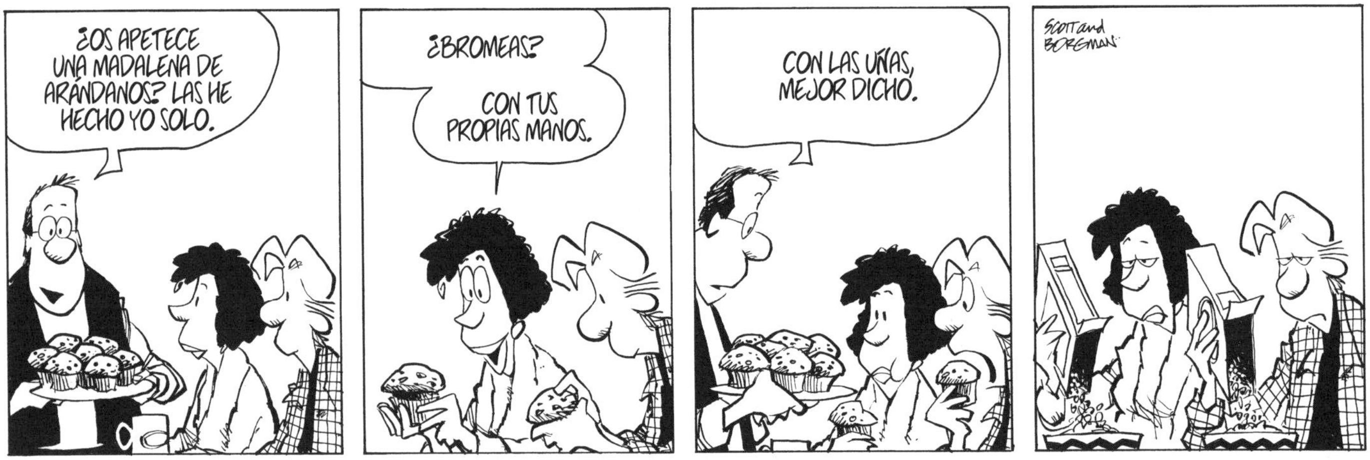
¿OS APETECE UNA MADALENA DE ARÁNDANOS? LAS HE HECHO YO SOLO.
¿BROMEAS?
CON TUS PROPIAS MANOS.
CON LAS UÑAS, MEJOR DICHO.

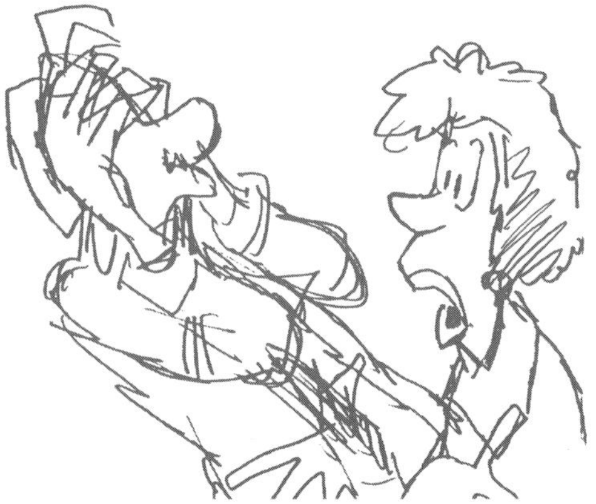

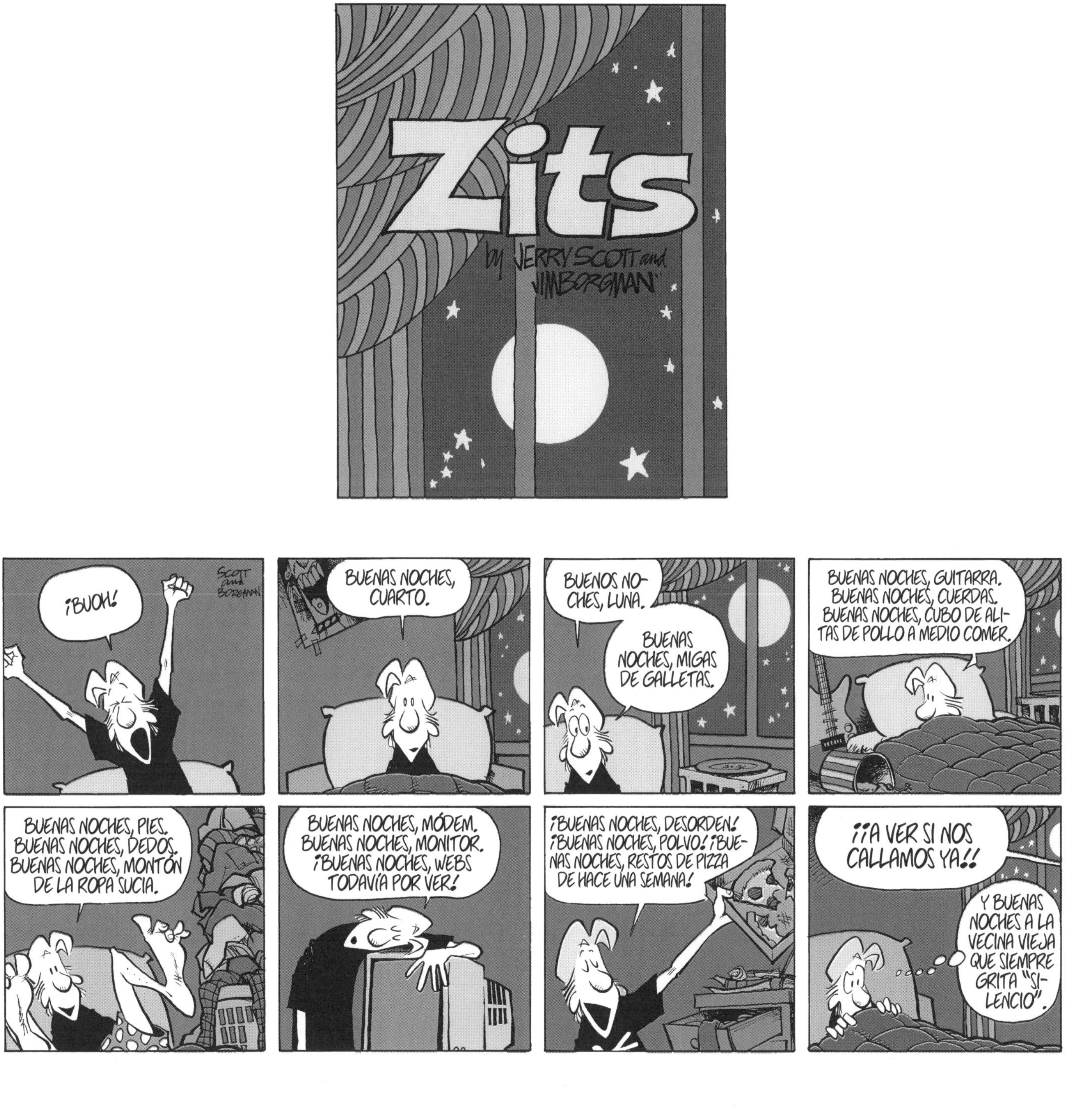
Zits
by JERRY SCOTT and JIM BORGMAN
SCOTT and BORGMAN
¡BUOH!
BUENAS NOCHES, CUARTO.
BUENOS NOCHES, LUNA.
BUENAS NOCHES, MIGAS DE GALLETAS.
BUENAS NOCHES, GUITARRA. BUENAS NOCHES, CUERDAS. BUENAS NOCHES, CUBO DE ALITAS DE POLLO A MEDIO COMER.
BUENAS NOCHES, PIES. BUENAS NOCHES, DEDOS. BUENAS NOCHES, MONTÓN DE LA ROPA SUCIA.
BUENAS NOCHES, MÓDEM. BUENAS NOCHES, MONITOR. ¡BUENAS NOCHES, WEBS TODAVÍA POR VER!
¡BUENAS NOCHES, DESORDEN! ¡BUENAS NOCHES, POLVO! ¡BUENAS NOCHES, RESTOS DE PIZZA DE HACE UNA SEMANA!
¡¡A VER SI NOS CALLAMOS YA!!
Y BUENAS NOCHES A LA VECINA VIEJA QUE SIEMPRE GRITA "SILENCIO".

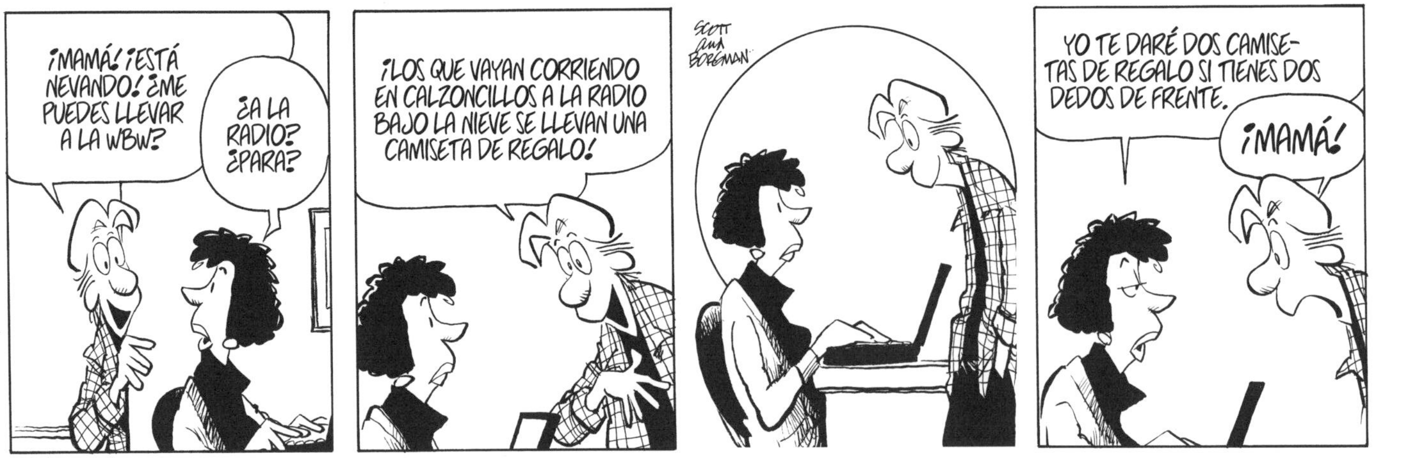
¡MAMÁ! ¡ESTÁ NEVANDO! ¿ME PUEDES LLEVAR A LA WBW?
¿A LA RADIO? ¿PARA?
¡LOS QUE VAYAN CORRIENDO EN CALZONCILLOS A LA RADIO BAJO LA NIEVE SE LLEVAN UNA CAMISETA DE REGALO!
YO TE DARÉ DOS CAMISETAS DE REGALO SI TIENES DOS DEDOS DE FRENTE.
¡MAMÁ!

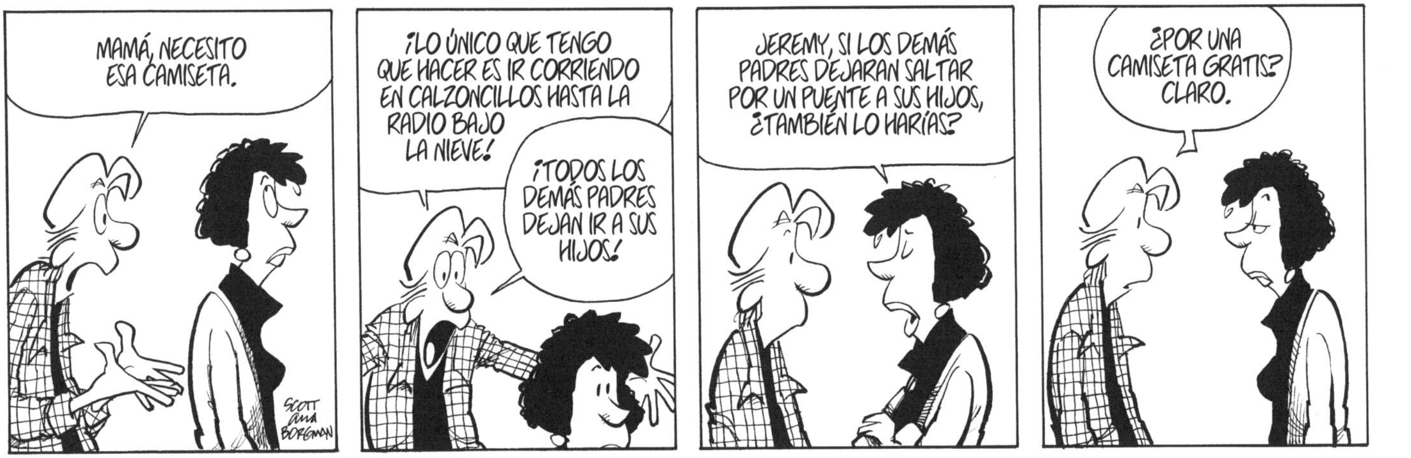
MAMÁ, NECESITO ESA CAMISETA.
¡LO ÚNICO QUE TENGO QUE HACER ES IR CORRIENDO EN CALZONCILLOS HASTA LA RADIO BAJO LA NIEVE!
¡TODOS LOS DEMÁS PADRES DEJAN IR A SUS HIJOS!
JEREMY, SI LOS DEMÁS PADRES DEJARAN SALTAR POR UN PUENTE A SUS HIJOS, ¿TAMBIÉN LO HARÍAS?
¿POR UNA CAMISETA GRATIS? CLARO.

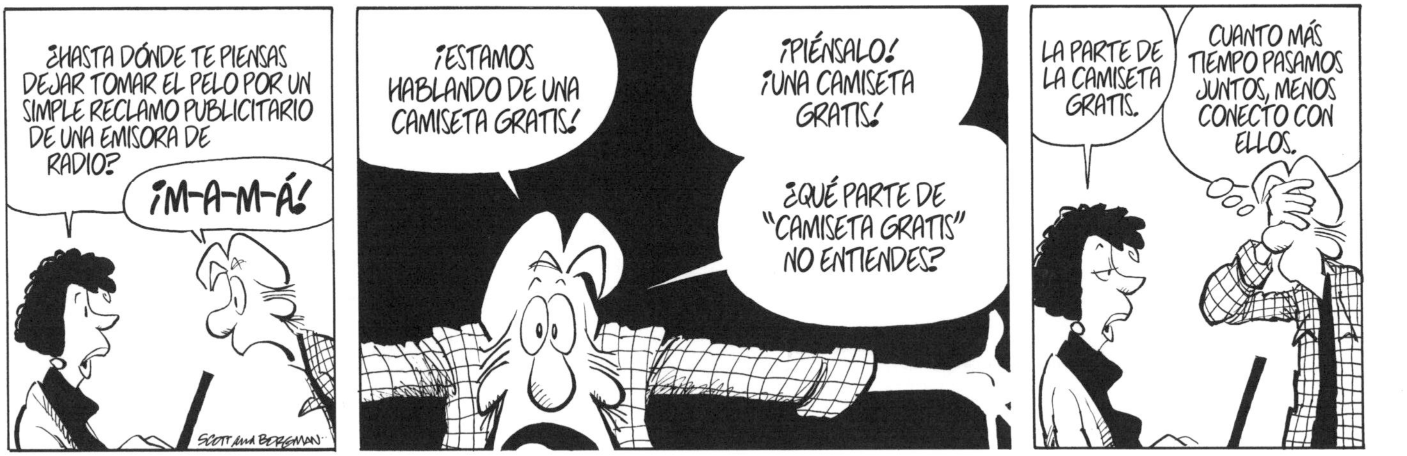
¿HASTA DÓNDE TE PIENSAS DEJAR TOMAR EL PELO POR UN SIMPLE RECLAMO PUBLICITARIO DE UNA EMISORA DE RADIO?
¡M-A-M-Á!
¡ESTAMOS HABLANDO DE UNA CAMISETA GRATIS!
¡PIÉNSALO! ¡UNA CAMISETA GRATIS!
¿QUÉ PARTE DE "CAMISETA GRATIS" NO ENTIENDES?
LA PARTE DE LA CAMISETA GRATIS.
CUANTO MÁS TIEMPO PASAMOS JUNTOS, MENOS CONECTO CON ELLOS.

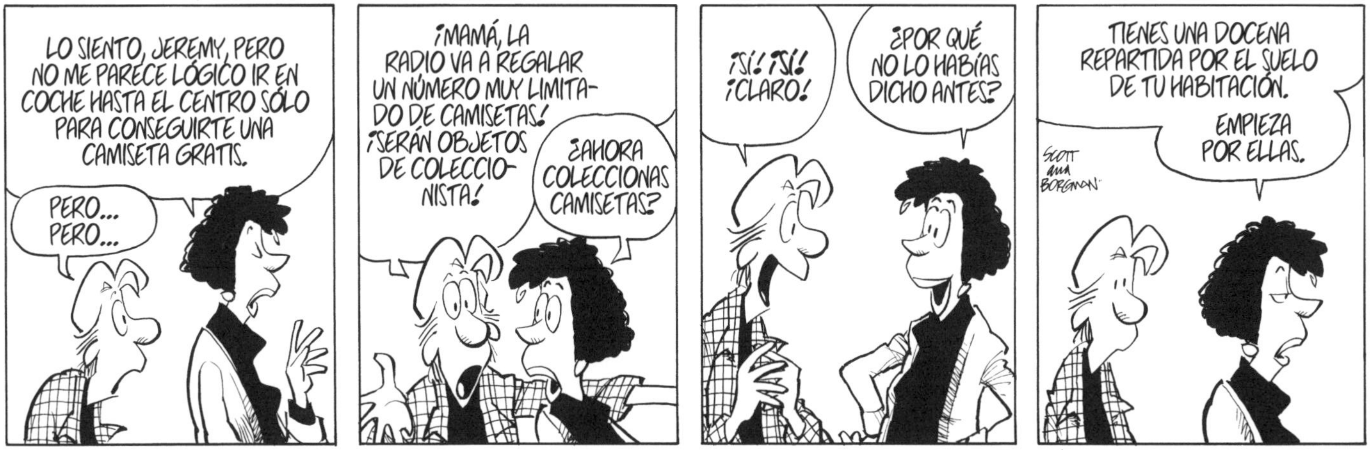
LO SIENTO, JEREMY, PERO NO ME PARECE LÓGICO IR EN COCHE HASTA EL CENTRO SÓLO PARA CONSEGUIRTE UNA CAMISETA GRATIS.
PERO... PERO...
¡MAMÁ, LA RADIO VA A REGALAR UN NÚMERO MUY LIMITADO DE CAMISETAS! ¡SERÁN OBJETOS DE COLECCIONISTA!
¿AHORA COLECCIONAS CAMISETAS?
¡SÍ! ¡SÍ! ¡CLARO!
¿POR QUÉ NO LO HABÍAS DICHO ANTES?
TIENES UNA DOCENA REPARTIDA POR EL SUELO DE TU HABITACIÓN.
EMPIEZA POR ELLAS.

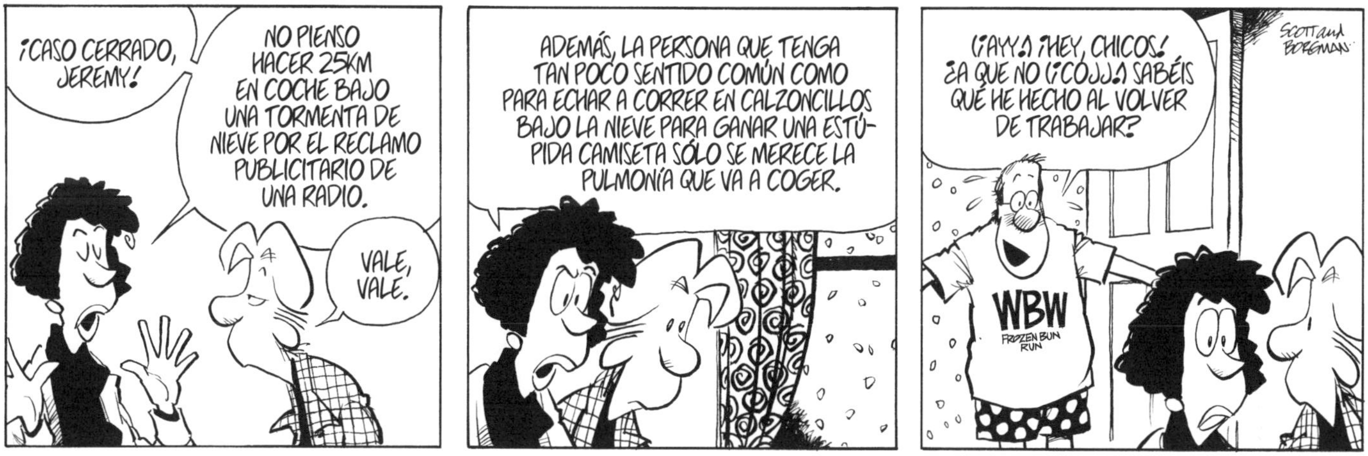
¡CASO CERRADO, JEREMY!
NO PIENSO HACER 25KM EN COCHE BAJO UNA TORMENTA DE NIEVE POR EL RECLAMO PUBLICITARIO DE UNA RADIO.
VALE, VALE.
ADEMÁS, LA PERSONA QUE TENGA TAN POCO SENTIDO COMÚN COMO PARA ECHAR A CORRER EN CALZONCILLOS BAJO LA NIEVE PARA GANAR UNA ESTÚPIDA CAMISETA SÓLO SE MERECE LA PULMONÍA QUE VA A COGER.
(¡AYY!) ¡HEY, CHICOS! ¿A QUE NO (¡COJJ!) SABÉIS QUÉ HE HECHO AL VOLVER DE TRABAJAR?
WBW
FROZEN BUN RUN

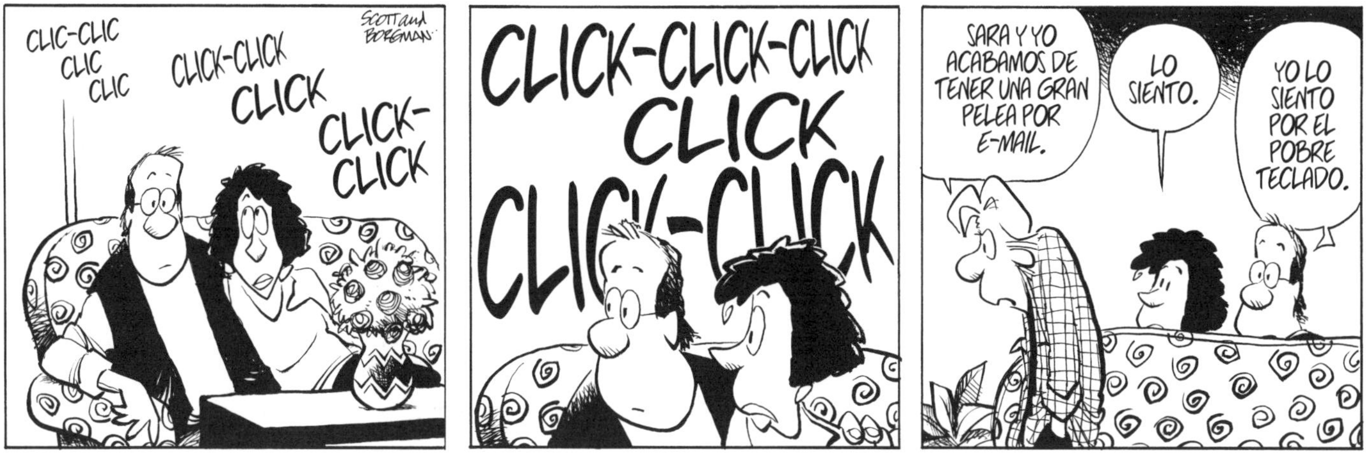
CLIC-CLIC CLIC CLIC
CLICK-CLICK CLICK
CLICK-CLICK
CLICK-CLICK-CLICK CLICK
SARA Y YO ACABAMOS DE TENER UNA GRAN PELEA POR E-MAIL.
LO SIENTO.
YO LO SIENTO POR EL POBRE TECLADO.

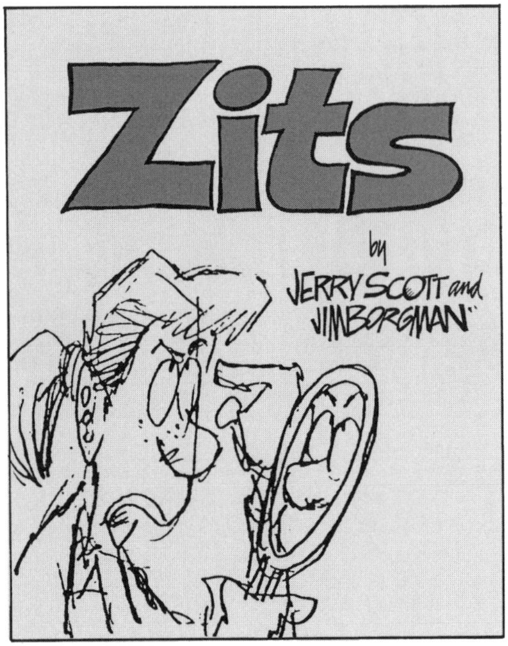
Zits
by
JERRY SCOTT and
JIM BORGMAN

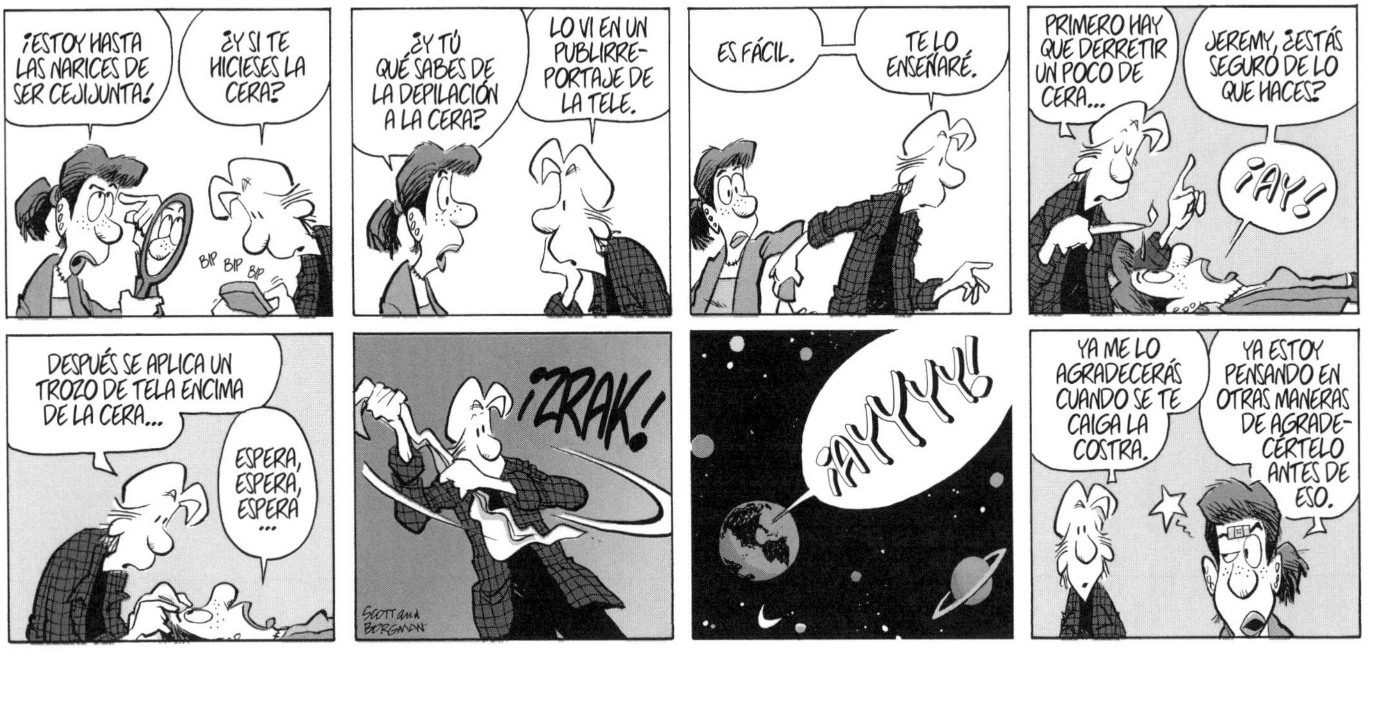
¡ESTOY HASTA LAS NARICES DE SER CEJIJUNTA!
¿Y SI TE HICIESES LA CERA?
BIP BIP BIP
¿Y TÚ QUÉ SABES DE LA DEPILACIÓN A LA CERA?
LO VI EN UN PUBLIRRE-PORTAJE DE LA TELE.
ES FÁCIL.
TE LO ENSEÑARÉ.
PRIMERO HAY QUE DERRETIR UN POCO DE CERA...
JEREMY, ¿ESTÁS SEGURO DE LO QUE HACES?
¡AY!
DESPUÉS SE APLICA UN TROZO DE TELA ENCIMA DE LA CERA...
ESPERA, ESPERA, ESPERA...
¡ZRAK!
SCOTT and BORGMAN
¡AYYYY!
YA ME LO AGRADECERÁS CUANDO SE TE CAIGA LA COSTRA.
YA ESTOY PENSANDO EN OTRAS MANERAS DE AGRADE-CÉRTELO ANTES DE ESO.

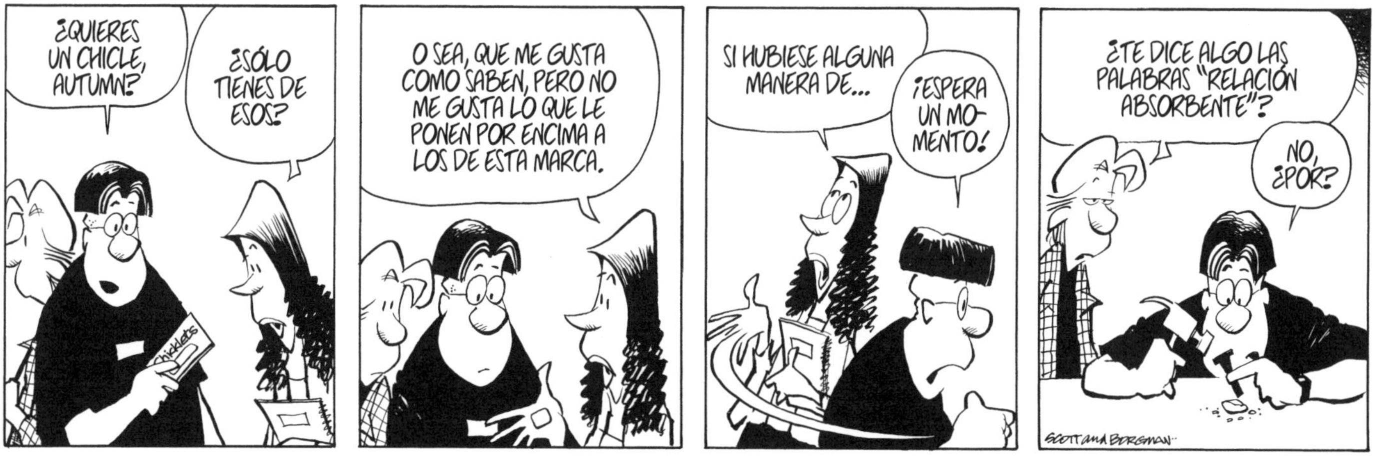
¿QUIERES UN CHICLE, AUTUMN?
¿SÓLO TIENES DE ESOS?
O SEA, QUE ME GUSTA COMO SABEN, PERO NO ME GUSTA LO QUE LE PONEN POR ENCIMA A LOS DE ESTA MARCA.
SI HUBIESE ALGUNA MANERA DE...
¡ESPERA UN MOMENTO!
¿TE DICE ALGO LAS PALABRAS "RELACIÓN ABSORBENTE"?
NO, ¿POR?
SCOTT and BORGMAN

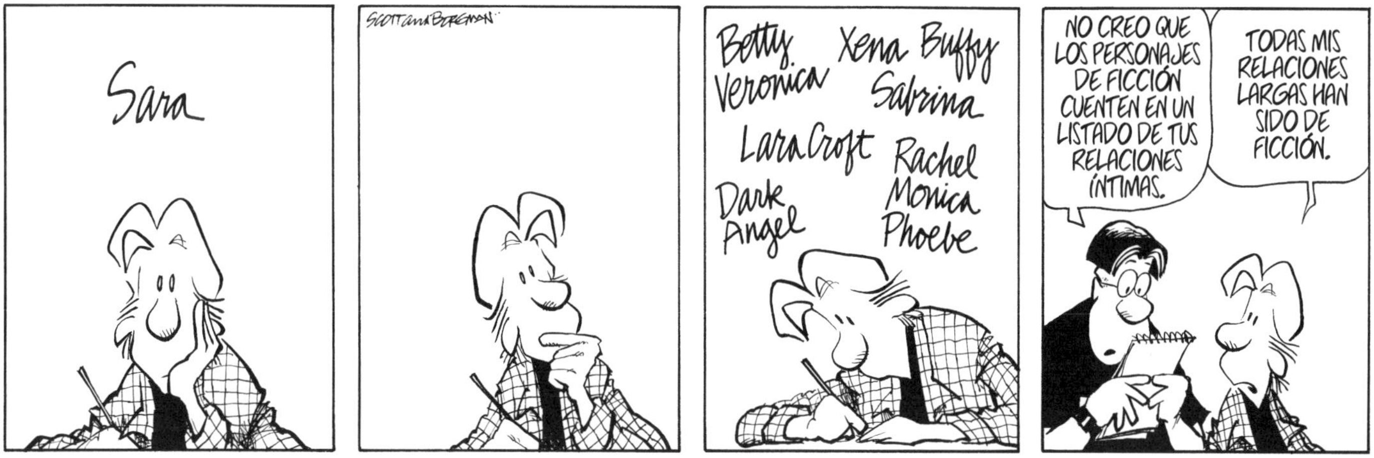
Sara
SCOTT and BORGMAN
Betty
Veronica
Xena
Buffy
Sabrina
Lara Croft
Rachel
Monica
Phoebe
Dark Angel
NO CREO QUE LOS PERSONAJES DE FICCIÓN CUENTEN EN UN LISTADO DE TUS RELACIONES ÍNTIMAS.
TODAS MIS RELACIONES LARGAS HAN SIDO DE FICCIÓN.

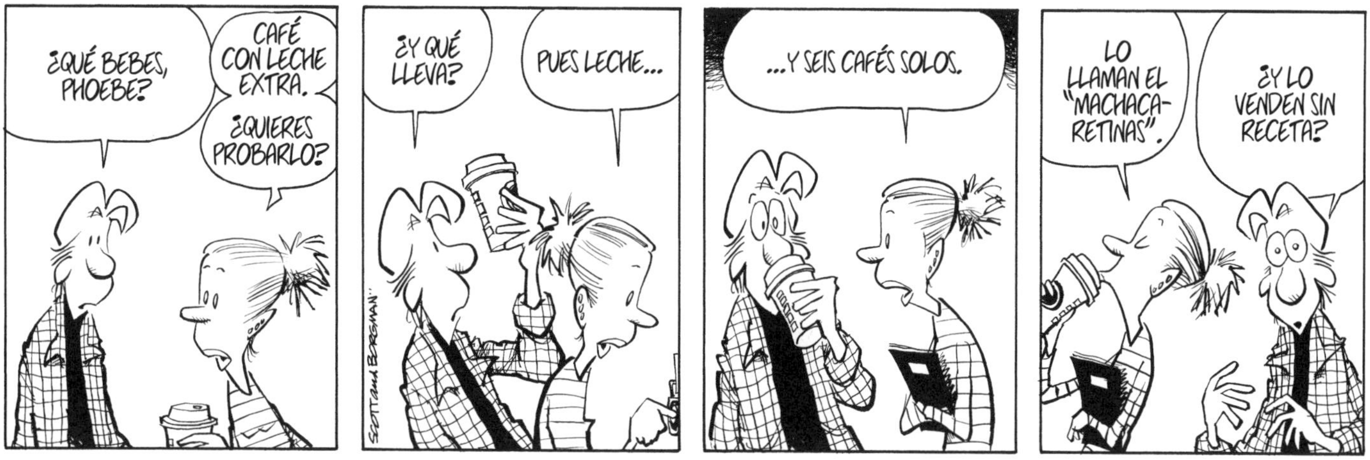
¿QUÉ BEBES, PHOEBE?
CAFÉ CON LECHE EXTRA.
¿QUIERES PROBARLO?
¿Y QUÉ LLEVA?
PUES LECHE...
SCOTT and BORGMAN
...Y SEIS CAFÉS SOLOS.
LO LLAMAN EL "MACHACA-RETINAS".
¿Y LO VENDEN SIN RECETA?

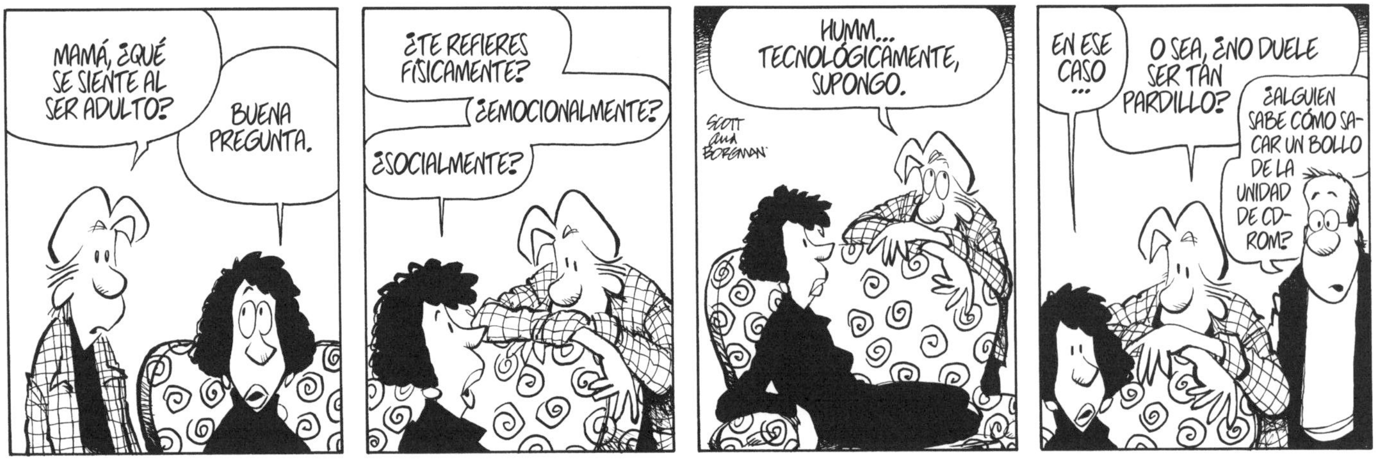
MAMÁ, ¿QUÉ SE SIENTE AL SER ADULTO?
BUENA PREGUNTA.
¿TE REFIERES FÍSICAMENTE?
¿EMOCIONALMENTE?
¿SOCIALMENTE?
HUMM... TECNOLÓGICAMENTE, SUPONGO.
EN ESE CASO...
O SEA, ¿NO DUELE SER TAN PARDILLO?
¿ALGUIEN SABE CÓMO SACAR UN BOLLO DE LA UNIDAD DE CD-ROM?

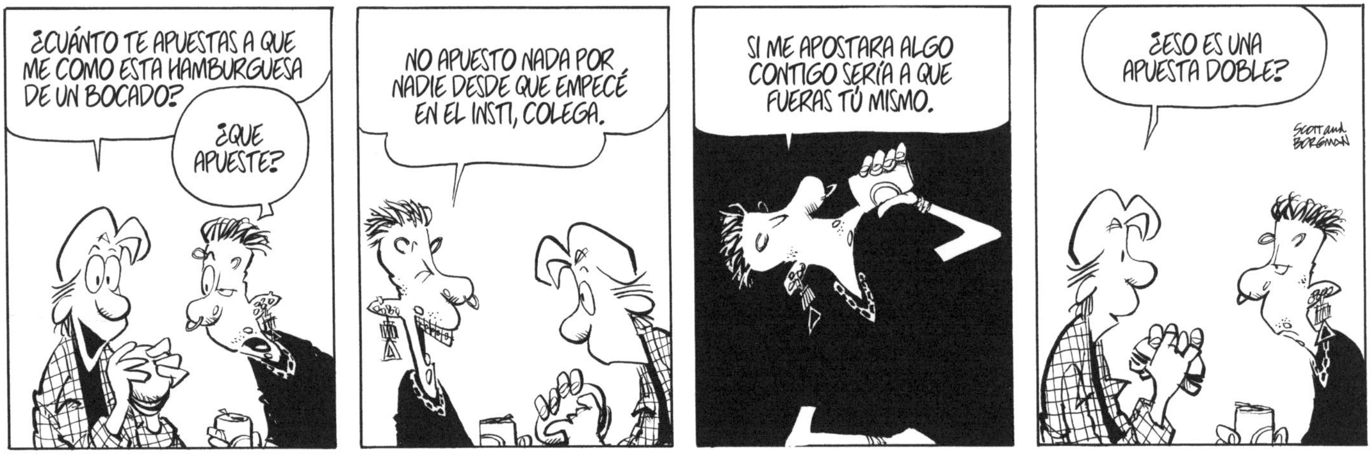
¿CUÁNTO TE APUESTAS A QUE ME COMO ESTA HAMBURGUESA DE UN BOCADO?
¿QUE APUESTE?
NO APUESTO NADA POR NADIE DESDE QUE EMPECÉ EN EL INSTI, COLEGA.
SI ME APOSTARA ALGO CONTIGO SERÍA A QUE FUERAS TÚ MISMO.
¿ESO ES UNA APUESTA DOBLE?

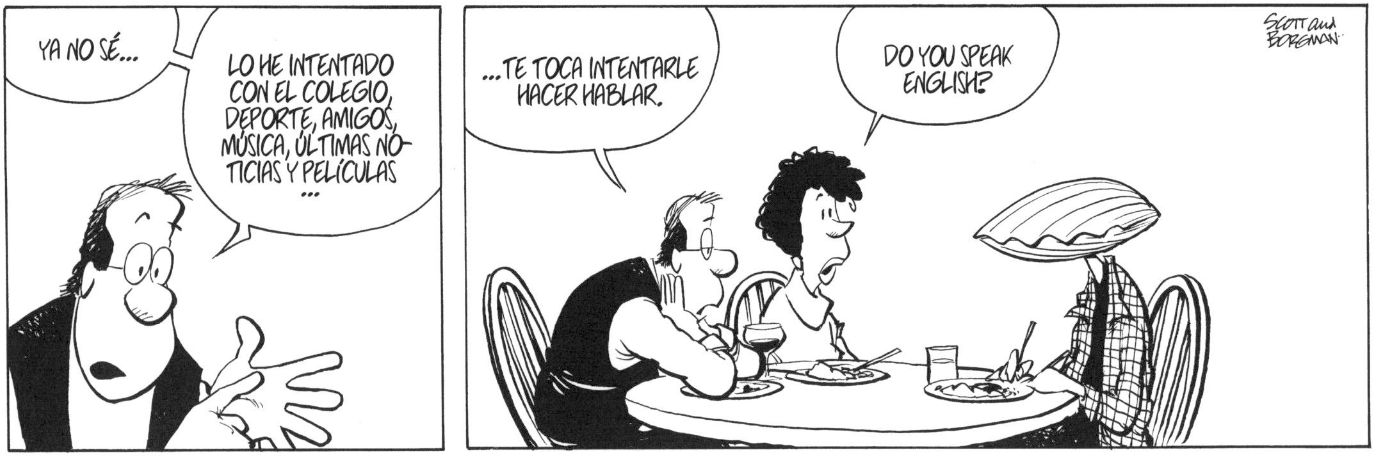
YA NO SÉ...
LO HE INTENTADO CON EL COLEGIO, DEPORTE, AMIGOS, MÚSICA, ÚLTIMAS NOTICIAS Y PELÍCULAS...
...TE TOCA INTENTARLE HACER HABLAR.
DO YOU SPEAK ENGLISH?

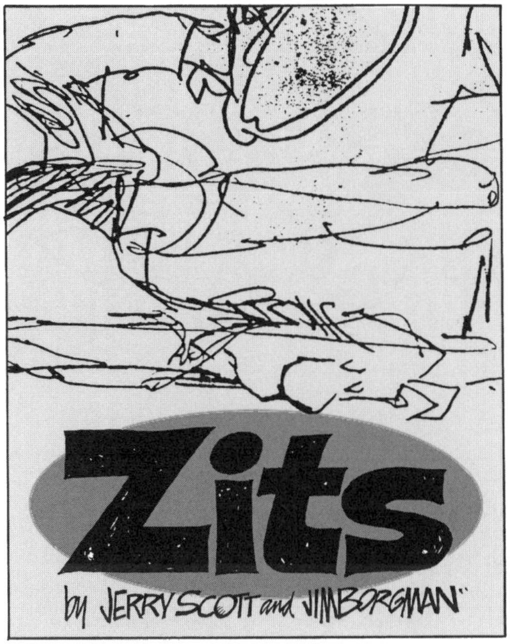
Zits
by JERRY SCOTT and JIM BORGMAN

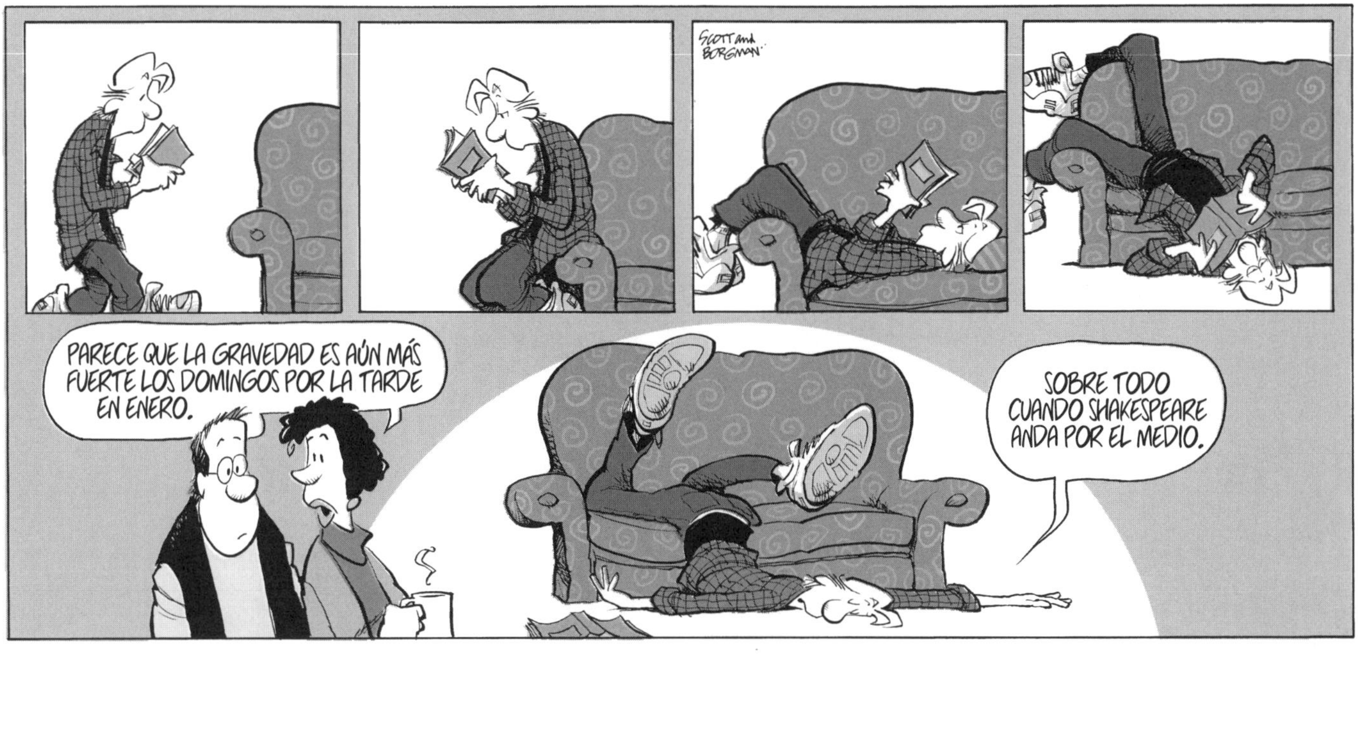
SCOTT and BORGMAN
PARECE QUE LA GRAVEDAD ES AÚN MÁS FUERTE LOS DOMINGOS POR LA TARDE EN ENERO.
SOBRE TODO CUANDO SHAKESPEARE ANDA POR EL MEDIO.

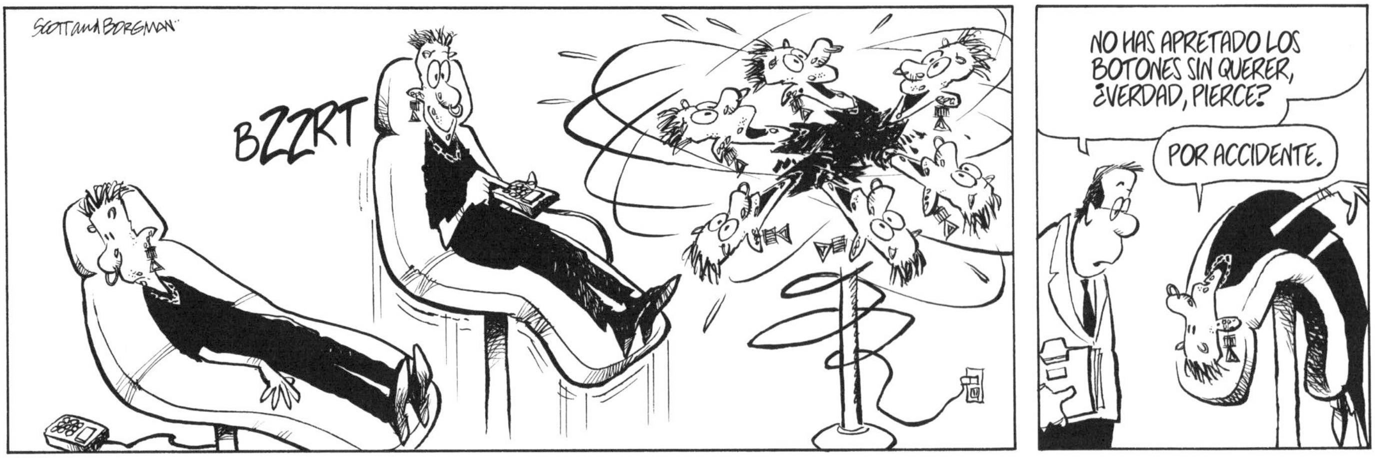
SCOTT and BORGMAN
BZZRT
NO HAS APRETADO LOS BOTONES SIN QUERER, ¿VERDAD, PIERCE?
POR ACCIDENTE.

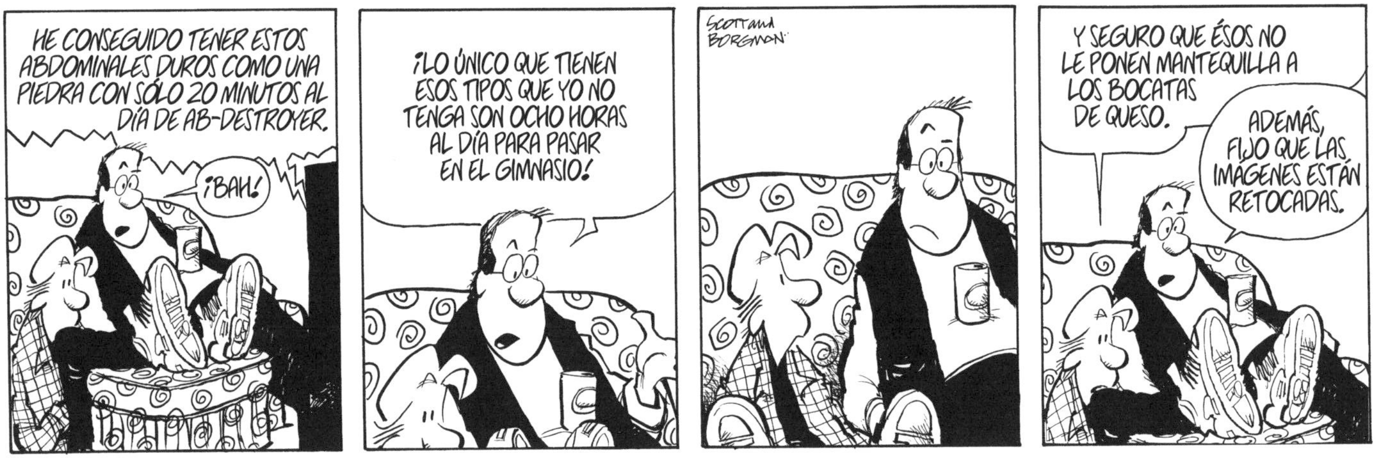
HE CONSEGUIDO TENER ESTOS ABDOMINALES DUROS COMO UNA PIEDRA CON SÓLO 20 MINUTOS AL DÍA DE AB-DESTROYER.
¡BAH!
¡LO ÚNICO QUE TIENEN ESOS TIPOS QUE YO NO TENGA SON OCHO HORAS AL DÍA PARA PASAR EN EL GIMNASIO!
SCOTT and BORGMAN
Y SEGURO QUE ÉSOS NO LE PONEN MANTEQUILLA A LOS BOCATAS DE QUESO.
ADEMÁS, FIJO QUE LAS IMÁGENES ESTÁN RETOCADAS.

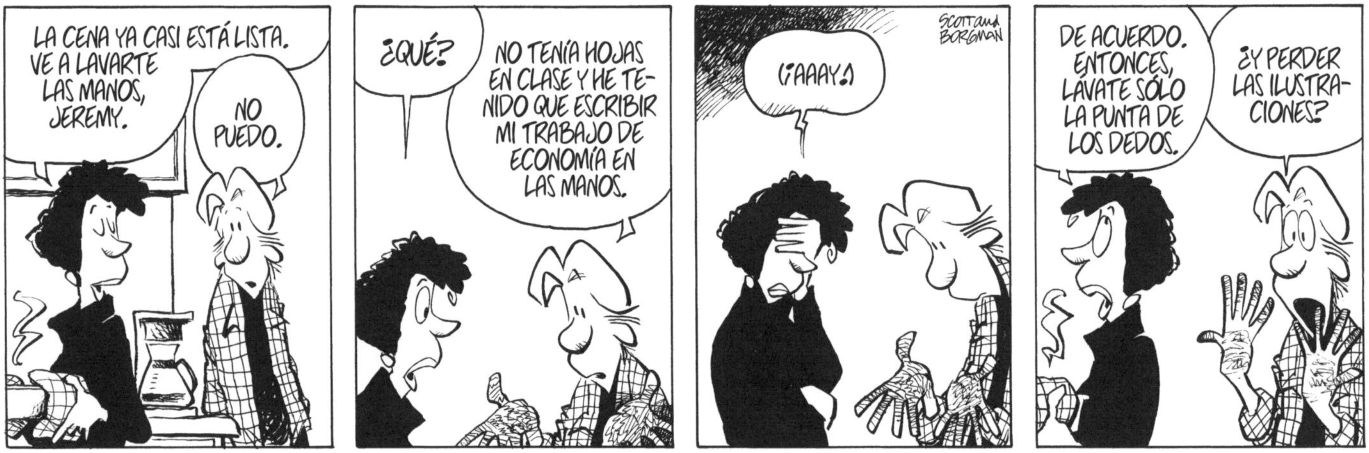
LA CENA YA CASI ESTÁ LISTA. VE A LAVARTE LAS MANOS, JEREMY.
NO PUEDO.
¿QUÉ?
NO TENÍA HOJAS EN CLASE Y HE TENIDO QUE ESCRIBIR MI TRABAJO DE ECONOMÍA EN LAS MANOS.
SCOTT and BORGMAN
(¡AAAY!)
DE ACUERDO. ENTONCES, LÁVATE SÓLO LA PUNTA DE LOS DEDOS.
¿Y PERDER LAS ILUSTRACIONES?

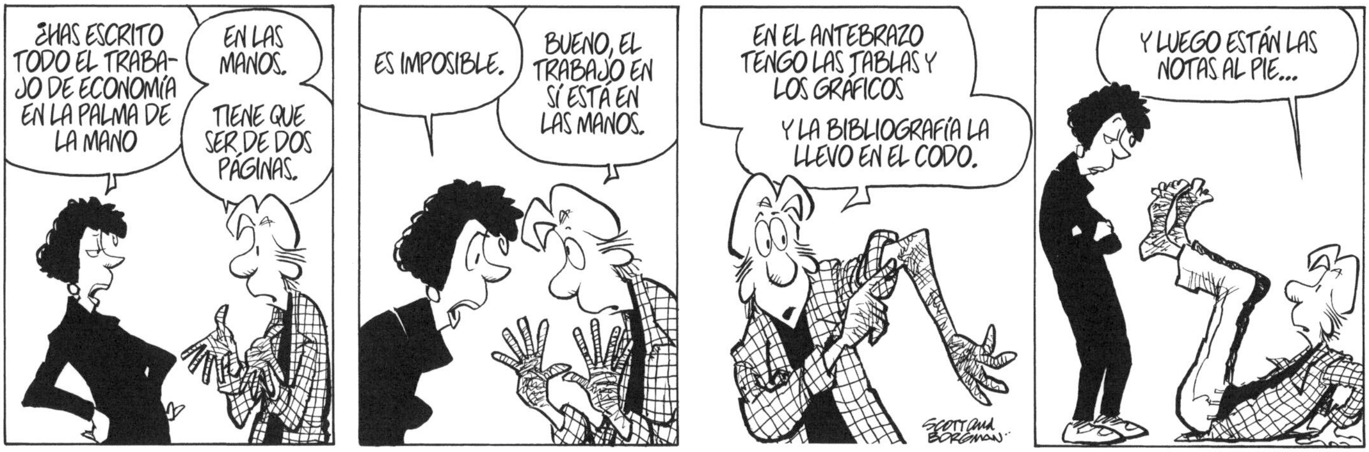
¿HAS ESCRITO TODO EL TRABAJO DE ECONOMÍA EN LA PALMA DE LA MANO
EN LAS MANOS.
TIENE QUE SER DE DOS PÁGINAS.
ES IMPOSIBLE.
BUENO, EL TRABAJO EN SÍ ESTÁ EN LAS MANOS.
EN EL ANTEBRAZO TENGO LAS TABLAS Y LOS GRÁFICOS
Y LA BIBLIOGRAFÍA LA LLEVO EN EL CODO.
SCOTT AND BORGMAN
Y LUEGO ESTÁN LAS NOTAS AL PIE...

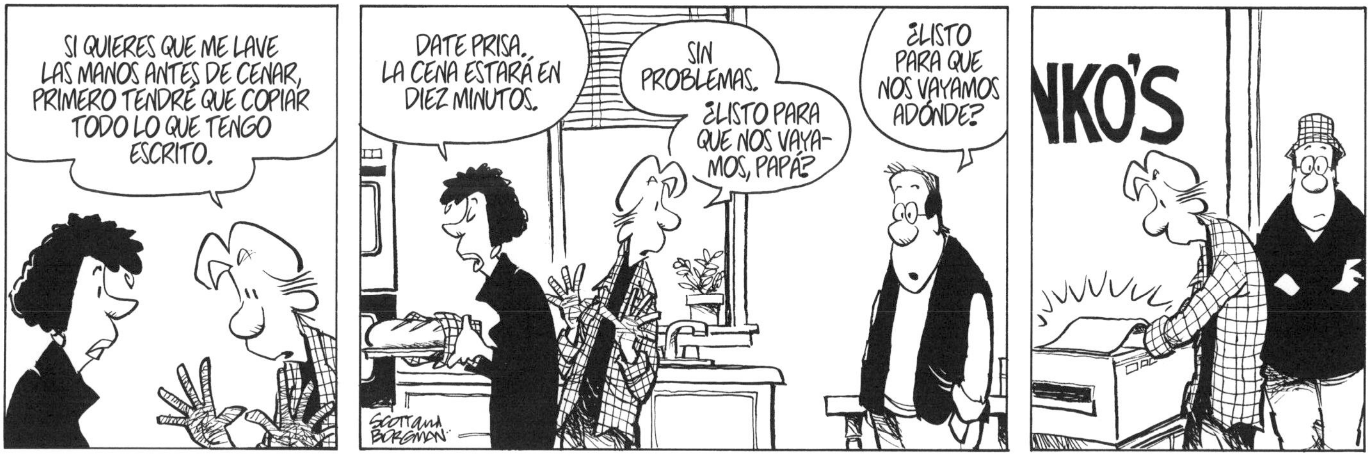
SI QUIERES QUE ME LAVE LAS MANOS ANTES DE CENAR, PRIMERO TENDRÉ QUE COPIAR TODO LO QUE TENGO ESCRITO.
DATE PRISA. LA CENA ESTARÁ EN DIEZ MINUTOS.
SIN PROBLEMAS.
¿LISTO PARA QUE NOS VAYAMOS, PAPÁ?
SCOTT AND BORGMAN
¿LISTO PARA QUE NOS VAYAMOS ADÓNDE?
NKO'S

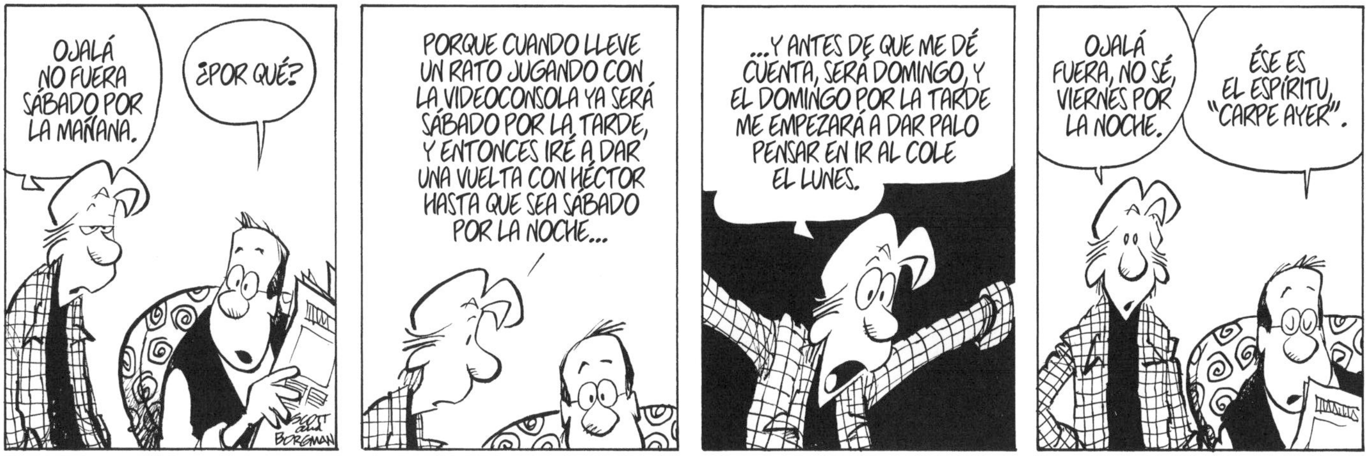
OJALÁ NO FUERA SÁBADO POR LA MAÑANA.
¿POR QUÉ?
SCOTT AND BORGMAN
PORQUE CUANDO LLEVE UN RATO JUGANDO CON LA VIDEOCONSOLA YA SERÁ SÁBADO POR LA TARDE, Y ENTONCES IRÉ A DAR UNA VUELTA CON HÉCTOR HASTA QUE SEA SÁBADO POR LA NOCHE...
...Y ANTES DE QUE ME DÉ CUENTA, SERÁ DOMINGO, Y EL DOMINGO POR LA TARDE ME EMPEZARÁ A DAR PALO PENSAR EN IR AL COLE EL LUNES.
OJALÁ FUERA, NO SÉ, VIERNES POR LA NOCHE.
ÉSE ES EL ESPÍRITU, "CARPE AYER".

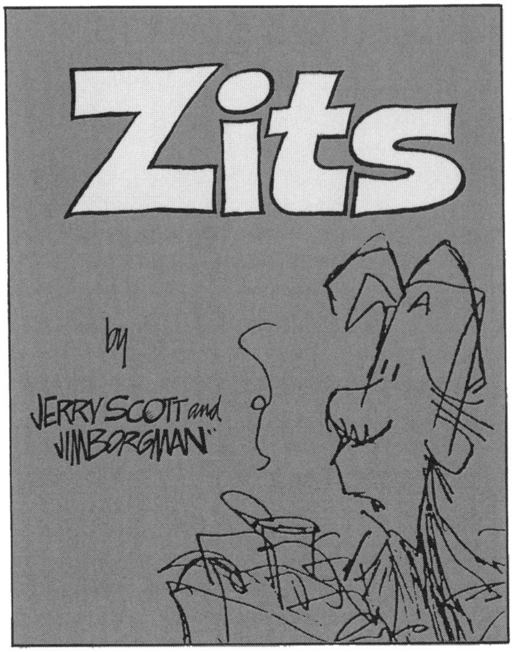
Zits
by
JERRY SCOTT and
JIM BORGMAN

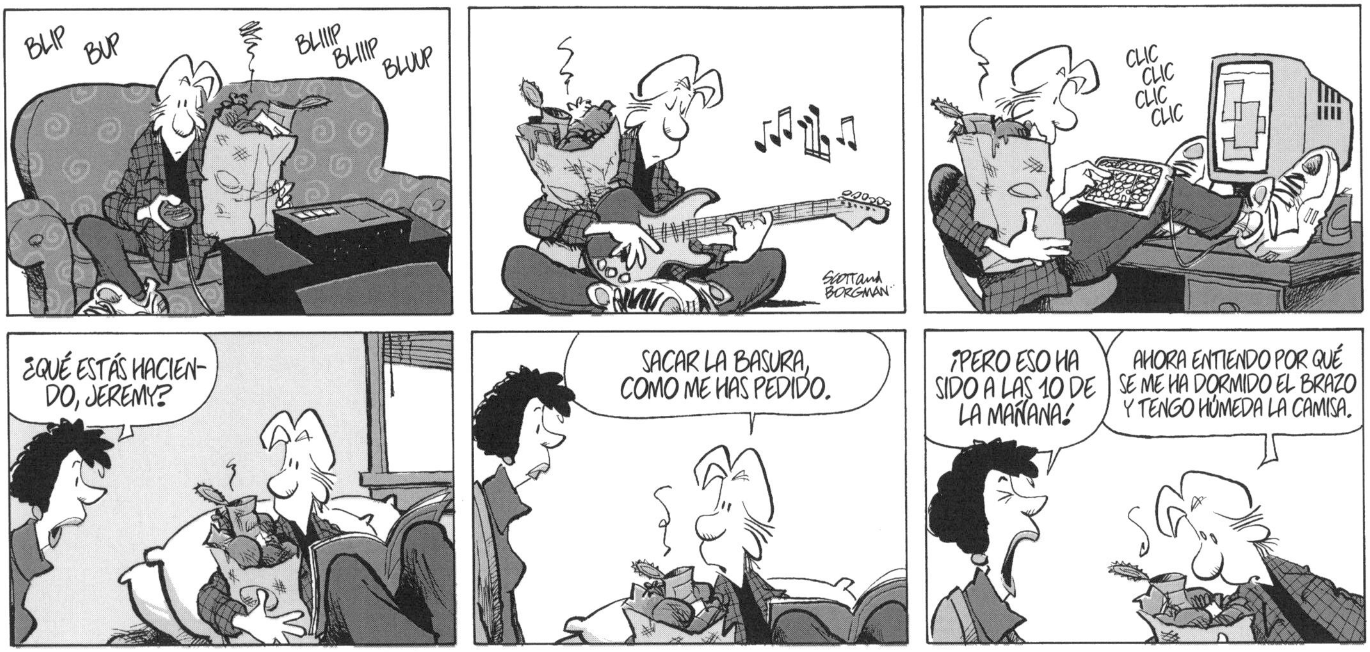
BLIP
BUP
BLIIIP
BLIIIP
BLUUP
SCOTT and BORGMAN
CLIC
CLIC
CLIC
CLIC
¿QUÉ ESTÁS HACIEN-DO, JEREMY?
SACAR LA BASURA, COMO ME HAS PEDIDO.
¡PERO ESO HA SIDO A LAS 10 DE LA MAÑANA!
AHORA ENTIENDO POR QUÉ SE ME HA DORMIDO EL BRAZO Y TENGO HÚMEDA LA CAMISA.

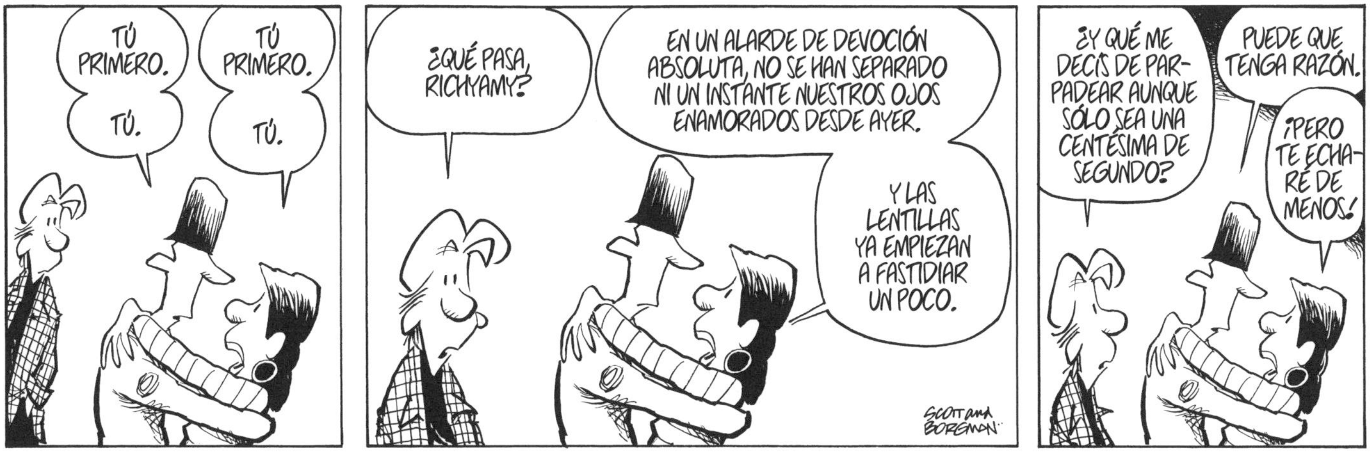
TÚ PRIMERO.
TÚ.
TÚ PRIMERO.
TÚ.
¿QUÉ PASA, RICHYAMY?
EN UN ALARDE DE DEVOCIÓN ABSOLUTA, NO SE HAN SEPARADO NI UN INSTANTE NUESTROS OJOS ENAMORADOS DESDE AYER.
Y LAS LENTILLAS YA EMPIEZAN A FASTIDIAR UN POCO.
¿Y QUÉ ME DECÍS DE PARPADEAR AUNQUE SÓLO SEA UNA CENTÉSIMA DE SEGUNDO?
PUEDE QUE TENGA RAZÓN.
¡PERO TE ECHARÉ DE MENOS!

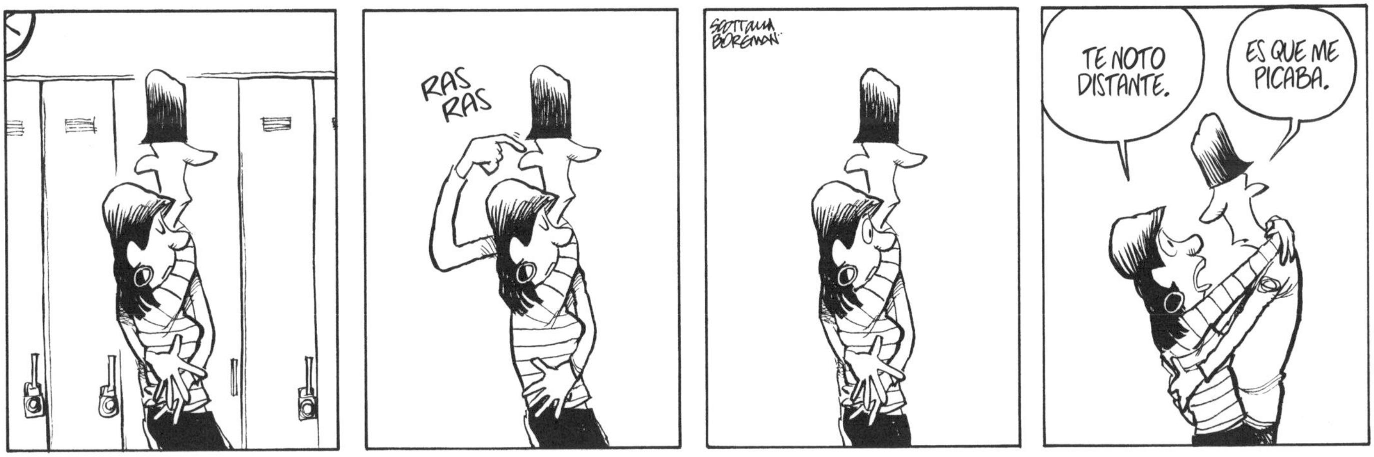
RAS RAS
TE NOTO DISTANTE.
ES QUE ME PICABA.

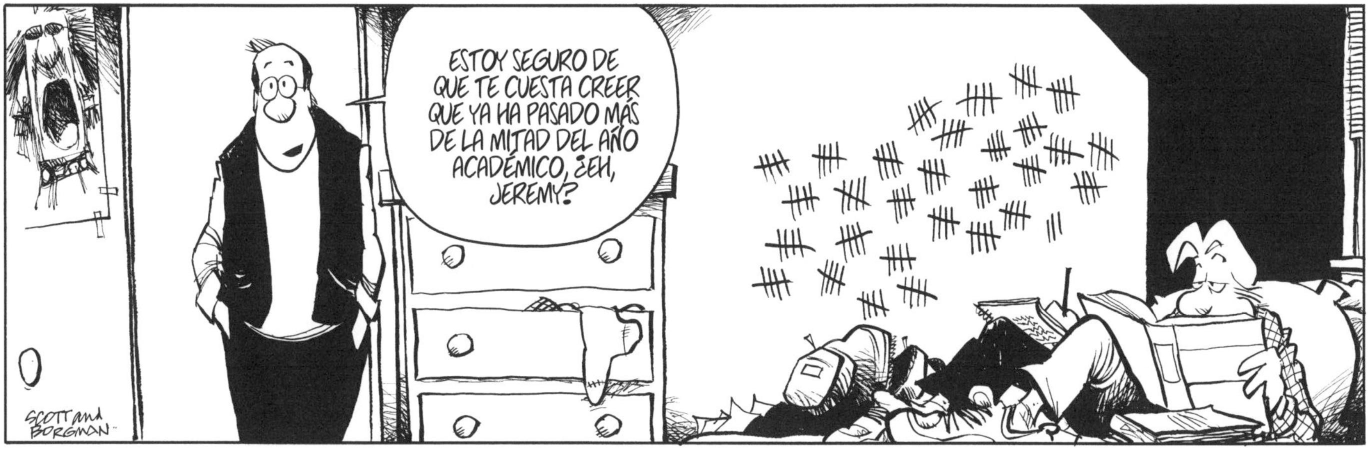
ESTOY SEGURO DE QUE TE CUESTA CREER QUE YA HA PASADO MÁS DE LA MITAD DEL AÑO ACADÉMICO, ¿EH, JEREMY?

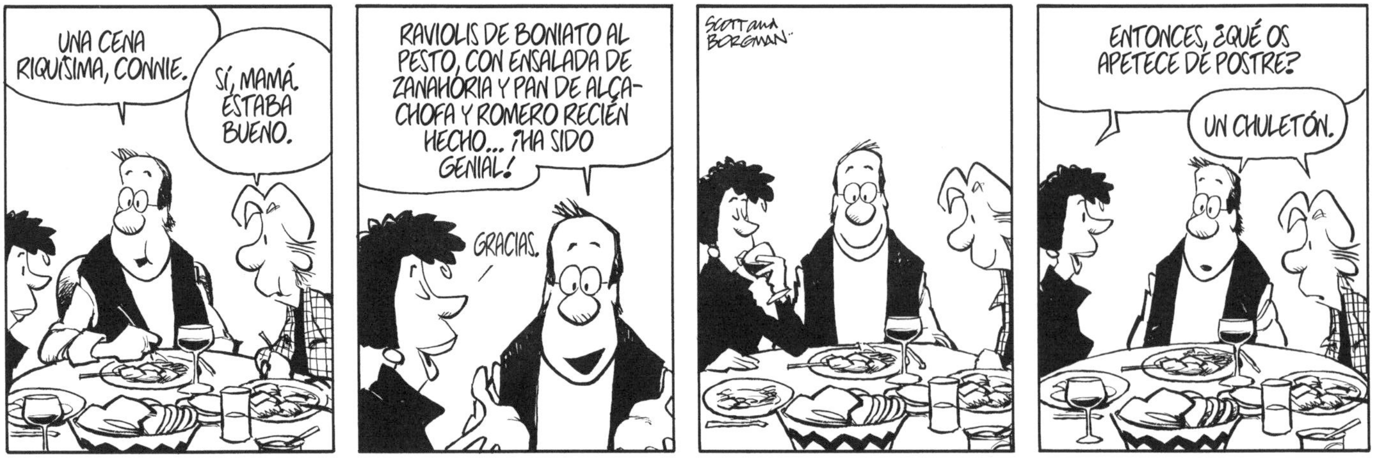
UNA CENA RIQUÍSIMA, CONNIE.
SÍ, MAMÁ. ESTABA BUENO.
RAVIOLIS DE BONIATO AL PESTO, CON ENSALADA DE ZANAHORIA Y PAN DE ALCACHOFA Y ROMERO RECIÉN HECHO... ¡HA SIDO GENIAL!
GRACIAS.
SCOTT AND BORGMAN
ENTONCES, ¿QUÉ OS APETECE DE POSTRE?
UN CHULETÓN.

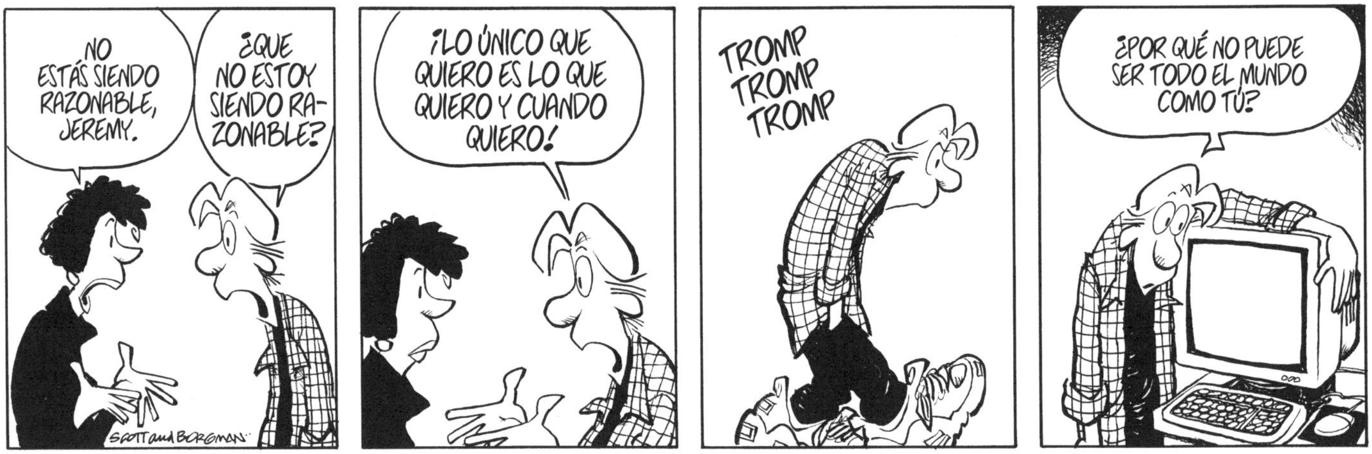
NO ESTÁS SIENDO RAZONABLE, JEREMY.
¿QUE NO ESTOY SIENDO RAZONABLE?
SCOTT AND BORGMAN
¡LO ÚNICO QUE QUIERO ES LO QUE QUIERO Y CUANDO QUIERO!
TROMP TROMP TROMP
¿POR QUÉ NO PUEDE SER TODO EL MUNDO COMO TÚ?

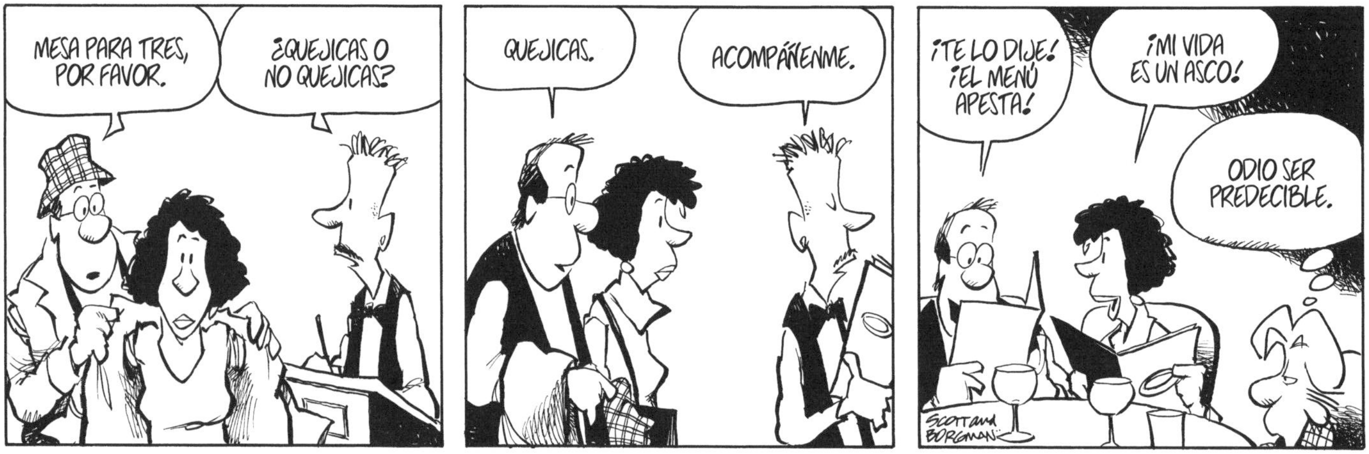
MESA PARA TRES, POR FAVOR.
¿QUEJICAS O NO QUEJICAS?
QUEJICAS.
ACOMPÁÑENME.
¡TE LO DIJE! ¡EL MENÚ APESTA!
¡MI VIDA ES UN ASCO!
ODIO SER PREDECIBLE.
SCOTT AND BORGMAN

Zits
by JERRY SCOTT and JIM BORGMAN

¿BESO BIEN, SARA?
NO SÉ... SÍ.
SUPONGO.
¿QUÉ NOTA ME PONDRÍAS DEL UNO AL DIEZ?
¿A CUÁNTOS CHICOS CREES QUE HE BESADO?
NO ME IMPORTA.
POR EL INTERÉS DE LA CIENCIA...
¿QUÉ NOTA ME PONES?
JEREMY, NO CREO QUE...
VAMOS, DI UN NÚMERO.
ESTO NO ME...
SÉ SINCERA.
VALE, TE DOY UN SIETE.
¿UN SIETE? ¿UN SIETE?
¡DE NINGUNA MANERA! ¡PUEDO DEMOSTRAR QUE NO HAS BESADO A MUCHOS CHICOS, ASÍ QUE PONGO EN DUDA UNA CONCLUSIÓN BASADA EN DATOS CONTRASTADOS INSUFICIENTES!
SCOTT and BORGMAN
BUENO, TE DOY UN SEIS.

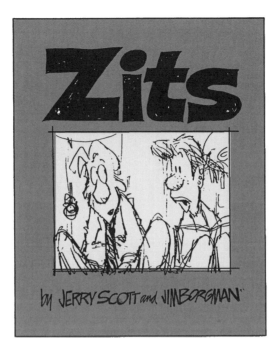

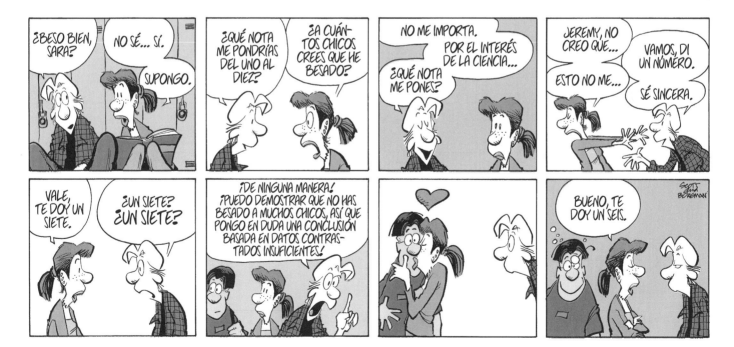

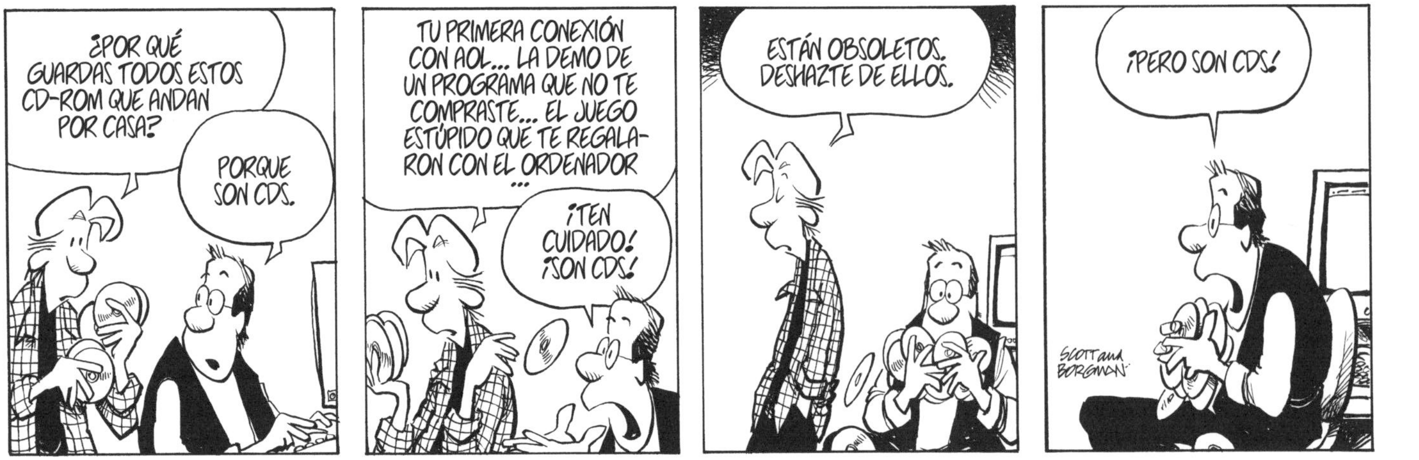
¿POR QUÉ GUARDAS TODOS ESTOS CD-ROM QUE ANDAN POR CASA?
PORQUE SON CDS.
TU PRIMERA CONEXIÓN CON AOL... LA DEMO DE UN PROGRAMA QUE NO TE COMPRASTE... EL JUEGO ESTÚPIDO QUE TE REGALARON CON EL ORDENADOR ...
¡TEN CUIDADO! ¡SON CDS!
ESTÁN OBSOLETOS. DESHAZTE DE ELLOS.
¡PERO SON CDS!
SCOTT and BORGMAN

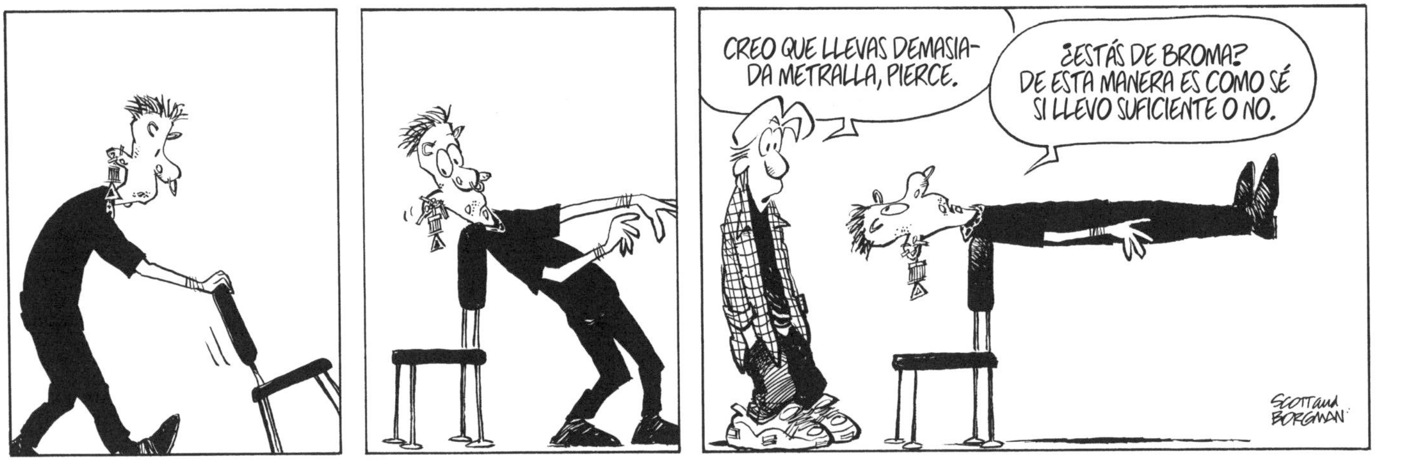
CREO QUE LLEVAS DEMASIADA METRALLA, PIERCE.
¿ESTÁS DE BROMA? DE ESTA MANERA ES COMO SÉ SI LLEVO SUFICIENTE O NO.
SCOTT and BORGMAN

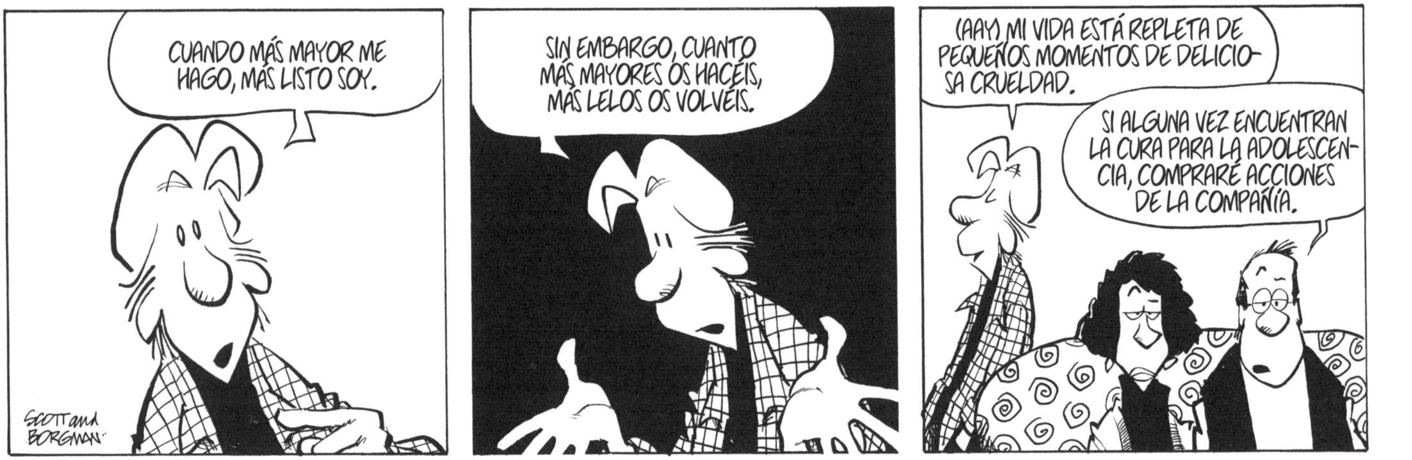
CUANDO MÁS MAYOR ME HAGO, MÁS LISTO SOY.
SIN EMBARGO, CUANTO MÁS MAYORES OS HACÉIS, MÁS LELOS OS VOLVÉIS.
(AAY) MI VIDA ESTÁ REPLETA DE PEQUEÑOS MOMENTOS DE DELICIOSA CRUELDAD.
SI ALGUNA VEZ ENCUENTRAN LA CURA PARA LA ADOLESCENCIA, COMPRARÉ ACCIONES DE LA COMPAÑÍA.
SCOTT and BORGMAN

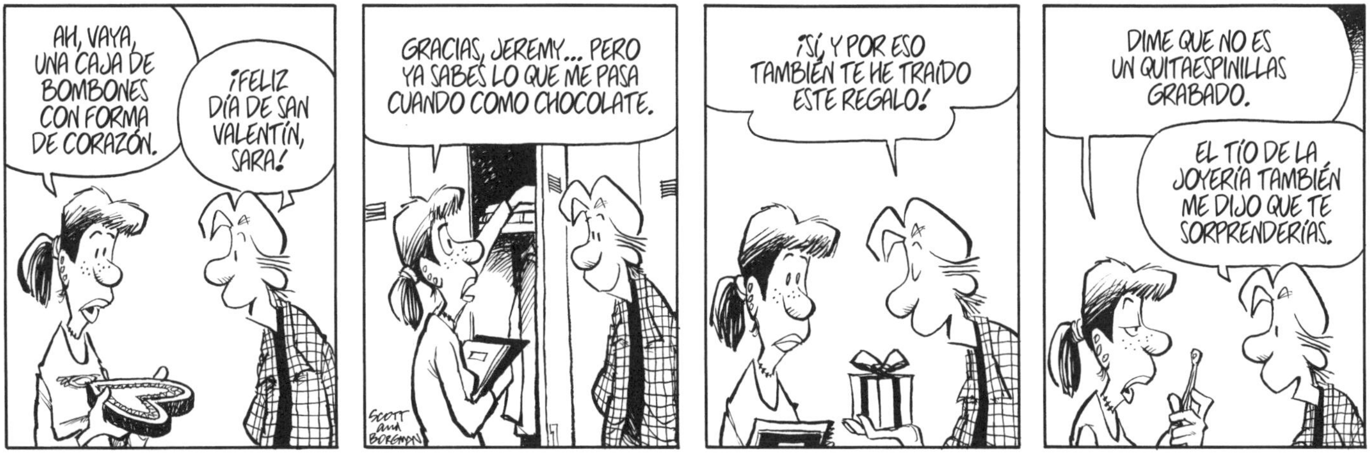
AH, VAYA, UNA CAJA DE BOMBONES CON FORMA DE CORAZÓN.
¡FELIZ DÍA DE SAN VALENTÍN, SARA!
GRACIAS, JEREMY... PERO YA SABES LO QUE ME PASA CUANDO COMO CHOCOLATE.
¡SÍ, Y POR ESO TAMBIÉN TE HE TRAÍDO ESTE REGALO!
DIME QUE NO ES UN QUITAESPINILLAS GRABADO.
EL TÍO DE LA JOYERÍA TAMBIÉN ME DIJO QUE TE SORPRENDERÍAS.

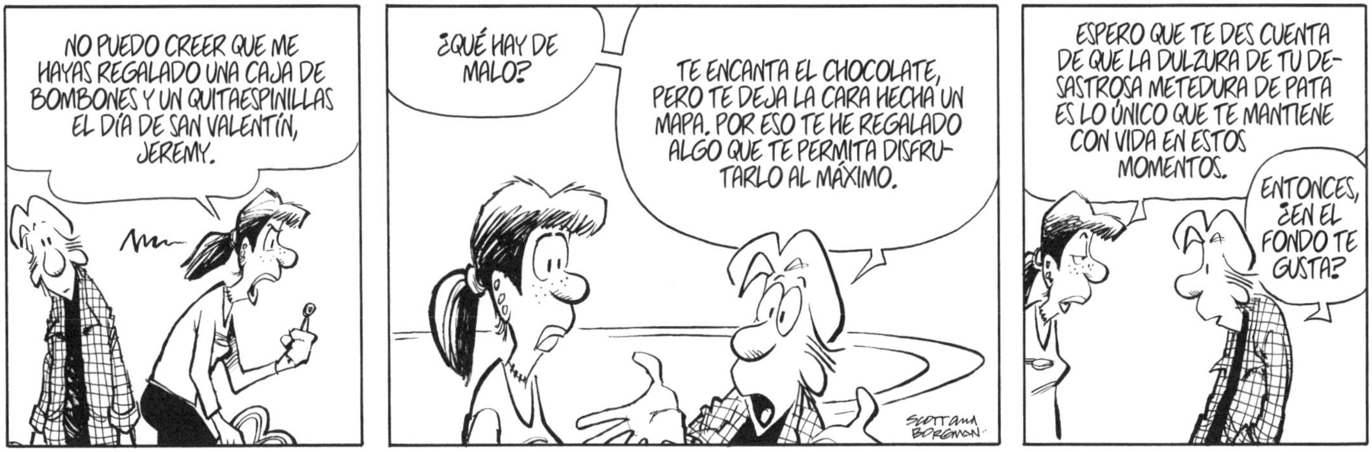
NO PUEDO CREER QUE ME HAYAS REGALADO UNA CAJA DE BOMBONES Y UN QUITAESPINILLAS EL DÍA DE SAN VALENTÍN, JEREMY.
¿QUÉ HAY DE MALO?
TE ENCANTA EL CHOCOLATE, PERO TE DEJA LA CARA HECHA UN MAPA. POR ESO TE HE REGALADO ALGO QUE TE PERMITA DISFRUTARLO AL MÁXIMO.
ESPERO QUE TE DES CUENTA DE QUE LA DULZURA DE TU DESASTROSA METEDURA DE PATA ES LO ÚNICO QUE TE MANTIENE CON VIDA EN ESTOS MOMENTOS.
ENTONCES, ¿EN EL FONDO TE GUSTA?

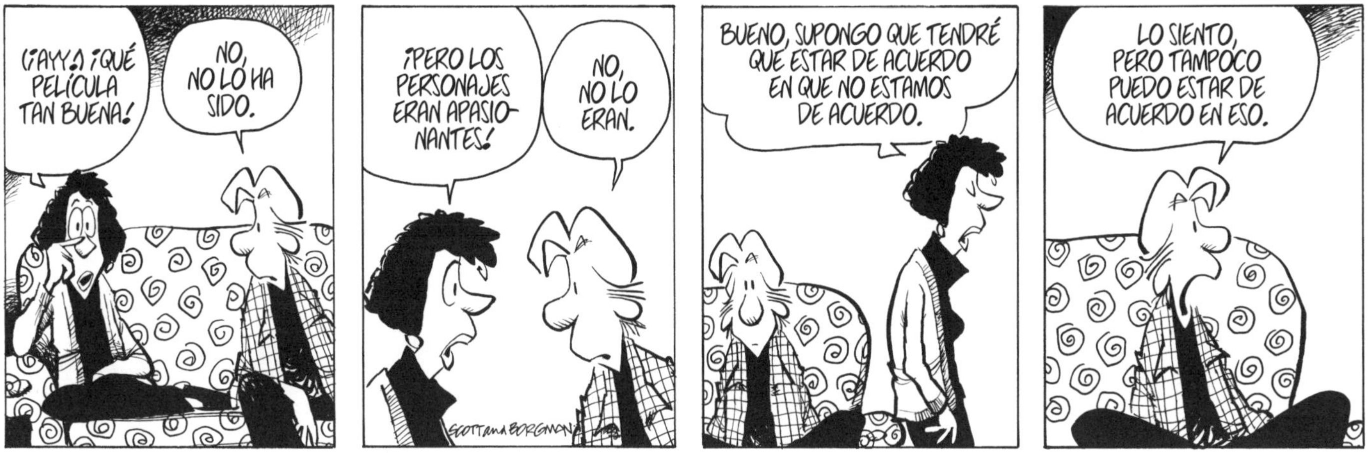
(¡AYY!) ¡QUÉ PELÍCULA TAN BUENA!
NO, NO LO HA SIDO.
¡PERO LOS PERSONAJES ERAN APASIONANTES!
NO, NO LO ERAN.
BUENO, SUPONGO QUE TENDRÉ QUE ESTAR DE ACUERDO EN QUE NO ESTAMOS DE ACUERDO.
LO SIENTO, PERO TAMPOCO PUEDO ESTAR DE ACUERDO EN ESO.

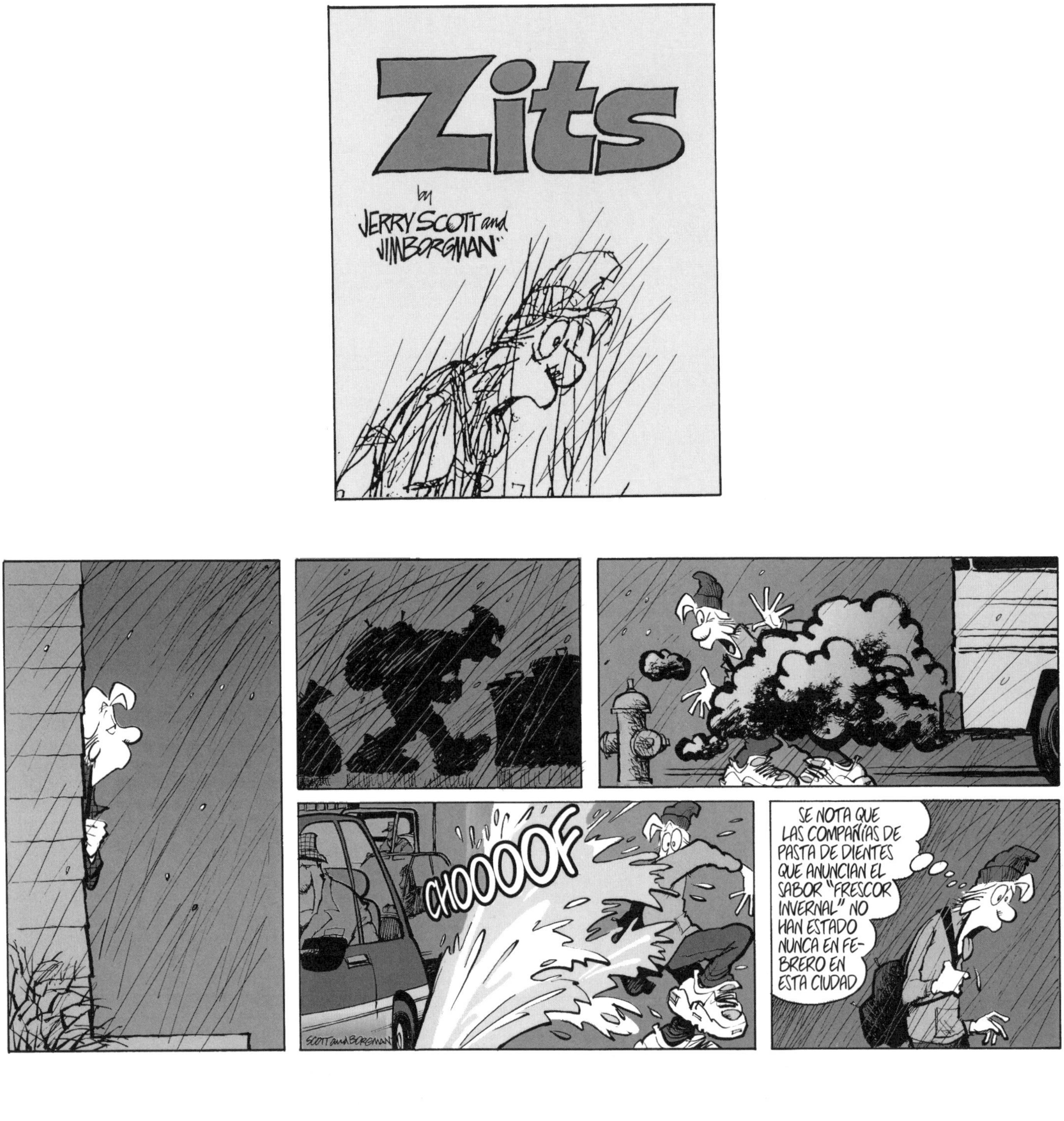
Zits
by
JERRY SCOTT and
JIM BORGMAN
CHOOOOF
SE NOTA QUE LAS COMPAÑÍAS DE PASTA DE DIENTES QUE ANUNCIAN EL SABOR "FRESCOR INVERNAL" NO HAN ESTADO NUNCA EN FEBRERO EN ESTA CIUDAD
SCOTT and BORGMAN

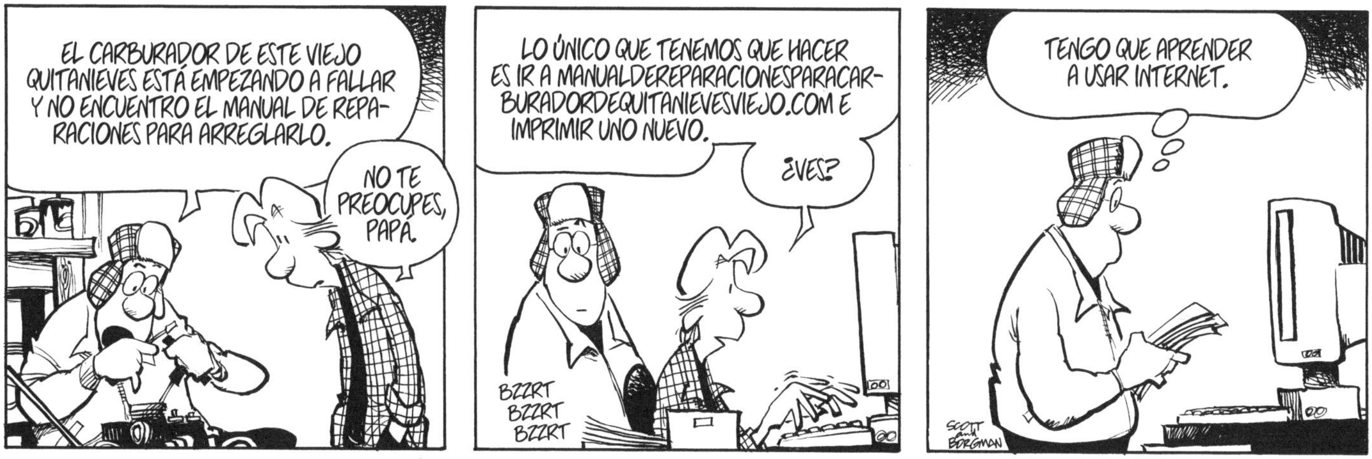
EL CARBURADOR DE ESTE VIEJO QUITANIEVES ESTÁ EMPEZANDO A FALLAR Y NO ENCUENTRO EL MANUAL DE REPARACIONES PARA ARREGLARLO.
NO TE PREOCUPES, PAPÁ.
LO ÚNICO QUE TENEMOS QUE HACER ES IR A MANUALDEREPARACIONESPARACARBURADORDEQUITANIEVESVIEJO.COM E IMPRIMIR UNO NUEVO.
¿VES?
BZZRT BZZRT BZZRT
TENGO QUE APRENDER A USAR INTERNET.
SCOTT and BORGMAN

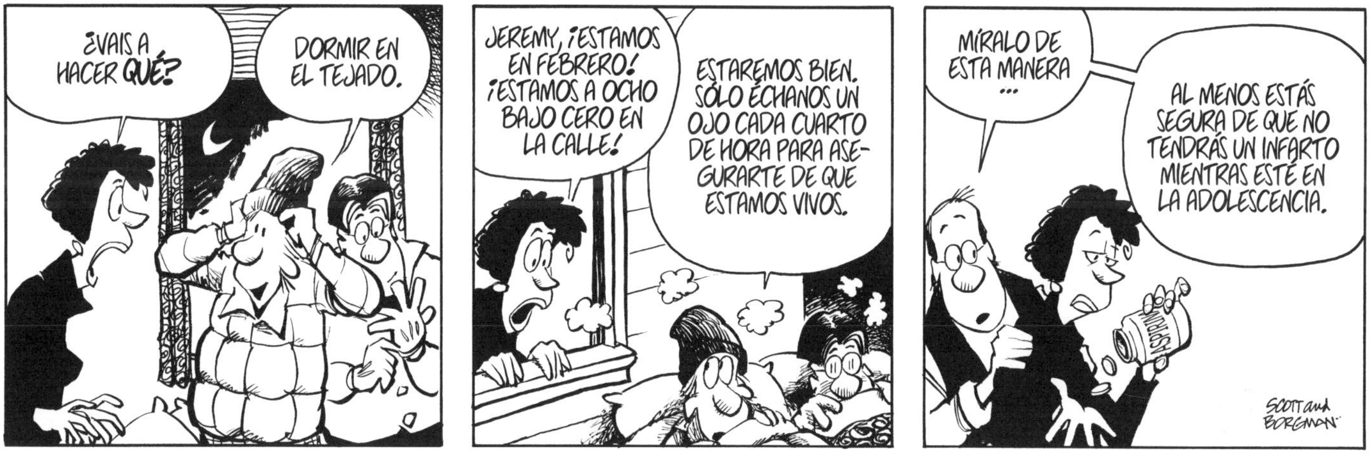
¿VAIS A HACER **QUÉ**?
DORMIR EN EL TEJADO.
JEREMY, ¡ESTAMOS EN FEBRERO! ¡ESTAMOS A OCHO BAJO CERO EN LA CALLE!
ESTAREMOS BIEN. SÓLO ÉCHANOS UN OJO CADA CUARTO DE HORA PARA ASEGURARTE DE QUE ESTAMOS VIVOS.
MÍRALO DE ESTA MANERA ...
AL MENOS ESTÁS SEGURA DE QUE NO TENDRÁS UN INFARTO MIENTRAS ESTÉ EN LA ADOLESCENCIA.
SCOTT and BORGMAN

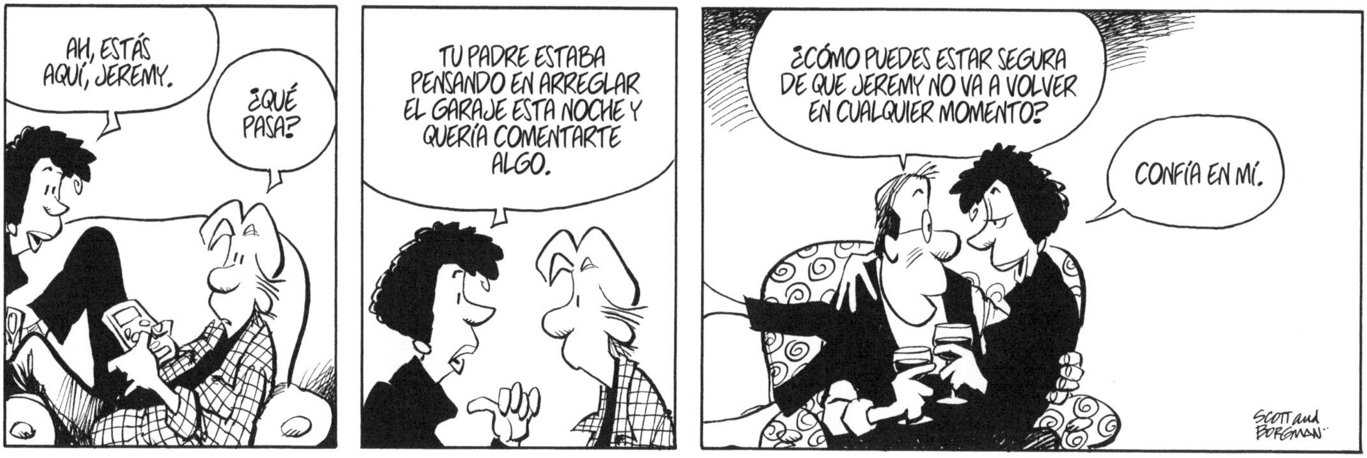
AH, ESTÁS AQUÍ, JEREMY.
¿QUÉ PASA?
TU PADRE ESTABA PENSANDO EN ARREGLAR EL GARAJE ESTA NOCHE Y QUERÍA COMENTARTE ALGO.
¿CÓMO PUEDES ESTAR SEGURA DE QUE JEREMY NO VA A VOLVER EN CUALQUIER MOMENTO?
CONFÍA EN MÍ.
SCOTT and BORGMAN

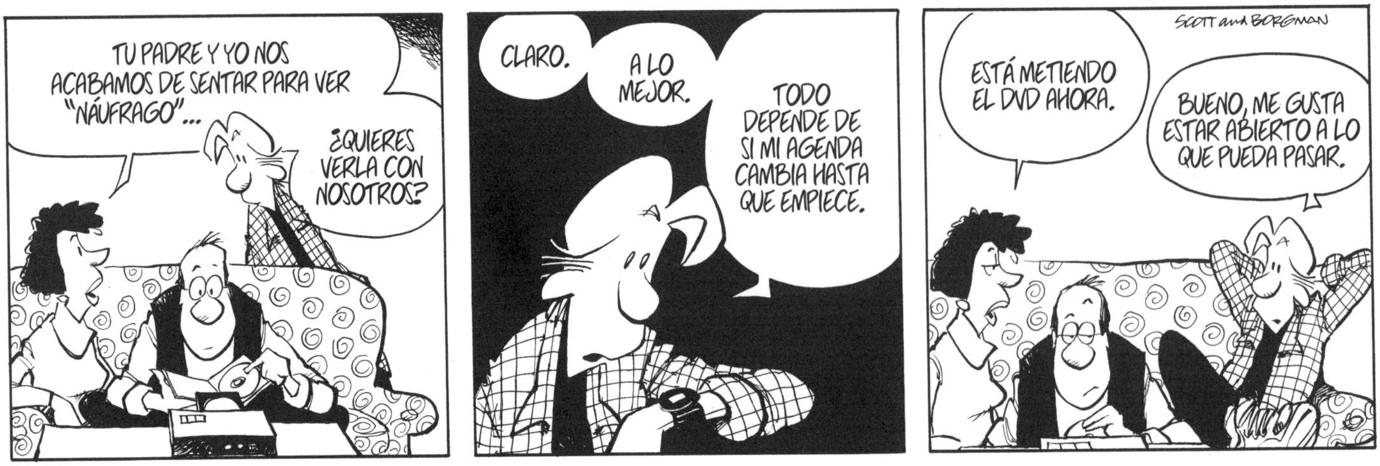
TU PADRE Y YO NOS ACABAMOS DE SENTAR PARA VER "NÁUFRAGO"...
¿QUIERES VERLA CON NOSOTROS?
CLARO.
A LO MEJOR.
TODO DEPENDE DE SI MI AGENDA CAMBIA HASTA QUE EMPIECE.
SCOTT and BORGMAN
ESTÁ METIENDO EL DVD AHORA.
BUENO, ME GUSTA ESTAR ABIERTO A LO QUE PUEDA PASAR.

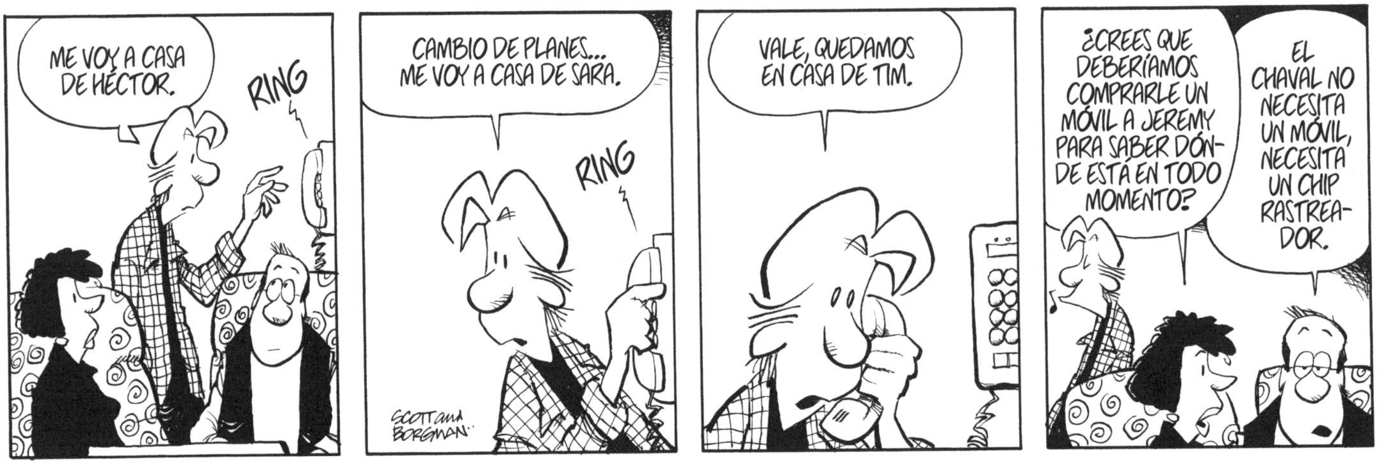
ME VOY A CASA DE HÉCTOR.
RING
CAMBIO DE PLANES... ME VOY A CASA DE SARA.
RING
SCOTT and BORGMAN
VALE, QUEDAMOS EN CASA DE TIM.
¿CREES QUE DEBERÍAMOS COMPRARLE UN MÓVIL A JEREMY PARA SABER DÓNDE ESTÁ EN TODO MOMENTO?
EL CHAVAL NO NECESITA UN MÓVIL, NECESITA UN CHIP RASTREADOR.

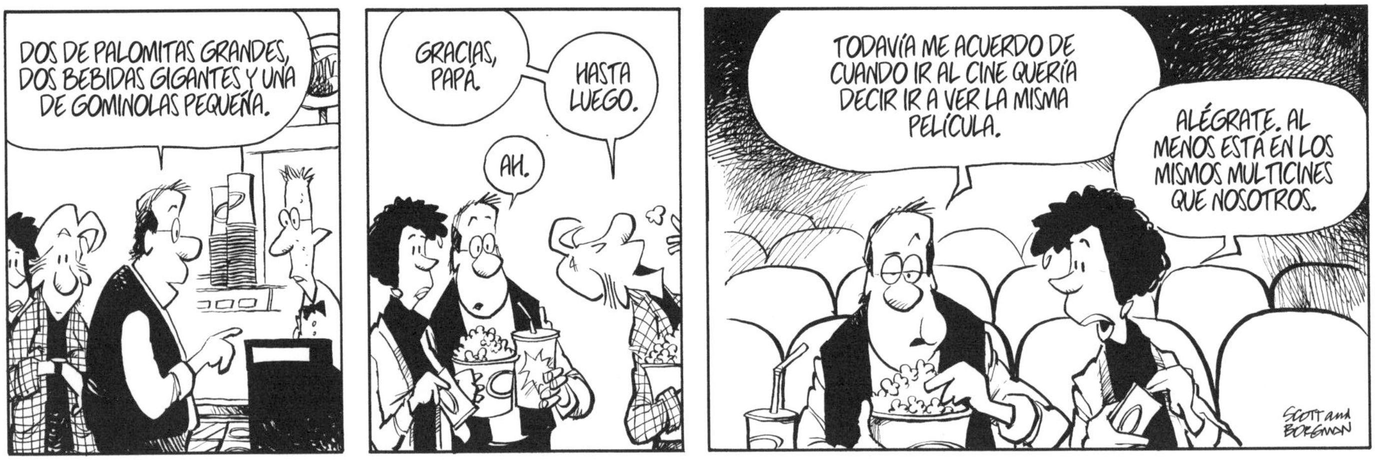
DOS DE PALOMITAS GRANDES, DOS BEBIDAS GIGANTES Y UNA DE GOMINOLAS PEQUEÑA.
GRACIAS, PAPÁ.
HASTA LUEGO.
AH.
TODAVÍA ME ACUERDO DE CUANDO IR AL CINE QUERÍA DECIR IR A VER LA MISMA PELÍCULA.
ALÉGRATE. AL MENOS ESTÁ EN LOS MISMOS MULTICINES QUE NOSOTROS.
SCOTT and BORGMAN